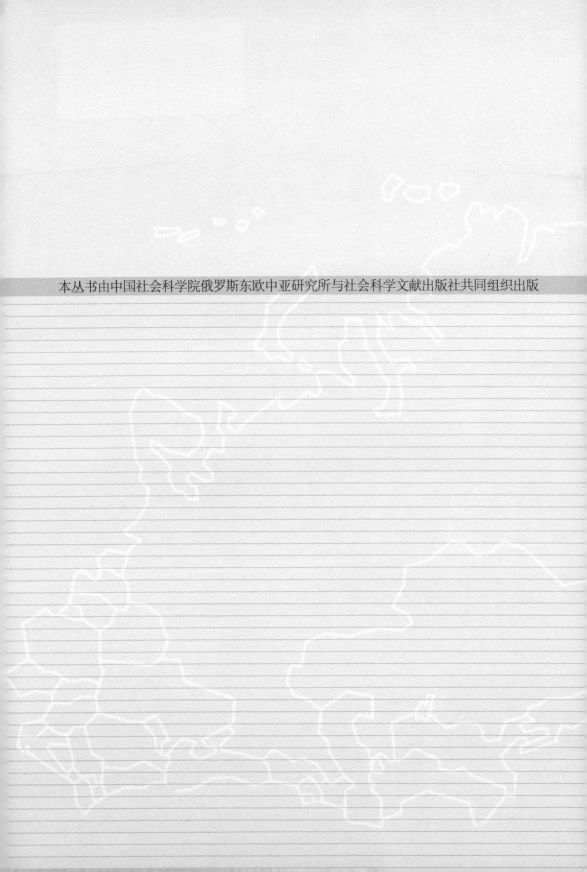

本丛书由中国社会科学院俄罗斯东欧中亚研究所与社会科学文献出版社共同组织出版

当代俄罗斯东欧中亚
研究丛书

中国社会科学院创新工程学术出版资助项目

当代俄罗斯东欧中亚研究丛书

金融转型

俄罗斯及中东欧国家的逻辑与现实

FINANCIAL TRANSITION

Logic and reality of
Russia and East European countries

王志远◎著

社会科学文献出版社
SOCIAL SCIENCES ACADEMIC PRESS (CHINA)

序　言

撰写这本书，前后历时三年多的时间，也是工作以来投入精力最多的一个研究领域。早在读书的时候，我就对货币金融理论具有浓厚的兴趣，近年来，开始将经典的货币金融理论与俄罗斯、东欧国家的金融转型实践联系起来，尝试着探讨其中的经验与教训，建立转型国家货币金融的整体研究架构。

最初是基于俄罗斯、东欧国家经济转型中所出现的金融自由战略进行分析和探索。为了给中国金融改革提供足够的参考，在分析这些国家金融转型时，更多的是从经验与教训的视角出发，分析方法则更加侧重于以宏观条件解释微观现象，即从储蓄、财政、外汇等约束条件出发，研究这些国家实行金融自由化的根本原因，再进而讨论金融自由化中所存在的各种弊端和问题。中东欧国家金融自由化的道路与其回归欧洲的发展方向密切相关，正是由于经济整体向欧洲靠拢，金融体制才选择了欧美式的自由化道路，其中也具有深刻的教训，但中东欧国家仍然将回归欧洲作为主要目标，即使在国际金融危机冲击的影响下，仍然没有放弃这种目标模式。而通过将俄罗斯与中国两种截然不同的金融转型进行对比，则可以发现，约束条件决定了金融转型的方案和路径，中国所具有的高储蓄率、银行高稳定性为渐进式金融转型提供了强大的支撑。反观俄罗斯，即使不选择金融自由化战略，也不可能走渐进式金融转型的道路，因为不具备相应的客观条件。这说明，在新自由主义的倡导下，俄罗斯启动的自由化转型道路，

1

已经决定了金融转型的模式和方法，而由此所带来的金融不稳定性也自然难以避免了。

在经济转型过程中，如何控制好货币，防止通货膨胀，一直是经济发展所面临的重要问题。在中国和俄罗斯存在着不同的状况，虽然都有货币超发的现象，但是中国基本能够控制通货膨胀，而在俄罗斯通货膨胀却成为困扰经济发展的顽疾。通过构建货币深化与货币挤出两个概念，按照经典的货币理论进行分析，可以发现中国的货币并没有大量涌入交易环节，而是作为货币资本的形式存在，而俄罗斯的卢布则大量涌入交易领域，直接推高了物价指数，这种方法在解释中国和俄罗斯通货膨胀方面具有非常好的作用，实证分析的结论也支持所提出的观点。中国和俄罗斯在外汇积累方面也存在着不同的特征，中国主要依靠外商直接投资和出口创汇，而俄罗斯则是依靠金融市场吸引外资，进入 21 世纪后，依靠油气出口积累了大量的外汇储备。正是由于外汇积累的途径有着明显的不同，在使用外汇储备方面，中国和俄罗斯也采取了完全不同的做法，突出表现在主权财富基金的使用上，最大的特征就是，俄罗斯需要维护能源发展战略的平衡。

此后的研究则是在 2008 年国际金融危机爆发后，针对俄罗斯和东欧国家所面临的严峻形势做出的分析和判断。认为俄罗斯在 1998 年与 2008 年两次金融危机中所表现出的特征既具有共同性，又具有差异性。从共同性特征出发可以总结出俄罗斯经济体系中所固有的缺陷，那就是过早地开放资本项目、脆弱的商业银行体系、过度依赖能源产业等问题。而从差异性出发，则可以更加准确地定位俄罗斯所处的经济形势与经济环境，并能够从中寻找俄罗斯未来经济发展的规律性特征。对东欧国家应对金融危机的分析则是基于金融危机冲击下，不同的汇率制度所带来的货币安全性，即爆发货币危机的可能性，其中提出了相对较为明确的观点，那就是中东欧国家尽管饱受金融危机困扰，但不会出现区域性的货币危机。在这次金融危机中，中国金融体系表现出强大的稳定性，因此危机的影响方式和应对方式与俄罗斯、东欧国家明显不同，主要采取的是拉动内需、促进增长、稳定民生等方面的政策措施。

苏联解体、东欧剧变后，这些从计划经济向市场经济过渡的国家普遍存在着联盟化的发展趋势，并且由此带来了货币国际化问题。为此，通过分析独联体内部区域一体化进程，可以发现在这一地区，俄罗斯并非缺乏组建经济联盟的内在动力，而仅仅是其由于经济转型所带来的内忧外患，困扰了这一战略的推出。2012 年，在普京当选总统后，提出以俄白哈关税同盟为驱动，再逐步发展其他独联体国家，形成新的区域一体化组织，这一"欧亚联盟"的宏伟蓝图已经较为清晰地展现给世人。转型国家另外一个联盟化发展趋势则是东欧国家逐步回归欧洲的过程。在这两个联盟化发展过程中，还伴随着两个货币国际化进程：一是东欧国家努力加入欧元区；二是俄罗斯希望在未来建立统一货币的经济空间，因此希望加快卢布国际化发展进程。针对转型国家联盟化和货币国际化的分析，可以总结出卢布国际化道路的经验，也可以分析欧元区未来的发展趋势，那就是虽然主权债务危机困扰欧元区国家，但欧元区东扩前景仍然非常明确，未来将会有更多的中东欧国家加入欧元区。

本书所讨论的转型国家货币金融危机更多地突出专题性，而并非现实情况的覆盖性，因此在每个单元中都着重讨论笔者认为的重要问题，并提出具有针对性的研究观点。当然，在这种专题性的写作中必然会存在着一定的缺点和不足，在未来的研究工作中需要继续提升和完善，同时也希望能够得到更多同仁的指正和建议。

王志远

2012 年冬于乌鲁木齐

CONTENTS 目 录

导　论

自 20 世纪 80 年代末 90 年代初开始，东欧剧变、苏联解体引起了世界各国的广泛关注，学术界对这些从计划经济向市场经济过渡的转型国家产生了浓厚的兴趣，其中诸多研究集中在经济领域，专门研究转型国家金融问题的也有很多。但是，在已有的研究中，大多数人是从制度变迁的视角出发，很少有人从宏观货币金融视角着手研究转型国家金融自由化问题。为此，本书定为转型国家货币金融问题研究，实质上是从宏观货币领域分析转型国家的金融问题，并以此作为解释俄罗斯、东欧国家金融自由化的内在逻辑与发展趋势。而在这些国家金融自由化战略中所总结出的经验和教训，将会给中国金融转型提供难能可贵的借鉴与启示。

一　研究意义

从理论意义方面看，转型国家金融问题一直被理论界所关注，但是深刻解释转型经济金融发展问题的理论框架仍然很少，尤其是在主流经济学文献中更属罕见。从当前的一些研究看，正是由于理论问题的准备不足，一些问题才会出现众说纷纭的争论状态。因此，需要发展一般性的理论分析框架，在已有的金融理论与转型国家金融深化之间搭建起桥梁，才能够建立更具解释力的理论基础。毫无疑问，金融深化理论将在解释转型经济金融问题中得到充实，获得创造性的新发展。

从现实意义方面看，俄罗斯、中东欧国家在经历了 20 多年的转型后，已经进入了全新的发展阶段，市场经济框架基本建立。但是在金融发展方面，仍然显得落后，突出表现就是在 2008 年国际金融危机爆发后，这些国家普遍表现出较为严重的金融安全隐患，这说明当前仍然需要对转型国家的金融问题进行系统而有效地分析，才能从更深层次看出这些国家未来金融发展的方向和前景，并从中寻找对中国有意义的借鉴和比较。

二 国内外研究现状综述

转型国家金融深化问题是理论界关注的热点问题，因此俄罗斯、中东欧国家的金融转型问题也备受关注，从当前的研究现状看，主要有以下几个方面。

1. 经典金融发展理论及其在转型国家的延伸

戈德史密斯（1969）提出，金融部门联结储蓄和投资是其主要功能，但不合理的金融结构往往使储蓄和投资相互分离，如果金融部门无法提供足够的资金，则非金融部门只能通过直接融资来实现资本积累。[①] 爱德华·肖（1973）提出金融深化理论，他认为一些落后国家普遍存在金融抑制现象，而解决这一问题的根本办法就是进行金融深化。[②] 几乎在同一时间，肖在斯坦福大学的同事罗纳德·麦金农（1973）也提出了金融发展的重要意义和实现路径。[③] 与肖的理论相比，麦金农更加重视金融发展中的货币因素。此外，麦金农（1993）对金融深化路径问题的解读则更加侧重于转型国家，并且还有专门针对中国、原苏联国家和东欧国家金融深化的讨论。[④] 如果将麦金农这两个观点结合起来，可以发现，在金融抑制的情况下，一个国家应当首先保证货币体系的稳定，只有在经济中能够有效地积累货币，才能使其和资本积累形成互补，否则金融功能将成为无源之水。

---

① 〔美〕雷蒙德·戈德史密斯：《金融结构与金融发展》，周朔泽，中国社会科学出版社，1993。
② 〔美〕爱德华·肖：《经济发展中的金融深化》，邵伏军等译，上海三联书店，1988。
③ 〔美〕罗纳德·麦金农：《经济发展中的货币与资本》，卢骢译，上海三联书店、上海人民出版社，1997。
④ 〔美〕罗纳德·麦金农：《经济市场化的次序——向市场经济过渡时期的金融控制》（第二版），周庭煜、尹翔硕、陈中亚译，上海三联书店、上海人民出版社，1997。

　　青木昌彦（1994）指出，如果转型经济不能发展与经济现实相适应的金融机构，就可能陷入经济混乱中难以摆脱，对于转型经济而言，由于国有企业的内部人控制现象存在，健康的商业银行体系是必不可少的，因此银行导向型的金融结构会比市场导向型的金融结构更加有效。① 钱颖一（1995）注意到金融机构对于转型国家公司治理的重要性，认为如果金融机构的约束力太小，可能会形成企业的内部人控制；如果金融结构的作用太大，则有可能会成为企业经营的干预者，这样也可能会对企业经营产生不好的作用。他认为中国的银行呆账并不应当由企业全部负责，因为商业银行没有成为金融资源的有效配置者和合理监督者，企业经营效益才会发生大幅度地下滑。② 世界银行研究报告（1996）认为，在转型经济中，金融机构和金融市场之间的关系是替代性的，这种观点显然来自传统的金融理论，忽略了金融机构在经济转型中的特殊性。③

　　张杰（2001）认为，既有的金融中介理论大多证明转型经济中金融中介是低效率的，但事实表明，中国在经济转型过程中的金融安排是有效率的。④ 因此，如果离开对一个转型国家经济总体发展水平和人均收入水平及金融需求层次的总体动态把握，不从国有金融中介产生与演进的内在逻辑出发，就很难全面洞察和准确把握转型经济的金融中介尤其是国有金融中介的特征、效率与演进路径。张杰（2001）还分析了转型经济条件下的货币供给，认为纯粹的市场金融制度将无法提供足够的货币供给（如储蓄存单），在人们愿意持有货币的情况下，如果不配合以适当的金融安排，将会出现货币供不应求的局面，从而难以动员足够的储蓄资源。⑤ 张杰（1998）还比较了苏联以及后来的俄罗斯和中东欧国家的宏观

---

① 〔日〕青木昌彦：《比较制度分析》，周黎安译，上海远东出版社，2001。
② 〔日〕青木昌彦、钱颖一：《转型经济中的公司治理结构：内部人控制和银行的作用》，中国经济出版社，1995。
③ World Bank. 1996. *From Plan to Market*, *World Development Report 1996*. Oxford University Press.
④ 张杰：《金融中介理论发展述评》，《中国社会科学》2001 年第 6 期。
⑤ 张杰：《转型经济中的金融中介及其演进：一个新的解释框架》，《管理世界》2001 年第 5 期。

货币指标，认为与其他转型国家相比，中国在改革过程中一直保持着较高的储蓄率，同时国家也具有较强的控制经济的能力，前者决定了金融剩余，后者则使金融剩余中的绝大部分用于支持国有企业的产出增长。[①] 陈享光（2003）认为，在开放条件下，国际资本的流动直接影响到储蓄投资的均衡水平，由于中国可以利用外国储蓄支撑投资，国内储蓄的约束大大缓解，甚至出现相对过剩的储蓄。[②]

2. 从经济转型视角分析金融改革

庄毓敏（2001）对俄罗斯经济转型与金融改革进行实证分析，重点研究了商业银行、中央银行等金融机构的改革。[③] 庄毓敏（2004）还分析了金融体系在转型经济中的作用，认为信贷资金的缺乏导致俄罗斯银行体系的融资功能弱化，并与国际市场的价格波动存在高度的相关性，如果这一趋势延续下去，必将进一步阻碍俄罗斯实体经济的恢复和发展。[④] 林文杰、张明（2008）分析了在转型初期金融工业集团形成的内在原因，即由于市场制度失灵、一体化治理失灵，中间性组织成为最节约交易成本的组织，因此经济绩效较好。[⑤] 江春、刘春华（2006）认为，产权制度的变革是经济转型国家利率市场化的根本制度前提，俄罗斯在产权改革过程中产生了众多资质较差的中小银行，并且金融当局缺乏对银行体系的有效监管，因此利率市场化改革并不成功，利率未能有效调节社会资金的有效配置。[⑥] 岳华（2006）评价了俄罗斯经济转型中的金融体系构建，认为俄罗

---

① 张杰：《何种金融制度安排更有利于转型中的储蓄动员与金融支持》，《金融研究》1998 年第 12 期。

② 陈享光：《论开放条件下的储蓄投资均衡——兼论我国高储蓄率下的政策选择》，《中国人民大学学报》2003 年第 6 期。

③ 庄毓敏：《经济转型中的金融改革问题——对俄罗斯的实证研究》，中国人民大学出版社，2001。

④ 庄毓敏：《俄罗斯经济转型中的金融体系：银行在经济发展中的作用》，《国际经济评论》2004 年第 4 期。

⑤ 林文杰、张明：《俄罗斯金融工业集团形成机理：一个交易成本经济学解释》，《俄罗斯研究》2008 年第 2 期。

⑥ 江春、刘春华：《经济转型国家利率市场化的制度分析》，《武汉大学学报（哲学社会科学版）》2006 年第 1 期。

斯主要存在中央银行缺乏独立性、商业银行数量过多、证券市场发展不成熟以及政府对金融市场调控能力弱化等方面的问题。^① 徐坡岭等（2007）认为，经过十年的转型历程，俄罗斯资本市场在进入 21 世纪之后逐渐成熟，以 1999 年为分界，通过 CAPM 模型测算发现，俄罗斯资本市场的系统性风险明显降低，市场抗风险能力得到提高。^② 米军（2009）分析了俄罗斯银行体系的发展战略，认为存在两难选择：如果俄罗斯采取稳定式的发展方案，将会抑制银行信贷的扩张速度，不利于经济快速发展；如果采取信贷扩张式的发展方案，则会增大银行信贷风险。从 2005～2008 年俄罗斯银行部门的发展目标看，俄罗斯发展战略主要是提高银行体系的稳定性和运行效率。^③ 米军、郭连成（2006）认为，由于俄罗斯商业银行体系条块分割问题严重，使银行体系重新配置资金功能弱化，银行间融资市场渠道有限，相互拆借主要以短期信用拆借为主，缺乏期限较长，并且具有抵押担保功能的拆借，因此融资风险较大。^④ 郭连成（2003）认为，俄罗斯银行体制改革任重而道远，从发展趋势上看，俄罗斯需要在完善现有银行体制的基础上，进一步考虑建立与发达国家接轨同时又适合俄罗斯实际情况的银行体制。^⑤ 高晓慧、陈柳钦（2005）从新制度经济学的视角较为全面地分析了金融制度的一般理论，并以此为指导探讨了俄罗斯金融制度变迁的总体思路。^⑥ 徐向梅（2005）分析了俄罗斯银行制度转型历程，并对俄罗斯金融自由化战略下的金融体系构建问题进行深入阐述。^⑦ 徐向梅

① 岳华：《俄罗斯经济转型中金融体系构建的目标模式与路径选择》，《俄罗斯研究》2006 年第 3 期。
② 徐坡岭、王建峰、卢绍君：《俄罗斯资本市场发展及其有效性分析》，《俄罗斯研究》2007 年第 6 期。
③ 米军：《当前俄罗斯银行体系发展战略评析》，《东北亚论坛》2009 年第 1 期。
④ 米军、郭连成：《中俄金融体制转型——基本问题与发展路径》，《俄罗斯中亚东欧研究》2006 年第 1 期。
⑤ 郭连成：《俄罗斯银行体制改革及其效应分析》，《国外社会科学》2003 年第 6 期。
⑥ 高晓慧、陈柳钦：《俄罗斯金融制度研究》，社会科学文献出版社，2005。
⑦ 徐向梅：《俄罗斯银行制度转型研究》，中国金融出版社，2005。

（2007）认为，俄罗斯虽然对国有银行进行了股份制改革，但国家支持所形成的优势地位以及国有银行的垄断，依然是俄罗斯银行业公平竞争的阻碍。[①] 因此（徐向梅，2009），俄罗斯银行部门的改革积累了一些不稳定因素，使整体发展过程频繁受到干扰。[②] 通过分析俄罗斯外资银行的发展情况，（徐向梅，2002）认为俄罗斯中央银行是通过调控法定资本的额度来实现对外资银行的管理。[③]

3. 对俄罗斯金融自由化战略的评价

Ясин（2002）指出，尽管在俄罗斯学界，选择银行主导型还是市场主导型金融体系一直存在争议，但是一个无可争议的事实是，对于俄罗斯而言，无论选择哪种金融发展模式，都需要一个健康的商业银行体系。[④] Захров（2002）对1998年金融危机后俄罗斯商业银行体系的资产状况进行了评估，认为经过商业银行重组，银行资产情况得到了一定程度的改善。[⑤] Соловьева（2002）从居民储蓄的角度分析了俄罗斯商业银行的经营状况，认为1998年金融危机之后居民对俄罗斯银行体系的信任程度有所提高。[⑥] Соловьева（2001）还提出俄罗斯应当彻底改革银行体系，建立联邦银行和地区银行共同存在的商业银行体系，这样能够更好地发挥金融对经济的支持作用。[⑦] Саркисянц（2003）从银行贷款角度分析了俄罗斯银行对实体经济的支持作用，认为俄罗斯联邦储蓄银行在进入21世纪之后对企业的支持力度明显提高。[⑧] 范敬春（2004）从

① 徐向梅：《俄罗斯国有银行：优势地位、私有化及启示》，《广东金融学院学报》2007年第5期。
② 徐向梅：《俄罗斯银行改革、危机与启示》，《经济社会体制比较》2009年第5期。
③ 徐向梅：《俄罗斯的外资银行》，《国际金融研究》2002年第9期。
④ Ясин Е., Перспективы Российской экономики проблемы и факторы роста, Общество и экономика, февраль 2002г.
⑤ Захров В., Проблемы банковской системы, Денги и кредит, январь 2002г.
⑥ Соловьева С., Экономические реформы и банковская система, октябрь 2002г.
⑦ Соловьева С., Банковская система: тормоз или стимулятор экономияеского роста, Финансы, январь 2001г.
⑧ Саркисянц А., О роли банков в экономике, Вопросы экономики, март 2003г.

俄罗斯金融发展目标的角度，分析了俄罗斯金融自由化改革的历程以及金融自由化所取得的成就和不足。[①] 姜华东（2007）回顾了俄罗斯汇率制度转型的进程，认为俄罗斯是在经济好转和外汇储备充足的情况下，实行了自由浮动汇率制度。[②] 庄起善、窦菲菲（2008）分析了俄罗斯银行体系的主要指标，认为金融改革是一个复杂而又漫长的过程，金融改革应当与国内金融体制相适应，不能一蹴而就，不切实际地提高金融开放度，必然会加剧金融风险。[③] 贾玉革、兰向明（2007）通过对中东欧转型国家外资持股比例与银行竞争力、金融安全的实证考察，认为外资持股比例与银行竞争力关系并不密切，但外资持股比例在50%以上的银行稳定性最强，说明外资持股更加有利于提高银行业安全，而非提高银行竞争力。[④]

4. 从开放经济视角分析俄罗斯、东欧国家的金融问题

于娟、徐坡岭（2009）分析了俄罗斯的汇率制度安排，指出俄罗斯在转型时期，通货膨胀如影随形，在金融市场发育不完善的情况下放开资本项目，实现卢布的完全自由兑换，以期达成其双重的货币政策目标：汇率稳定和物价稳定。[⑤] 李中海（2007）对这一问题持同样观点，认为通货膨胀与汇率升值同时存在，由此而产生了货币政策的两难选择。[⑥] 马骥、吴艾君（2008）则认为，俄罗斯中央银行独立之后，货币政策主要有两种目标取向：一是以稳定汇率为基础的货币政策目标；二是以稳定物价为基础的货币政策目标。尽管俄罗斯中央银行宣布货币政策的首要目标是稳定物价，但是通过实证检验发现，俄罗斯中央银行的首要目标实质上是稳

[①] 范敬春：《迈向自由化道路的俄罗斯金融改革》，经济科学出版社，2004。
[②] 姜华东：《俄罗斯汇率制度转型的进程、原因与效果》，《俄罗斯研究》2007 年第 2 期。
[③] 庄起善、窦菲菲：《俄罗斯银行改革与发展（1988～2007）：动荡、危机到稳定》，《学术交流》2008 年第 5 期。
[④] 贾玉革、兰向明：《中东欧转型国家外资持股比例与银行竞争力、金融安全关系的实证考察》，《中央财经大学学报》2007 年第 12 期。
[⑤] 于娟、徐坡岭：《俄罗斯卢布汇率安排的经济效应分析》，《俄罗斯研究》2009 年第 5 期。
[⑥] 李中海：《论俄罗斯货币信贷政策及影响》，《俄罗斯中亚东欧研究》2007 年第 4 期。

定汇率。① 孙光慧（2006）认为，汇率作为开放经济条件下的关键经济变量，在转型国家的经济体制改革中起着非常重要的作用，俄罗斯和东欧国家汇率制度的变迁表明，影响汇率制度选择的主要经济因素是：经济稳定程度、经济规模、经济发展水平和经济开放度。② 徐向梅（2003）分析开放经济对俄罗斯金融的影响，讨论了资本流动条件下俄罗斯资本流失现象，认为这将严重制约未来经济发展。③ 徐向梅（2004）还研究了俄罗斯汇率制度和外汇市场的发展历程。④

陈享光（2009）认为，在金融自由化和全球化的推动下，国际金融资本得以快速扩张，特别是美国等发达国家的货币资本和虚拟资本的过度扩展和积累，造成世界范围内货币资本与实体资本的矛盾积累和失衡，最终引发金融危机。⑤ 郭连成、米军（2004）以中国、俄罗斯等转型国家为例，探讨金融全球化与转型国家经济的联动效应，并分析金融全球化进程中转型国家金融改革的路径选择。⑥ 米军（2005）认为金融全球化对于转型国家来说既有利，也有弊，金融全球化加速了国际资本流动，使转型国家普遍面临经济"美元化"的困境，金融全球化还促使转型国家不断地进行金融创新，这又使部分转型国家的金融风险增大。⑦ 王志远（2009）分析了俄罗斯两次金融危机的共同点，认为过早地开放资本项目、脆弱的商业银行体系是俄罗斯爆发金融危机的制度性根源。⑧ 王志远（2009）评

---

① 马骥、吴艾君：《俄罗斯货币政策及其启示》，《俄罗斯中亚东欧研究》2008 年第 2 期。
② 孙光慧：《转型国家的汇率制度改革及对中国的启示》，《武汉大学学报（哲学社会科学版）》2006 年第 1 期。
③ 徐向梅：《开放经济下的资本流动——谈俄罗斯的资本流失问题》，《当代世界与社会主义》2003 年第 3 期。
④ 徐向梅：《俄罗斯汇率制度的演进和外汇市场的发展》，《国际经济评论》2004 年第 4 期。
⑤ 陈享光：《金融资本的积累与当前国际金融危机》，《中国人民大学学报》2009 年第 4 期。
⑥ 郭连成、米军：《经济全球化与经济转型国家金融改革的路径选择》，《经济社会体制比较》2004 年第 5 期。
⑦ 米军：《金融全球化与转型国家金融自由化的效应分析——以俄罗斯为例》，《东北亚论坛》2005 年第 9 期。
⑧ 王志远：《俄罗斯两次金融危机的比较分析》，《俄罗斯中亚东欧研究》2009 年第 4 期。

价了作为欧盟新成员国的转型国家汇率制度，认为在国际金融危机背景下，欧盟新成员国不会像1997年时东南亚国家那样爆发大规模的货币危机。①

三　研究方法与创新之处

在研究方法上主要采用三种结合：第一，历史与逻辑相结合，利用转型20年的数据进行测算与分析，结合已有的经典金融理论进行研究；第二，规范分析与实证分析相结合，在对相关理论进行梳理的前提下，建立货币深化的动态模型，以原始数据为依据，进行实证分析；第三，比较分析与案例分析相结合，充分考察转型国家的初始条件，比较不同国家的金融制度变迁历程，并从中寻找对中国未来金融改革的借鉴和启示。

本研究的创新之处主要有以下几个方面。

第一，从已有的文献看，建立转型国家金融理论的一般性框架具有重要意义，以俄罗斯、中东欧国家这些典型的转型国家为样本，建立转型经济金融深化理论是本研究的主要理论性创新。

第二，系统回顾俄罗斯、中东欧国家的金融深化历程，对金融发展路径进行深入分析，讨论制度起点、方案设计与发展路径之间的关系，并提出转型国家金融体制的未来发展方向。

第三，国内外关于转型国家金融发展问题，大多数局限于微观的分析方法，本研究将建立一个宏观的货币、储蓄、外汇分析框架，从宏观货币金融的角度阐述转型国家金融深化的合理性与内生性。

第四，在分析方法上，通过对宏观货币等变量的测算，考察金融体制变迁的环境与条件，这种实证分析的方法在已有的研究文献中很少出现。

第五，本着洋为中用、古为今用的思想，从经济转型与金融安全的视角，讨论转型国家金融深化的合理路径与前提条件，并结合中国金融发展

---

① 王志远：《欧盟新成员国的货币危机：理论与现实》，《俄罗斯中亚东欧市场》2009年第10期。

的现实问题，提出中国金融业对外开放的时机与办法。

第六，通过对转型国家的典型样本——中国、俄罗斯、东欧国家金融发展的分析，结合已有的理论观点，建立一般性的理论框架，并以此为中国金融发展提供理论支撑。

四　主要内容

本书共有六个部分，第一为导论；中间主体的四个章节则主要讨论经济转型与金融转型、转型国家的货币与外汇、转型国家应对金融危机、转型国家联盟化与货币国际化；最后为结论。第一章经济转型与金融转型，主要对俄罗斯及中东欧国家金融自由化发展路径进行分析和解释，探讨这些国家快速推行金融自由化的内在原因，并从宏观的视角对中国与俄罗斯采取完全不同的金融发展模式进行解释和分析。第二章转型国家的货币与外汇，则从开放经济的视角比较了中国与俄罗斯金融开放的不同之处，在对外汇积累方式的比较中，可以发现外汇储备的不同来源直接决定了主权财富基金的不同模式。第三章转型国家应对金融危机，则专门针对这次国际金融危机爆发以来，中国、俄罗斯及中东欧国家所遭到的不同影响，从中寻找金融发展所需要面临的问题。第四章中主要谈到转型国家联盟化发展是近年来独联体和中东欧国家出现的明显特征，这直接决定了货币国际化的发展特征，俄罗斯更希望在独联体范围内促进卢布的国际化，而中东欧国家则直接选择了加入欧元区，从这个视角出发，既可以探索人民币与卢布国际化的不同选择，也可以分析欧元区的内在矛盾与发展趋势，对于分析转型国家货币国际化的发展趋势具有极其重要的作用。

第一章
经济转型与金融转型

对于从计划经济向市场经济过渡的转型国家，金融转型属于经济转型的重要内容，金融转型的方案和路径依附于经济转型模式，反过来也对经济转型的成功与否起到至关重要的作用。中东欧国家金融转型模式深受欧美等发达国家影响，在"华盛顿共识"的引导下，启动了金融自由化战略，采取了开放金融业、吸引外资银行进入的模式，这种方法在促进国内金融业发展的同时，也为日后金融危机的传导和蔓延埋下了隐患，是金融转型最为突出的弊端。中国采取了渐进式的金融转型模式，财政体制和国有企业的改革共同构成了金融转型的约束条件，金融领域的改革明显滞后于经济转型，但却为经济转型提供了至关重要的支持作用。中国具有高储蓄率，在创造外汇方面也采取了吸引外商直接投资的做法，这为渐进式金融转型创造了良好的外部条件。反观俄罗斯，显然不具备这些优势，为了促进经济发展，在转型初期就放开了金融业，以便动员国内储蓄、吸引外部资金，但随着财政风险、外汇风险逐渐在金融领域积累，金融脆弱性充分暴露出来，两次金融危机的爆发给俄罗斯带来了深刻的教训。

一　中东欧国家金融转型的经验与教训

20世纪80年代末期，中东欧国家纷纷走上了市场化、民主化、欧洲化的转型发展道路。在经济转型的历程中，这些国家也面临着如何实现金融转型这一重要任务。回顾中东欧金融转型历程，主要经历了三个阶段：转型初期的金融转型、转型深化阶段的金融自由化以及金融对外开放。中东欧国家在转型初期所面临的金融形势与中国具有一定的相似性，而近20年的金融转型步伐明显快于中国。因此深刻反思中东欧国家的金融转型，并从中总结经验教训，能够为我们提供丰富的借鉴和启示，有利于中国从更加审慎的角度完善金融体制、提高金融效率、维护金融安全。

（一）经济转型与金融转型的关系

中东欧国家金融体系曾经实行"大一统"的银行体制，中央银行不仅负责货币发行、代理国库等职能，还要执行商业银行功能，吸收公众、政府、企业的各项存款，同时面向社会发放贷款。中东欧国家金融转型的最初任务是建立二级银行体系，拆分中央银行和商业银行的职责，尤其要强化中央银行的独立性，并逐步建立商业银行体系，实现分工明确、各司其职的金融结构。

此后，在金融市场建立、利率市场化运作、宏观货币政策制定等方面，中东欧国家开始尝试建立西方式的金融体制。但此时金融转型并没有出现太多实质性的内容，金融部门最主要的任务是配合经济转型方案的顺利推进。从总体上看，在经济转型初期的不利局面下，中东欧国家在金融转型的方案设计、发展方向、实施路径等方面，虽然积极主动地尝试金融转型，但事实上其是由中东欧国家经济转型模式所决定的，具有很强的被动性。

当萨克斯等经济学家提出"休克疗法"的经济转型方案后，激进式的转型模式开始被大多数中东欧国家所接受，"华盛顿共识"① 所倡导的

---

① 《华盛顿共识》：①加强财政纪律，压缩财政赤字，降低通货膨胀率，稳定宏观经济形势；②把政府开支的重点转向经济效益高的领域和有利于改善收入分配的领域（如文教卫生和基础设施）；③开展税制改革，降低边际税率，扩大税基；④实施利率市场化；⑤采用一种具有竞争力的汇率制度；⑥实施贸易自由化，开放市场；⑦放松对外资的限制；⑧对国有企业实施私有化；⑨放松政府的管制；⑩保护私人财产权。美国著名学者诺姆·乔姆斯基在他的《新自由主义和全球秩序》一书中明确指出："新自由主义的华盛顿共识指的是以市场经济为导向的一系列理论，它们由美国政府及其控制的国际经济组织所制定，并由它们通过各种方式加以实施。"

经济自由化模式也随之在中东欧国家开始传播。在这样的背景下，金融转型自然是按照自由化的方向发展，但此时的金融转型仅仅是整个经济转型的一个环节。更为重要的是，金融转型要配合经济转型的各项步骤，发挥对经济转型的支撑作用，确保转型不发生逆转。从经济转型的任务看，以私有化、稳定化、市场化为内容的新自由主义经济模式是其追求的目标模式。在以上三个方面，都需要金融部门的支持和配合，中东欧国家在企业私有化改造方面，需要商业银行等金融机构予以支持；在宏观经济稳定化方面，需要中央银行在货币政策方面予以配合；在经济市场化转型方面，客观上要求金融资源以市场化的方式进行配置。

中东欧国家在企业改革方面几乎全部采取了私有化的方法，虽然在不同国家也存在差异性，但这都决定了中东欧商业银行转型的基本条件和模式。在中东欧国家，企业私有化较具典型性的主要有波兰、匈牙利、捷克等。波兰国有企业私有化的方式是直接出售，对国有企业的资产负债进行全面评估后，将国有企业直接出售给私人资本或外国资本。这种方式有利于缓解财政困难、引进先进技术、明晰企业产权，但是在出售国有企业的过程中也出现了明显的两极分化，能够出售的总是发展前景较好的企业，而一些经营效率低、高负债的困难企业，很难找到合适的买家，也很难实现私有化。可是对于商业银行而言，最需要出售的恰恰是生产经营较差的企业，因为不良资产主要集中在这些企业当中。显然，波兰这种企业私有化方式不利于降低商业银行的不良资产，银行仍然需要为国有企业提供贷款，并且会形成不良债权。捷克实行票据私有化的方式，将国有企业的股份分配给公众，以民众持股的方式完成企业的股权改革，这种方式虽然明晰了企业股权，但对于积累在商业银行体系中的企业贷款而言，不会起到明显改善的积极作用，也很难解决国有企业在银行体系中积累的历史性负担。匈牙利在处置国有企业资产方面采取了职工持股的方法，内部职工可以以相对优惠的价格获得企业股权，但在这种方案中，政府同样无法通过变卖国有资产缓解财政困难，银行也无法以此来降低不良债权的比率。通过以上分析可以发现，在国有企业私有化没有大规模完成之前，很难对商业银行进行彻底的改革。因此，从企业私有化角度看，在中东欧国家的经济转型初期，金融转型还不具备非常充分的条件。

中东欧国家自由化转型的核心是放开价格，这些国家都纷纷在20世纪90年代初期放开了大部分商品的价格管制，一时间通货膨胀泛滥，几乎成为中东欧国家最大的经济难题，经济增长也因此受到拖累。在"休克疗法"的方案设计中，自由化转型必须配合稳定化的宏观经济政策，因此，财政紧缩和货币紧缩就显得十分必要和重要。为此，中央银行必须控制货币发行，商业银行也必须严格控制信贷增长。此时，在宏观经济稳定化的目标下，中东欧国家显然不具备对商业银行进行大规模股权改革的条件。在已经建立的二级银行体系中，如果国家对中央银行和商业银行都具有最直接的控制权，显然有利于控制通货膨胀中的货币因素。中东欧国家对银行体系的控制力越强，就越容易实现对货币和信贷的紧缩，控制通货膨胀的任务才能得以实现。可以说，中东欧国家的金融体系在转型初期的基本任务，就是控制通货膨胀。因此在治理通货膨胀方面，中东欧国家的效果要好于俄罗斯，后者在实行"休克疗法"后，经济陷入了长达十余年的通货膨胀周期，而在波兰、匈牙利、斯洛文尼亚等中东欧国家，转型初期的通货膨胀很快就得到了抑制，物价涨幅逐渐趋于稳定，市场机制开始在调节商品生产方面发挥重要作用。虽然在控制货币方面取得了较好的效果，但稳定化的经济政策并没有彻底改变中东欧国家转型初期的经济形势。此后，当中东欧国家商品生产下降时，生产资料和消费资料的紧缺使物价水平再次上扬，此时尽管货币因素已经得到了控制，但经济形势却处于不断恶化的过程中。因而，稳定经济形势、促进经济增长，又成为中东欧国家必须着手解决的问题。中央银行的货币发行以及商业银行的信贷发放，都开始由治理通货膨胀转向如何促进经济增长。显然，对于中东欧国家而言，在经济转型初期，拥有对金融体系的控制权，是掌握经济命脉的重要筹码，也是宏观货币政策取得效果的必要保证。从这个角度看，在宏观经济没有实现稳定化的条件下，在中东欧国家不可能出现非常彻底的金融转型。

中东欧国家的市场化转型不仅仅是商品市场化，也包括资金、土地、劳动、技术等生产要素的市场化。因此，金融资源的市场化运行自然成为其中重要的内容，这就需要进行金融自由化改革。但由于经济转型所产生的被动局面，导致这种模式的金融转型并没有很快在中东欧国家全面实施和推广。当人们看到新自由主义给中东欧国家带来的深刻灾难时，越来越清醒地认识到市场化运作并非目标，而仅仅是追求经济增长所采取的手段和措施。中东欧国家在转型初期，自由化的转型模式直接导致了经济的普遍衰退，这与转型方案设计者所描绘的美好蓝图形成了天壤之别，也引起了中东欧国家当局的高度重视。坚持"华盛顿共识"的自由主义倡导者与持反对立场的两派展开了激烈的交锋。"休克疗法"的设计者萨克斯等人提出，中东欧转型所出现的衰退与转型方案的设计无关，理论设计十分完美，仅仅是中东欧国家在某些具体环节中出现了问题而已。反对者的声音更加强烈，他们认为"华盛顿共识"所倡导的自由化转型完全不适合中东欧国家，仅仅是对西方发达国家市场经济模式的照搬而已，其目的无非是在全球范围内推广欧美化的体制和意识形态，尤其是"华盛顿共识"中所提到的利率市场化、汇率自由化等金融自由化模式，更是难以直接移植到中东欧国家来。在现实面前，越来越多的人意识到金融自由化并非转型目标，而仅仅是提高金融效率的方法和手段而已，金融转型需要适当的环境和条件。此时，中东欧国家转型政策的制定者们也意识到，在经济转型初期不宜进行过快的金融自由化转型，因而中东欧国家在金融转型方面采取了较为谨慎的做法。

以上三个方面说明，金融体系在转型初期的任务主要是支持经济转型，确保经济转型不发生根本性的逆转，中东欧国家的金融自由化并没有全面展开。因此，在转型初期，虽然中东欧各国在经济形势和转型方案方面存在一定的差别，但金融转型无一例外地都受到了经济转型被动局面的制约，金融转型的任务也只能被迫延缓。

（二）转型深化与金融自由化

中东欧国家在经济转型进程中普遍出现了两个截然不同的发展阶段：衰退阶段、复苏阶段。在中东欧国家，也存在两种不同的转型理论：第一种是激进式的综合经济转型，这种转型可以在政治体制改革后立即启动，走向自由化道路；第二种则是在激进式的转型后，分部分缓慢地实施，其实质就是在挽救经济衰退。① 显然，中东欧国家在转型初期遭遇的经济衰退几乎具有普遍性。但中东欧国家并没有因为这种转型性衰退而从根本上否定自由化的转型模式，在经历了异常艰辛的转型探索后，经济形势迎来了良好的发展局面。其中经济恢复较好的国家，如波兰、匈牙利、捷克、斯洛伐克等转型"优等生"，在步履蹒跚地走过了转型初期的阵痛后，经济开始进入明显的复苏阶段，经济转型也随之进入到不断深化的阶段。而阿尔巴尼亚、马其顿等东南欧国家，经济形势始终没有恢复到转型初期的水平，不仅市场经济体制无法建立，就连政局都难以稳定，经济形势更是雪上加霜，转型深化自然是无从谈起。

在经济形势发展较好的中东欧国家，无论是激进式转型的波兰，还是较为稳妥渐进转型的匈牙利，经济增长都对经济转型起到了非常明显的促进作用，私有化、市场化、自由化的发展战略逐渐成为了中东欧发展的制度化模式。对于这些经济发展形势较好的中东欧国家，此时金融转型已经不再受经济转型的制约，作为促进经济发展的重要手段，金融自由化再次出现在中东欧国家的发展战略中。此时，中东欧国家的金融转型既是市场化经济转型的客观要求，同时也是中东欧国家根据当时经济形势所做出的主动选择，是改善财政收支、提高金融效率、保障银行安全的必由之路，这三个方面共同构成了金融转型的实施条件。

---

① 〔罗〕阿德里安·呐斯塔塞：《东欧二十年转型风暴：从集权主义到全球化》，《当代世界》2010 年第 1 期。

　　中东欧国家在经济转型深化阶段，转型初期的高额财政赤字已经得到缓解，但社会支出的大幅度提高却给政府财政带来了极大的压力。中东欧的经济转型与政治转型同时进行，民主政治开始对社会支出，尤其是对社会福利支出产生非常大的影响。有研究表明，在中东欧国家中，民主化程度较高的国家，用于社会福利方面的支出，要明显高于同一地区的其他国家，以 2000 年为例，斯洛文尼亚、波兰、匈牙利、捷克、斯洛伐克等民主化进程较快的国家，社会支出水平都要明显高于保加利亚、罗马尼亚等国家。① 财政支出的全面提升具有"双刃剑"特征，福利改善有利于民众增强对政治经济转型的认同，但过高的福利水平也给国家财政带来了较大的负担。以波兰转型进程中遇到的问题为例，20 世纪 90 年代初期政府曾经尝试取消特殊养老金津贴、调整养老金收益的税收政策，以此来缓解财政困难，但由于居民和工会组织的强烈抗议，最终导致波兰联合政府退出执政舞台。② 民众对社会福利的强烈诉求，使政府在控制财政支出水平方面变得极为困难，这种状态在中东欧国家中非常普遍。此时，中东欧国家金融转型的任务是提供一个为财政融资的债券市场，金融机构也需要在购买政府债券方面提供支持。当政府财政面临长期的社会支出压力时，需要高效的金融部门来缓解财政部门的资金压力，在这种背景下，全面启动金融自由化转型方案开始成为中东欧国家的普遍选择。

　　中东欧国家在经济转型深化阶段，由于经济发展阶段和人均收入的限制，储蓄率始终处于较低的水平。在这种情况下，必须有效动员社会储蓄资源来为经济提供支撑，因此提高金融效率显得尤为必要和重要。此时，金融效率的提高不仅仅表现在信贷资金的配置方面，还要表现在提高公众储蓄倾向、促进利率对储蓄和投资的调节作用等方面。在动员储蓄这一客

---

① 〔美〕米切尔·A. 奥兰斯汀：《贫困、不平等与民主：后共产主义福利国家的实践》，赵晶晶、吴志远译，《经济社会体制比较》2009 年第 4 期。

② 郑秉文、陆渝梅：《波兰：转型国家社会保障改革的一个成功案例》，《中国改革》2006 年第 7 期。

观条件的促动下，再加上当时企业发展迫切需要有效的贷款支持，中东欧国家开始构建与经济转型相适应的金融机构。为了防止信贷资金的缺乏使金融体系的融资能力弱化，推行市场化的利率机制就显得非常必要。发挥好利率在吸收储蓄方面的作用，也是金融自由化战略中非常重要的环节。从本质上看，利率是信贷资金拆借的成本，马克思曾经指出："事实上，只有资本家分为货币资本家和产业资本家，才使一部分利润转化为利息，一般地说，才创造出利息的范畴；并且，只有这两类资本家之间的竞争，才创造出利息率。"① 这说明，利率的高低取决于企业利润的高低，同时也受借贷资金的供求关系影响。在储蓄倾向较低时，银行倾向于以较高的存款利率吸收储蓄，但这无疑将会推高贷款利率，从而使企业的贷款成本提高。因此，当利率市场化机制运行时，要确保企业能够承受较高的利息成本。这也充分证明，只有企业转型完成后，企业具有一定的利润空间，可以承担较高的贷款利率时，才能顺利推进金融自由化的转型。可见，只有在中东欧国家整体经济形势较好的情况下，利率市场化才能顺利推行，金融资源才能按照市场化的原则进行优化配置。

对于转型经济而言，由于长期存在国有企业的内部人控制现象，为了强化金融机构对企业贷款的硬约束，健康的商业银行体系是必不可少的，因此实行银行导向型的金融结构会比市场导向型的金融结构更加有效。②为此，中东欧国家在构建金融结构方面，更注重对间接金融活动的完善，即充分发挥商业银行在衔接储蓄和投资之间的作用，而在建立金融市场方面，则显得较为缓慢。在中东欧经济转型的进程中，国有企业经营的低效率直接导致了国有商业银行不良债权比率逐渐增大，很难对转型深化提供强有力的支持，还会阻碍中东欧国家整体经济效益的提升，也对整个银行体系的安全性构成威胁。因此，中东欧国家在经济转型中，必须针对商业

---

① 马克思：《马克思恩格斯全集》第 25 卷，人民出版社，1974，第 415 页。
② 〔日〕青木昌彦、钱颖一：《转型经济中的公司治理结构：内部人控制和银行的作用》，中国经济出版社，1995，第 168 页。

银行体制进行彻底的改革，主要包括两个方面的任务：第一，处置不良债权，构建合格的商业银行体系，以促进金融体制的进一步完善；第二，强化商业银行对企业的信贷硬约束，实现金融转型对经济转型的支撑作用。在这种重大而又复杂的历史性任务面前，中东欧国家开始逐步完善商业银行的企业治理结构，提高整个银行体系的资本充足率，以达到《巴塞尔协议》①的要求。为此，中东欧国家启动了商业银行的股权改革，以金融自由化的要求推进商业银行转型，其方法是将国有商业银行的股份出售给投资者，以此来清理资产负债表中的不良债权，强化商业银行在发放贷款方面的外部约束，切实提高信贷资金的使用效率，形成金融和企业之间的良性互动。中东欧国家在金融转型进程中，非常重视商业银行的作用，这也成为金融自由化战略最为关键的核心内容。

从以上三个方面可以发现，中东欧金融转型必然发生在经济形势较好的情况下，只有市场化模式的经济转型发展到一定阶段，金融转型才能够摆脱羁绊，并且具有强大的转型动力。此时，改善财政收支、提高金融效率、保障银行安全显得更为重要，以金融自由化为目标模式的金融转型才能够得以顺利实施。

（三）金融对外开放的利与弊

进入 21 世纪以来，尽管中东欧国家在金融转型方面取得了很大的进展，但效仿西方国家推行的金融自由化转型模式，并将其直接移植到转型国家，这种方案仍然具有一定的金融风险。中东欧国家金融转型的理论依据起源于"华盛顿共识"，金融自由化模式尽管获得当时国际货币基金组

---

① 《巴塞尔协议》：1988 年 7 月在瑞士的巴塞尔通过的《关于统一国际银行的资本计算和资本标准的协议》的简称，即要求商业银行资本充足率要达到 8% 以上。2010 年 9 月 12 日，巴塞尔银行监管委员会宣布再次改革，商业银行的核心资本充足率将由目前的 4% 上调到 6%，同时计提 2.5% 的防护缓冲资本和不高于 2.5% 的反周期准备资本，这样核心资本充足率的要求可达到 8.5% ~11%，总资本充足率要求仍维持 8% 不变。

织、世界银行等权威机构的高度认可，但对于中东欧国家而言，这种由发达国家所倡导的新自由主义却并非完美无瑕，反而使国家金融安全降低到非常严重的程度。在"华盛顿共识"的指导下，中东欧国家普遍把控制通货膨胀作为经济政策的首要目标，甚至以此作为评价转型成功与否的标志。为此，减少预算赤字、削减财政支出就成为中东欧国家首先要解决的问题，但却严重忽略了更加重要的金融部门，因而，在财政税收体制得到改善的同时，金融领域的风险却不断地积累和升级。尤其是被中东欧国家寄予厚望的外国金融资本，形成了积累在金融体系中的不稳定因素，给金融安全带来了极大的隐患。

中东欧国家的金融转型是在缺少外汇和储蓄条件下进行的，弥补这两项缺口的最好办法就是吸引外国资本注入中东欧国家的金融体系中，这样金融领域的对外开放就显得非常必要。因此，中东欧国家金融转型既包括金融自由化，也包括金融对外开放，并且两者之间存在相互促进、相互补充的关系。中东欧国家推行金融自由化的一个关键目标，就是有效促进外国银行的进入，最大限度地吸引外国资本投资本国银行业，以此来实现成功的金融转型。有学者以波兰、匈牙利、捷克、斯洛伐克、斯洛文尼亚、爱沙尼亚、立陶宛、拉脱维亚等转型国家为样本，对金融自由化与外资银行进入的关系进行了实证研究，证明在转型国家中，金融自由化改革对于外资银行进入具有重要的促进作用。[①] 但金融自由化和金融对外开放的并举不仅使国家对金融部门的管理变得愈发薄弱，而且形成了外部资本对金融部门的绝对控制。金融部门在积累资金的同时，由于外部资金的流动性，尤其是在危机状态下的快速流动时，这些资本也将成为中东欧国家金融体系中的"堰塞湖"，一旦遭遇外部危机的冲击，其中潜在的金融风险就会充分暴露出来。但这并没有引起中东欧国家的高度重视，反而是对外

---

① Lensink, Robert, and Niels Hermes. 2002. "The Impact of Foreign Bank Entry on Domestic Banks: Does Economic Development Matter?." *Journal of Banking and Finance*, Vol. 28 (3), pp. 553 – 568.

国金融资本寄予了很高的期望，纷纷修改金融领域的各项规定，鼓励外资银行进入。对于中东欧国家的金融转型而言，金融开放的利与弊都非常明显：从有利的因素看，主要表现在推动商业银行改革、弥补储蓄外汇缺口等方面；不利因素则突出表现为金融安全水平的明显降低。

与欧洲发达的金融体系相比，中东欧国家的金融机构既缺乏资金支撑，也缺乏先进的管理经验，整个金融体制非常不完善。如果单纯依靠国内的金融资源显然无法在短期内扭转大局，因此在转型进程中，中东欧国家纷纷以商业银行的股权改革为契机，向外资开放本国金融业，试图在最短的时间里建立起高效完备的金融体系。在经济转型的同时，中东欧国家的银行业无一例外地实行了吸引私人资本和外国资本的开放政策，主要方式有三种：第一，直接吸引外国资本作为国内银行的战略投资人，外资银行为了扩大在中东欧地区的市场份额，提高国际化水平，也愿意收购中东欧商业银行的股份；第二，向国内私人资本出售银行股份，其目的无非是通过出售国有商业银行股份的方式筹集财政资金，并以此塑造成熟的金融市场主体；第三，降低外资银行市场准入条件，并且降低国内资本开办商业银行的门槛，外国金融资本可以直接进入中东欧国家设立分支机构，此举是通过大量新建商业银行的办法，来促使国内金融体系逐步走向完善。中东欧国家在经过私有化、外资化的金融体系改造后，由于国内私人资本无论在管理经验还是资本规模方面都落后于外资银行，中东欧国家的商业银行体系呈现出明显的外资化倾向。这种状况有其合理性，一方面随着中东欧国家转型的逐步深化，国内资金短缺问题日益严重，在储蓄不足的情况下，必须依赖外国资本来补充储蓄缺口；另一方面，欧洲的商业银行为了提高利润率，急需扩大市场范围，也非常希望将业务延伸到人文环境和地理范围都比较接近的中东欧国家。进入 21 世纪之后，外资银行进入中东欧国家的速度明显加快，随着整个中东欧经济状况的好转，银行体系的盈利能力也显著增强，外资银行的进入对于提高银行体系的经营效率、充实资本金规模等起到了很好的作用，也对经济转型起到了良好的金融支持作用。一些本土银行在引入外国战略投资人之后，资本金规模得到补充，管理经验显著提高，彻底扭转了转型初期银行体系亏损的不利局面。

外资银行在经济转型进程中还发挥了极为重要的稳定器作用，中东欧国家在转型进程中基本都遇到了经济的周期性波动，由于有境外资金作为保障，即使在经济处于萧条状态时，外资银行也不会像内资银行那样大幅度收缩信贷规模。外资银行进入中东欧国家金融市场后，经济萧条状态往往被其认为是增加客户数量、扩大市场占有率的最佳时机，因此在经济转型进程中，外资银行并没有因为中东欧国家糟糕的经济状态而停止进入，反而增大了资金投放量，并积极寻找可供投资的各种产业。可以说，在中东欧国家转型深化的阶段，外资银行的发展目标基本与中东欧国家的金融发展战略一致，能够对其经济增长起到支持作用，并且在克服经济周期性波动方面发挥了稳定功能。此外，出于战略性目标的考虑，外资银行还会对中东欧国家的外商直接投资形成支撑和保障，为外国企业大举进军中东欧国家奠定基础。中东欧国家作为新兴经济体，在经济转型过程中吸引了大量的外商直接投资，西欧的产业资本也愿意到中东欧国家投资，开辟新的生产基地和销售市场。吸引外资的确给中东欧国家经济转型以及经济发展带来了好处，但由于过度依赖外资，尤其是西欧国家的外资，不仅使中东欧国家面临失去经济主导权的危险，还使得其对外债务始终处于高位。正是由于外资银行的存在，中东欧国家在对外负债方面获得了诸多便利条件，使得债务融资能够得以持续，外资银行提供的外币贷款无论是对于中东欧国家经济转型，还是对于吸引外商直接投资都起到了至关重要的作用。

如前文所述，外资银行的大举进入，对于中东欧国家银行体系的融资能力发挥了作用，但是当外资银行在整个金融体系中占据主导地位后，中东欧国家的金融安全事实上已经掌握在外国人手中。当前，在中东欧国家，外资银行的市场份额已经远远超过了本土银行，整个中东欧的金融体系事实上已经被外资控制。据统计，2002 年波兰银行业中外国资产已经达到 70.9%；捷克外资比重为 85.8%；匈牙利外资比重为 90.7%；斯洛伐克外资比重为 95.6%。① 这说明，外资银行已经在中东欧金融体系中处于绝对的控制地位，这对金融安全造成极大的隐患，也是中东欧金融转型进程中一个非常明显的弊端，但却令人遗憾地被转型设计者忽略了。金融安全涉及微观和宏观两个方面，微观层面是指商业银行体系运营的安全性，衡量指标主要是资本充足率、不良资产比率等；而宏观层面的金融安全则关系到整个国家货币金融体系的稳定性和安全性。外资银行对于微观金融安全的促进作用已经非常明显，但是在宏观层面则具有很大的隐患。外资银行的大量涌入使中东欧金融业与西欧国家紧密地联系在一起，当这种联系演变为高度的依赖关系后，中东欧货币金融当局对于金融安全的控制力也随之降到了最低水平。由于外资银行的投资母国大多集中在西欧地区，当危机到来时，外资纷纷收缩资金链条，以确保资金的流动性，而表现在中东欧国家则是大量的外资撤离。此外，中东欧国家外汇储备规模普遍偏低，中央银行干预外汇市场的能力有限，外资的撤离还会对外汇市场产生强大的冲击。

2008 年 9 月，美国雷曼兄弟银行破产标志着国际金融危机正式爆发，欧洲国家的金融机构开始面临极大的系统性风险。此时的中东欧国家早已完成了计划经济向市场经济的转型，并且在财政、金融、货币、对外贸易等方面也开始与全球化浪潮融合。最令中东欧国家振奋的是，在欧盟两轮东扩后，政治经济发展势头较好的一些中东欧国家顺利加入了欧盟。尽管这种全面融入欧洲使中东欧国家获得了巨大的市场空间，并且能够得到欧盟的多项援助和补贴，但这也为国际金融危机向中东欧国家传导带来了便利。过度融入欧洲的发展模式所带来的经济繁荣，事实上也使中东欧国家的经济安全处在相当低的水平，在抵御金融冲击方面，金融安全方面的弊端就开始暴露无遗。一方面，中东欧国家原本脆弱的金融机构面临着不良

---

① 项卫星、王达：《中东欧五国银行体系改革过程中的外资参与问题研究》，《国际金融研究》2005 年第 12 期。

债权升高、储蓄缩水、外资撤离等困难，外部资金在金融机构的资产和负债中所占比重过高，使得金融机构在维护资本充足率和流动性方面捉襟见肘，这是国际金融危机对中东欧国家金融体系造成的第一波直接冲击。另一方面，西欧国家金融机构的风险增大，资金开始收紧，使得原来投资在中东欧国家的资金开始回撤，尤其是投资在金融机构的各种外部资金，这对于中东欧国家金融机构来说，无疑是雪上加霜。外资的撤离还使中东欧国家货币发生大幅度的贬值，进而对外汇市场和金融市场造成更加强烈的冲击，这是国际金融危机通过冲击西欧国家金融机构，进而给中东欧国家金融体系带来的间接影响。从中东欧国家遭遇这场危机的影响程度看，间接影响的程度要大于直接冲击，其中最为关键的根源就是金融领域的过度对外开放。可见，金融转型的步伐不仅要与经济转型保持协调和一致，更为重要的是维护金融安全，防范外部冲击，这也成为未来中东欧国家继续实施金融转型所要面临的重要任务。

（四）小结

回顾中东欧国家20多年的金融转型历程，可以发现金融转型事实上从属于经济转型的目标、方案和进程。在经济转型初期，金融转型并没有得到顺利的实施，金融部门的任务主要是配合经济转型，确保转型不发生逆转。当经济转型取得一定成就后，中东欧国家经济形势开始出现好转，金融部门获得了较为充分的转型条件，金融自由化战略才得以全面展开，这在改善财政收支、提高金融效率、保障银行安全等方面发挥了非常重要的作用。

总体上看，中东欧国家金融转型进行得相对稳妥，但金融业过早地对外开放，也给整个金融体系埋下了隐患。外资银行的涌入，为中东欧国家金融转型起到了非常重要的作用，虽然有利于维护微观金融安全，但中东欧国家在宏观金融安全方面却面临极大的风险。当国际金融危机爆发后，中东欧国家既要接受危机的直接冲击，还要面对金融领域外资大量撤离带来的挑战。如何在提高金融效率和维护金融安全之间权衡，无疑是未来中东欧国家金融转型最为重要的任务。

二 俄罗斯金融转型的回顾与反思

1991 年底苏联解体后，俄罗斯启动了以私有化、市场化、自由化为特征的"休克疗法"，金融领域的改革是俄罗斯激进式改革的重要环节。在此后近 20 年的时间里，俄罗斯金融领域的改革一直在继续，但结果却事与愿违，1998 年和 2008 年两次金融危机更是对俄罗斯经济产生了巨大的负面作用。因此，有必要系统地回顾俄罗斯金融制度变迁历程，反思俄罗斯金融自由化发展战略。

（一）俄罗斯金融转型 20 年历程

苏联解体后，俄罗斯虽然继承了苏联的大部分物质基础，但是经济体系百废待兴。为此，总统叶利钦采纳了萨克斯和盖达尔设计的激进式改革方案——"休克疗法"。在放开物价、控制货币的条件下，实行私有化、自由化和市场化改革。在这样的背景下，金融体系也开始了以私有化、自由化和市场化为核心的改革，启动了金融自由化战略。时至今日，回顾俄罗斯的金融自由化战略，可以发现这一历程异常的艰辛，而结果则出乎改革者预料，金融并没有真正促进经济发展，而是一次次的成为经济衰退的导火索和催化剂。1992 年，"休克疗法"改革初期，俄罗斯的货币金融体系就陷入了严重混乱，可以认为这是促使激进式改革失败的重要因素之一；1998 年，俄罗斯爆发金融危机，国内金融市场混乱、外资抽逃、银行倒闭，使经济再次遭受打击；2008 年，美国次贷危机爆发后，国际金融危机席卷全球，俄罗斯成了金融危机的重灾区，金融体系和实体经济受到了严重的影响。令人费解的是，在这 20 年的时间里，俄罗斯在金融领域的改革一直在持续，却总是事与愿违，联邦政府主导的金融自由化战略屡次被金融领域的危机和混乱所打断。因此有必要深入分析俄罗斯金融体制20年的变迁历程，研究这一问题既有利于掌握未来俄罗斯金融体制的发展方向，也能为转型国家金融发展理论提供一个很好的分析案例。

（二）俄罗斯金融转型的起点与方案

1991年底，萨克斯作为"休克疗法"的设计者，在波兰取得了经济转型的成功经验后，被聘为俄罗斯政府顾问，开始推行以私有化、市场化、自由化为特征的转型理念，并参与设计各项经济转型措施。在他的方案中，俄罗斯的金融制度变迁并非改革的核心，而是作为"休克疗法"的一个必要附属环节。具体表现就是实行金融体系改革、建立证券市场、利率市场化、卢布的自由兑换、汇率的自由浮动。[①]

俄罗斯在金融体系构建方面，继承了苏联时期的改革基础。在苏联时期，曾经实行过"大一统"的银行模式，中央银行既要执行货币发行的功能，还要执行吸收储蓄、发放贷款的商业银行功能。1988年苏联提出要建立二级银行体系，此时的中央银行开始剥离存贷款业务，并彻底脱离与财政部的隶属关系。随之成立了五个按经济领域划分的商业银行：联邦储蓄银行、对外经济银行、工业建设银行、农业银行和城市服务银行。苏联解体后，俄罗斯在二级银行体系的基础上，开始了以私有化为核心的银行体制改革。俄罗斯银行业开始对私人资本和外资开放，原有的五家专业银行转变为股份制商业银行，外资银行的数量和规模也不断增大。

1992～1995年，俄罗斯商业银行股份制改革步伐很快，私有化改革催生了大量中小商业银行。但由于银行体系的市场准入标准偏低，资产规模小、抗风险能力差，这样的银行体系并没有真正发挥金融中介的功能，反而成了金融体系中的潜在威胁。商业银行不愿意将手中的资金贷给企

---

① Sachs, Jeffrey, Zinnes, Clifford, and Yair Eilat. 2000. "Patterns and Determinants of Economic Reform in Transition Economies, 1990–1998". CAER Ⅱ Discussion Paper 6. February. p. 5.

业，因为在一个高通货膨胀的经济环境中，贷款的收益性较差，更何况转型时期俄罗斯企业大量倒闭，很容易形成不良贷款。因而，商业银行将大量资金用于在外汇市场上倒卖外汇以赚取差价。

商业银行私有化改革带来的另外一个特别的现象是银行依附于企业。大多数商业银行的初始资金来源于大型企业，并且依附于这些企业，因而形成了金融工业集团。因此商业银行在经营上缺少独立性，往往成为替这些企业融资的工具。这种情况下，俄罗斯形成了独特的商业银行经营结构，即除了少数大型国有银行外，大多数银行实际上受控于金融工业集团，银行通过外部融资，再将资金以贷款的形式注入集团其他企业。这种贷款内部化的倾向十分严重，也直接导致了俄罗斯银行体系中的条块分割现象。金融工业集团利用其银行吸收来的资金大量收购私有化的股份，以获取其对行业的垄断地位。这种商业银行结构明显不利于中小企业发展，在当时经济处于低谷时期，大量企业需要贷款以渡过难关，但却很难获得银行的信贷支持。转型时期，俄罗斯金融资源呈现出明显的两极分化，并由此产生了"马太效应"的恶性循环。越是资金富裕的大型企业集团，越有能力组建自己的银行，进行融资，而资金匮乏的中小企业，则往往因为资金链断裂而破产或被收购。

商业银行的私有化严重削弱了居民对银行的信任度，人们不愿意到这些缺乏安全性的金融机构储蓄。俄罗斯的改革者确实考虑到了这个问题，为了能够有效动员国内储蓄资源，确保储蓄客户的资金安全，俄罗斯保留了最大的俄罗斯联邦储蓄银行的国有性质。他们认为这样就能在确保储蓄不减少的前提下，进行商业银行体系的改革。这个储蓄银行实际上是中央银行的派生产物，继承了苏联时期"大一统"银行体制下原中央银行的储蓄业务，拥有最大的储蓄客户群体。尽管实行了股份制改革，但俄罗斯中央银行一直是联邦储蓄银行的最大股东，毫无疑问，这家银行的安全性要远远高于那些金融工业集团组建的中小型商业银行。这样，俄罗斯居民就有了一个相对安全的银行，能够放心地把手中的卢布存入银行。尽管俄罗斯联邦储蓄银行的规模很大，在资产运作方面也更加注重安全性，但这很难改变转型初期俄罗斯居民的通货膨胀预期。突出表现就是居民不愿意持有卢布，更不愿意将卢布长期存在银行，因为当时卢布正处于不断贬值的过程中。因此，即便俄罗斯专门为动员储蓄而保留了俄罗斯储蓄银行，但仍然难以改变存款短期化、活期化的局面，无法形成大规模的银行资金来源。储蓄作为银行体系的资金来源，直接决定了俄罗斯商业银行的贷款能力，储蓄的结构也自然促使俄罗斯商业银行贷款呈现出短期化的倾向，并且贷款额度相当有限。如果考虑到转型初期俄罗斯经济当中的"美元化"现象，那么信贷资源的稀缺就更加严重了。不仅仅是民众愿意持有美元，银行机构也愿意将获得的卢布储蓄换成美元，因此在俄罗斯短缺的储蓄当中，又有相当一部分流入了外汇市场，而不是通过贷款流向实体经济。转型初期，为了提高金融效率而改革金融体系，但是金融对经济的支持作用却被明显地弱化了。

俄罗斯中央银行体制的构建，就是为赋予中央银行独立发行货币、单独执行货币政策的权利。但是在转型初期，由于卢布区的存在，俄罗斯中央银行不得不面临货币超量发行的困境，事实上并没有真正的独立性。包括俄罗斯在内的卢布区国家中央银行都有权发行卢布，而彼此之间又缺乏必要的协调和合作，每个中央银行都在为本国政府发行货币，事实上就是在向其他国家征收铸币税。1993年俄罗斯宣布退出卢布区，开始发行俄罗斯卢布，俄中央银行才摆脱了卢布区的纠缠，成为一个国家的货币控制者。但此后，俄罗斯政府一直深受财政赤字困扰，税收无法满足财政支出，国债在国内金融市场又没有得到广泛认可。为了弥补财政赤字，俄罗斯中央银行不得不大量认购国债，实际上就是专门为财政打开了印钞机。国内通货膨胀问题因此而愈发严重，这使得国债更加难以获得投资人的青睐，被动地发行货币成为俄罗斯中央银行的最大负担。因此，在这一时期，俄罗斯中央银行虽然不再隶属于财政部，但事实上仍然缺乏独立性。1995年4月，俄罗斯颁布了新的中央银行法，从法律上授予中央银行执行货币政策的独立性。明确规定中央银行向国家杜马负责，中央银行的最高权力机构理事会成员由国家杜马任命。在此后的三年中，俄罗斯中央银行不再因为财政赤字而发行货币，但是信贷资金财政化倾向仍然十分明显，主要方式就是协助国债发行，通过向商业银行发放贷款的方式，鼓励商业银行认购国债。

在证券市场方面，转型初期的俄罗斯实际上搞的是强制性的制度设计。因为大量的企业进行股份制改革，必须有一个市场来容纳这些私有化的股票，因此在企业私有化的背景下，俄罗斯开始设立股票交易所。另一方面，俄罗斯联邦大量发行国债，也迫切需要建立一个可以让国债流通的二级市场。企业的改革促使俄罗斯证券市场建立，但这种被动的选择造就了一个不成熟的市场。内幕交易、虚假信息泛滥，证券市场成了金融资本篡取国民财富的场所，一些企业股票被廉价收购，同时又有相当数量的低级债券和股票发行出来。俄罗斯证券市场一边促进着垄断企业巩固自身的垄断地位，一边又使原国有企业的职工失去了股权。俄罗斯证券市场的建立缺乏必要的时间，自然也没有合理的制度设计。俄罗斯简单地效仿欧美国家，却没有认识到美国和英国等发达国家也是通过近百年的尝试，才逐步形成功能有效、体系完善的证券市场，这绝非是能一蹴而就、盲目照搬的。

在利率市场化方面，为了建立一个更加自由化的金融市场，1993 年俄罗斯中央银行开始采取信贷拍卖的方式分配信贷资源。这样形成了一个基准利率，即商业银行在中央银行获得信贷的成本，就成为了商业银行对外发放贷款的基础。中央银行再通过调整对商业银行再贴现率来实现对金融市场利率的干预。从表面上看，这种利率市场化的步骤是合理的，即通过管住基准利率、放开市场利率的方式，让利率成为调整储蓄和贷款的价格指标。俄罗斯实行利率市场化正是瞄准了这种目标模式，放开了存贷款利率。但是俄罗斯并不具备一个成熟的金融体系，一步放开所有的利率，使得一些银行不顾风险以高利率吸引存款，再以很高的利率贷放出去，这一方面直接推高了企业的贷款成本，另一方面由于道德风险和逆向选择，也加快了不良贷款的形成。转型时期经济不景气，当企业经营效益不佳，一些贷款无法收回时，银行也经常会因此而破产倒闭。

1992 年，俄罗斯启动了卢布自由兑换的改革，并且这方面的改革与汇率制度的变迁紧密联系。苏联时期卢布不能自由兑换，官方垄断了外汇经营权，汇率也有两个：官方汇率和黑市汇率。苏联解体后，俄罗斯宣布经常项目下卢布可自由兑换，这样就赋予了进出口企业买卖外汇的权利，卢布兑换美元的汇率也开始由莫斯科银行间外汇交易所的供求关系决定。经常项目外汇的自由兑换使卢布汇率逐步与国际市场接轨，汇率的波动也开始逐渐增大，卢布兑美元持续贬值。这对于改善俄罗斯的出口具有积极的作用，但是对于依赖进口原材料进行生产的行业打击很大，因为卢布贬值使进口成本迅速提高。卢布汇率的贬值使中央银行不得不屡次干预外汇市场，卖出美元、买进卢布，但是俄罗斯稀缺的外汇储备仍然无法阻挡卢布贬值的步伐。随着国内资本外逃愈发严重，经济"美元化"愈发明显，1995 年俄罗斯开始实行"外汇走廊"① 制度。尽管中央银行宣布卢布汇率可以在一定幅度内浮动，但实质上这是一种固定汇率制度，希望以此来稳定卢布汇率。1998 年金融危机爆发后，俄罗斯被迫放弃了"外汇走廊"制度，转而实行有管理的浮动汇率制度。2002 年，随着俄罗斯经济从危机中走出，逐步复苏，俄再次启动卢布自由兑换和汇率制度的改革。俄罗斯此举是为了扩大卢布的国际影响力，进而使卢布成为世界货币体系中的重要一员。如普京所言："不仅是经常性项目的自由兑换，而且是资本项目的自由兑换……俄罗斯需要能够在世界市场上自由流通的卢布，需要与世界经济体系有坚强而可靠的联系。"② 2002 年俄罗斯

---

① "外汇走廊"：是俄罗斯 1995 年宣布的汇率制度，即从 1998 年 1 月 1 日改用新卢布（以 1∶1000 兑换旧卢布）之后，卢布与美元的汇率定为 6.1∶1，并规定卢布汇率上下波动幅度不得超过 1.5%，尽管卢布上下浮动仍然由市场决定，但目标汇率区域由中央银行决定。

② 〔俄〕普京：《2003 年致联邦会议的国情咨文》，载《普京文集》，中国社会科学出版社，2008，第 29 页。

颁布的《外汇调节法》标志着资本项目已经向国内居民和法人放开，即可以为了投资国内金融市场而买卖外汇，但两个月以内的资金外流需要提交 100% 的保证金，一年以内的资金流入也需要提交 20% 的保证金，以此来防范因外汇资金大幅度流入流出对卢布汇率的冲击。2006 年 7 月，比原计划提前了一年，卢布成为可自由兑换货币。卢布可自由兑换意味着届时政府将取消对俄罗斯境内所有资本出入的所有限制，企业家可以把自己的任何收益自由转到国外并兑换。同年，俄罗斯汇率制度转为自由浮动汇率制度。

（三）俄罗斯金融自由化战略的路径：一个理论评析

如前文所述，从金融体制的单个领域看，俄罗斯推行的金融改革战略并不成功。如果从整个金融体系来看，俄罗斯的金融自由化战略更加混乱，甚至直接导致了金融领域的脆弱性。这需要从金融自由化战略的路径进行深入分析，金融发展理论为分析这一问题提供了良好的框架和基础。

1973 年，爱德华·肖认为：“经济中的金融部门与经济发展息息相关……如果金融领域本身被抑制或扭曲的话，它就会阻碍和破坏经济的发展。”[1] 同年，肖在斯坦福大学的同事麦金农教授以不同的分析方法，提出了同样的金融发展观点。他认为，由于发展中国家普遍存在着利率的管制，从而使扣除通货膨胀因素后的实际利率往往为负数，造成信贷资源供给不足；而信贷资源主要通过政府的各种偏好来配置，这就导致了大多数企业的资本形成不是通过外源融资，而是通过内源融资形成；内源资金的规模又对生产规模的扩大产生了制约作用，从而影响经济增长。[2] 他们共同的结论是，在一些国家普遍存在金融抑制现象，而改变这一局面的根本办法就是推行金融自由化改革，即依靠金融自由化战略提高金融效率，以

---

[1] 〔美〕爱德华·肖：《经济发展中的金融深化》，邵伏军等译，上海三联书店，1988，第 1 页。
[2] 〔美〕罗纳德·麦金农：《经济发展中的货币与资本》，卢骢译，上海三联书店、上海人民出版社，1997，第 12～22 页。

此来促进经济增长。从这方面来看，金融自由化战略本身并没有考虑到金融系统的稳定性和安全性，而仅仅是从金融资源的配置效率方面进行了分析和论述。

那么，在金融抑制的国家中如何进行金融自由化改革才能成功呢？1993 年麦金农在《经济市场化的次序——向市场经济过渡时期的金融控制》的书中充分考虑到了金融自由化进程的安全性和稳定性。他认为，对于实施金融自由化而言，存在着一个最优的次序，政府不能同时对所有金融部门实行自由化改革，只有安排好金融改革的次序，才能够取得较好的效果。金融自由化的第一步是稳定政府财政赤字，建立能够确保政府开支的税收制度，从而避免中央银行为减少财政赤字而发行货币的现象；第二步是开放国内资本市场，推行利率市场化，建立有效的金融中介体系，保持商业银行的稳定性；第三步是实行外汇自由化改革，在国际收支平衡表中经常项目的自由化要快于资本项目，资本项目的外汇自由兑换是金融自由化战略的最后阶段。[①]

如果按照这一顺序审视俄罗斯的金融自由化战略，可以认为其中的几个关键环节俄罗斯都没有处理好。

第一，转型时期俄罗斯财政赤字一直很严重，直到进入 21 世纪之后，随着油气价格的上升，国民经济逐渐由衰退转为增长，财政赤字问题才逐渐得以解决。因此转型时期，俄罗斯中央银行不得不屡次向财政提供贷款或融资，造成了持续的通货膨胀。

第二，在通货膨胀无法治理的情况下，俄罗斯强行推进利率市场化，造成名义利率过高，反而加重了企业的经营负担。而商业银行和资本市场的建立，都是在国内经济陷入混乱的背景下强制实施的，这直接导致了金融体系的不稳定性。

[①] 〔美〕罗纳德·麦金农：《经济市场化的次序——向市场经济过渡时期的金融控制》（第二版），周庭煜、尹翔硕、陈中亚译，上海三联书店、上海人民出版社，1997，第 2~14 页。

第三，尽管在货币自由兑换方面，俄罗斯经常项目开放要早于资本项目开放，看似符合金融自由化的最优顺序。但是一个不可否认的事实是，货币自由兑换是金融自由化的最后阶段，但俄罗斯却错误地将这一阶段提前了，2008 年的金融危机印证了这一事实。

回顾俄罗斯金融体制变迁 20 年，既然存在金融自由化的最优路径，为什么俄罗斯没有按照这一路径进行改革，而是将金融体制引入了重灾区？"休克疗法"的设计者究竟忽略了哪些因素，才使得金融领域改革举步维艰、困难重重？事实上，金融自由化的顺序恰恰说明金融领域是一个整体系统，必须充分考虑到整个经济系统的内在联系。因此，本文提出一个观点：转型初期俄罗斯的改革模式和宏观经济环境，决定了金融制度变迁的初始路径，这是一种不得已的被动选择。而当进入 21 世纪，俄罗斯经济好转后，金融改革进入了一种盲目乐观的"快车道"，制度设计者的主观错误是金融改革失败的重要因素。按照这个思路，有必要将俄罗斯金融自由化战略的起点和路径进行重新审视，具体有以下几个方面。

1. 金融自由化的起点

俄罗斯在转型初期所面临的财政赤字，其根源在于苏联时期的计划经济体制。苏联财政的最大负担是国有企业，就像匈牙利经济学家科尔纳形容的那样，类似于"父子关系"①。萨克斯等人设计的以私有化为核心的改革方案，其着眼点就在于此。但是他们忽略了一个重要的现实，虽然剥离国有企业这个财政负担很重要，但更重要的是建立一整套有效的税收体系，以解决财政收入问题。中国在改革开放初期，曾经实行过"拨改贷、利改税"，就是将财政对国有企业的补贴转为金融对国有企业的支持，同时尽量保证财政收入的稳定性，区别仅仅在于过去是上缴利润，现在是上缴税收。俄罗斯在将国有企业私有化之后，却没有为财政收入做好准备。在转型初期，俄罗斯有没有可能先改善财政状况，再进行市场化改革呢？答案是否定的，转型初期俄罗

---

① 〔匈〕J. 科尔纳：《短缺经济学》（下册），张晓光等译，经济科学出版社，1986，第 275～282 页。

斯很难建立起有效的财政税收体制。激进式改革后，在经济陷入衰退的局面下，税收更是无处筹集，联邦政府必须依靠发行国债来维持，却屡屡受阻，只能由中央银行一次次被动发行货币来弥补。这种情况直接造就了俄罗斯持续不断的通货膨胀问题，这是萨克斯等人没有预料到的。在他们的方案中，经济转型必须管住货币，就像波兰转型那样，价格一次性上涨，然后通胀水平逐渐趋于温和。因此，他们认为可以在转型初期就实行金融自由化，但财政赤字和高通胀却成了这一战略的最大障碍。

2. 金融发展模式的选择

在经济转型的模式上，俄罗斯希望国家经济成为西方发达国家那样的市场经济。但是金融体制的建立在西方却有两种完全不同的模式：一种是以美国、英国为代表的市场主导型，即实体经济以发行股票、债券等直接融资为主，间接融资在金融结构中比重较低；另一种是以德国和日本为代表的银行主导型，即企业主要通过银行贷款获得融资，而证券融资的规模相对较小。尽管在俄罗斯学界，是选择银行主导型还是市场主导型金融体系一直存在争议，[①]但在转型过程中，俄罗斯仍然选择了市场主导型金融发展模式。俄罗斯做出这一选择有其必然性，是在当时经济形势和改革模式下的被动选择。在企业私有化的进程中，大量企业股票需要进入二级市场流通，并且联邦政府也需要一个证券市场发行债券，因此在金融发展模式中更加注重金融市场的建设，却严重忽略了商业银行的建设。从金融市场的发展历程看，即使是建立市场主导型金融模式，商业银行所发挥的作用也是相当重要的。以美国为例，在相当长的一段时间里，企业融资主要依靠商业银行贷款，而不是通过发行股票和债券融资。1970～1985 年，美国企业通过股票和债券融资仅占总融资规模的 31.9%，而银行贷款占比 61.9%。[②] 此后，随着

---

① Ясин Е., Перспективы Российской экономики проблемы и факторы роста, Общество и экономика，февраль 2002г.

② 〔美〕米什金：《货币金融学》，刘毅、蒋理、王秀萍、刘霞、夏乐译，中国人民大学出版社，1998，第182～183页。

资本市场体系的不断发展，交易成本逐渐下降，信息不对称问题逐渐解决，直接融资所占比重才不断上升。这说明，无论是发展银行主导型金融模式，还是市场主导型金融模式，都需要一个成熟的商业银行体系作为支撑。令人遗憾的是，这一重要问题被俄罗斯改革者忽略了。当然，俄罗斯推行商业银行私有化改革也有其内在原因，转型初期经济发展需要资金支持，因此俄罗斯急需形成一定规模的金融资源。商业银行私有化能够尽快动员国内资金投入到金融体系中，形成金融资源。俄罗斯国内储蓄率低下，为了尽快促进资本积累，有必要吸引私人资本和外国资本进入银行体系，因此俄罗斯放宽了商业银行设立的门槛，其目的就是为了在尽量大的范围内动员资金，并以信贷的方式形成产业资本。在这种金融发展模式下，尽管银行资本大量形成，但商业银行对实体经济的支持作用在转型时期却严重弱化，并且加剧了商业银行体系的脆弱性。1998 年金融危机爆发后，商业银行体系的脆弱性立即显现出来，俄罗斯中央银行不得不采取紧急措施，将商业银行的居民存款转移到联邦储蓄银行，并且向商业银行提供低息信贷资金，以维护金融体系的稳定性。2008 年国际金融危机开始后，俄罗斯联邦政府再次向商业银行体系提供贷款，以防止商业银行破产倒闭，并从 2008 年的联邦预算中划拨 2000 亿卢布注入存款保险公司，以稳定储蓄者的心理预期。

3. 利率市场化的步骤

俄罗斯实行利率市场化的同时，通货膨胀问题一直存在，为了保证实际利率为正，只能大幅度提高名义利率。而此时如果中央银行再严格管制存贷款利率，"一刀切"的办法势必会使商业银行陷入经营被动的局面。考虑到商业银行体系的脆弱性容易造成银行机构的破产倒闭，实行利率市场化有利于商业银行自主确定利率水平，调整经营模式，确保金融体系的稳定性。利率市场化的改革尽管使名义利率提升，但却没有取得良好的效果。较高的实际利率能有效吸引储蓄，而且有利于提高投资效率。当贷款成本上升后，一些低效率的投资项目将失去贷款的可能，因此有利于资金向更有效率、更有前景的产业转移，进而提高金融资源的宏观效率。实际利率等于名义利率扣除通货膨胀率，而通过降低通货膨胀率来提高实际利率水平，要比简单地提高名义利率更有效。[①] 为什么同样是提高实际利率水平，利用降低通货膨胀水平会更有效？而单纯依靠提高名义利率来提高实际利率的方法又会产生怎样的不良后果呢？1977 年阿根廷推行金融自由化改革，实行利率市场化，产生的结果却是大批企业因为无法偿还贷款利息而倒闭。这是利率市场化改革必须考虑的问题，而作为正在经济转型中的俄罗斯恰恰面临的就是这一难题。名义利率的提高，使企业的生存环境更加恶劣，贷款更加难以获得，而较高的名义利率又促使资金开始追逐各种投机，参与到外汇市场和证券市场的炒作中。以上说明，俄罗斯利率市场化的时间过于提前了，至少应当在通货膨胀问题得以解决之后才能进行，并且利率市场化也需要一定的步骤，不能所有利率同时放开。成熟的利率市场化模式，例如美国存在一个银行间拆借市场，这个市场的利率完全由资金的供求关系决定，商业银行根据这一基准利率确定存贷款利率，因此同业拆借利率是存贷款利率的基础。美联储通过调整这个基准利率，实现对整个利率体系的调整。俄罗斯还没有形成一个健全的基准利率体制，利率也无法成为调整资金供求的价格杠杆，在这种情况下放开存贷款利率，只会直接造成国内利率机制的混乱，反而弱化了利率的调节功能。

4. 资本项目和汇率浮动的时机

1998 年金融危机之后，随着经济增长态势的发展，俄罗斯对于未来发展的态度也愈发乐观，准备以经济大国的姿态重返国际舞台。提出卢布国际化战略就是其中一个明显特征，但一个货币之所以成为国际货币，必须具备两个前提：既能够用于国际贸易结算，也能够用于投资。如果外国机构持有卢布却无处投资，该机构显然不可能有意愿长期持有卢布，

---

① 〔美〕罗纳德·麦金农：《经济市场化的次序——向市场经济过渡时期的金融控制》（第二版），周庭煜、尹翔硕、陈中亚译，上海三联书店、上海人民出版社，1997，第 34 页。

因此国内的证券市场必须开放，这就意味着允许外国人购买卢布然后用于投资，即实行资本项目下的卢布自由兑换。此外，俄罗斯开放资本项目还有一个重要目的，就是能够吸引外国资本进入，既可补充国内资本积累，又能够有效促进证券市场健康发展。这种情况下，外国资本的进入和流出会更加频繁，如果再维持固定汇率制度，中央银行只能不断地买进或卖出美元资产，势必使中央银行将控制通货膨胀目标放在一边。尽管俄罗斯《中央银行法》规定中央银行的首要目标是控制通货膨胀，俄罗斯中央银行的独立性还是会受到政府主管部门的影响。在货币政策目标选择上，中央银行的货币政策目标更多的是选择维持物价稳定，而经济发展部和财政部则更倾向于中央银行稳定卢布汇率。① 因此，俄罗斯汇率自由浮动和资本项目开放的改革几乎是同时进行的，即中央银行不再干预汇率波动，卢布兑美元汇率单纯由外汇市场的供求关系来决定。资本项目开放、汇率自由浮动，这些看似现代化的金融体制使俄罗斯成为了 2008 年国际金融危机的重灾区。由于失去了对资本项目的管制，危机爆发后大量资本外流，卢布兑美元汇率连续贬值，二者又相互促进，甚至连俄罗斯联邦用于救济国内金融市场的美元，都被商业银行倒卖到境外去了。2008 年的金融危机给俄罗斯带来的教训是深刻的，说明在国内商业银行和证券市场尚未成熟的情况下，过早地开放资本项目将使整个金融体系失去"防火墙"，证券市场的短期资金成为了金融体系中的"堰塞湖"，随时会对卢布汇率形成巨大的冲击作用。

（四）小结

通过以上分析，可以发现俄罗斯金融自由化并没有真正成为经济的助推器，反而一次次地拖累了俄罗斯的经济发展。回顾 20 年来俄罗斯金

---

① 李中海：《论俄罗斯货币信贷政策及影响》，《俄罗斯中亚东欧研究》2007 年第 4 期。

融制度变迁历程，可以发现其中既有迫于无奈的被动，也有过度乐观的盲目。

从制度起点上看，俄罗斯金融自由化战略不成功的根本原因在于"休克疗法"的失败，正是由于过于激进的改革，才使金融自由化处于一个相当不利的起点上。俄罗斯金融自由化战略并非一项单独的制度设计，而是作为"休克疗法"的一部分。萨克斯等人过于乐观地认为能够控制住通货膨胀问题，但俄罗斯的财政状况并没有出现预期的好转，反而还促使中央银行被动地发行货币。在这种情况下，中央银行的独立性根本无从谈起，利率市场化也很难推行。

从金融自由化的方案设计上看，俄罗斯选择市场主导型的金融发展模式，有一定的被动因素。激进式的改革思路、联邦政府需要发行国债、企业私有化又产生了大量的股票，这些使俄罗斯在客观上需要建立一个证券市场来进行融资。尽管俄罗斯保留了联邦储蓄银行，并建立存款保险机制来维护储蓄者利益，但由于国内储蓄率低，这种储蓄垄断的局面对于提高储蓄的利用效率并没有太大作用。为了尽快地动员资金，形成金融资源，俄罗斯启动了商业银行私有化改革，但却忽略了商业银行的稳定性和安全性。

从金融自由化的路径上看，各种金融制度之间没有形成良性的互动，反而相互影响，严重削弱了金融体系的安全性和稳定性。在商业银行体系尚未建立起来时，就推行利率市场化，这使得信贷资金无法注入实体经济，反而被大量投入证券、外汇市场进行投机，形成"金融脱媒"现象。1998 年的金融危机是俄罗斯财政金融体系内部矛盾的集中爆发。而 2008 年金融危机之所以给俄罗斯金融领域带来了严重冲击，是因为过早地开放资本项目，并且允许汇率自由浮动，使俄罗斯失去了重要的金融"防火墙"。可见，在经历了 20 年金融制度变迁后，俄罗斯当前仍有未完成的任务，其中最重要的就是：建立起安全、高效的商业银行体系；充分发挥利率、汇率等金融指标的调节作用；维护资本项目开放条件下的金融安全。

三 中国金融转型的发展路径

——金融政治经济学视角

中国经济体制改革已经进行了 30 多年，经历了从计划经济向市场经济的过渡和转型，在诸多经济社会领域中都取得了重要的进展。与之相比，金融转型的进程却相对较为缓慢，明显滞后于经济改革进程。因此，回顾中国金融转型的内在逻辑十分必要。由于金融制度、货币制度之间的关系极其复杂，甚至会受到社会传统、行政机构等因素的影响，因此基于一个较为全面和深入的金融政治经济学视角来分析就显得非常必要，这样才能更加充分地理解中国金融体系所存在的深层次问题。

（一）银行主导型金融转型

在改革开放初期，中国只有两家银行，中国人民银行从事国内的货币金融业务，中国银行则从事外汇买卖、外币贷款等国际业务。在这种"大一统"的金融模式下，中国人民银行既要负责货币发行、代理国库等中央银行职能，还要负责国内储蓄和贷款业务，发挥商业银行的功能和作用。1984 年，中国人民银行正式改组为中央银行，中国正式确立了二级银行体制，其目的是使中央银行和商业银行各司其职，适应经济市场化转型。此后，金融市场的建设也提上了日程，1985 年中国放开了对金融产品交易的管制，银行间同业拆借、票据贴现、大额定期可转让存单等金融市场逐步建立，企业债券、金融债券、企业股票也开始以市场化模式进行交易和投资。此后，上海证券交易所、深圳证券交易所以及中国外汇交易中心的建立，标志着金融市场的建设已经全面展开。显然，在金融转型初期的发展阶段，金融市场建设的步伐很大，与之相比，中国的银行体系改革事实上显得落后，二级银行体系建立后，其他实质性的改革进展却很少。

金融市场作为资金运作的载体，在中国金融转型进程中，客观上走在了商业银行改革的前面，这与中国经济体制改革步骤密切相关。在金融转型的模式中，商品市场化是实现金融市场化的条件，国有企业改革则是商业银行改革的条件。因此，金融市场和商业银行改革的快与慢，并不取决于金融体系本身，而是取决于整体经济改革的进度和模式。如果商品市场化先实现，则金融市场起步就早，而如果企业改革先完成，则商业银行就能较快进行股份制改造。在中国，市场经济体制的确立要明显快于国有企业改革。曾经有著名学者这样评价："作为公认的难度最大、风险最大的价格改革，竟然走在经济体制改革的前列，把过去认为容易得多的企业改革远远抛在后面，的确出乎许多经济学家的预料。"[①] 中国市场化改革方向确立后，还仅仅是取得了商品市场化改革的成功，生产要素市场化仍然显得任重而道远，其中包括土地、资金、劳动、技术等生产要素在内的诸多市场化运作面临着极大的挑战。因此，金融市场建设方案很快就被提上了日程，并且也开始了实质性的改革进展。

不过，从金融市场与商业银行之间的关系看，尽管金融市场建设步伐明显快于商业银行改革，但并不能由此否认银行在中国金融转型中的重要地位和作用。

在金融转型初期，中国的金融体制面临着发展模式的选择，是选择美国、英国的市场主导型模式，还是选择德国、日本的银行主导型模式。事实上，无论是金融市场，还是商业银行，都是连接资金融通的中介机构。格利和肖在《金融中介和储蓄—投资过程》中，定义了盈余与赤字单位、初级和二级市场、直接和间接融资等一直沿用至今的金融术语，并指出不同的金融中介能够提供不同的资产，而投资者对不同资产的需求就产生了不同的金融中介。[②] 随着交易成本和信息经济学在金融理论中的应用，不同的金融中介发展模式得到了更为合理的解释。由于在资金盈余者和资金

---

① 张卓元：《九十年代需重点推进要素价格改革》，《经济研究》1992 年第 11 期。

② Gurley, J. G, E. S. and Shaw. 1956. "Financial Intermediaries and the Saving-Investment Process", *Journal of Finance*（11）：pp. 257 – 276.

赤字者之间存在着信息不对称，每一笔贷款业务的签订都需要一定的交易成本，商业银行的业务功能具有规模经济的特征，在获取贷款者信息、提供专业化合同、维护借贷信用等方面拥有规模经济效应，能够降低交易成本、克服信息不对称，银行作为连接储蓄者和贷款者之间的金融中介具有明显的优势。因此，无论是市场主导型的英美模式，还是银行主导型的日德模式，在早期金融体系中都是由商业银行主导资金流向。随着信息技术不断进步，金融市场的交易成本也不断降低，当其在融通资金方面的优势超过商业银行时，金融市场就进入了快速的发展期。美国和英国的金融市场都是在商业银行的支持下不断发展壮大起来的，美国经历了商业银行混业经营的繁荣时代，银行将吸收的储蓄投资于金融市场，企业则通过发行股票和债权在市场上融资。随着资金逐渐从银行体系转向金融市场，金融模式也从银行主导型转变为市场主导型。日本和德国之所以一直保持银行主导型金融模式，与其实行的主银行制密切相关，由于商业银行持有企业股票，银企关系非常密切，主银行制显著提高了银行在企业融资方面的地位和作用，银行主导型的金融模式才得到了不断巩固和延续。

金融模式的选择取决于两个因素：一是要看是否有利于金融信息的获取以及交易成本的降低；二是要看经济体制与金融模式之间是否协调。从全球观点看，通信和信息技术的发展对金融领域的制度安排产生了两方面影响：一方面关于公司企业的金融数据的各种数码信息越来越容易得到，使得反映在投资银行、基金、市场经济人和证券分析业务中的各种市场导向型的金融技能不断升值；另一方面，同样的因素也使得那些不易数码化的信息的潜在价值上升。[①] 显然，信息技术和金融创新的进步有利于金融市场的发展，金融模式沿着这种路径发展，很容易从银行主导型逐渐转变为市场主导型。但这仅仅是金融体制选择的技术性基础，从"日德模式"和"英美模式"的金融体制发展历程看，无论是银行主导型金融模式，

---

① 〔日〕青木昌彦：《比较制度分析》，周黎安译，上海远东出版社，2001，第342页。

还是市场主导型金融模式，都有其存在的客观依据，需要与社会经济体制相匹配，才能使金融中介的资金配置功能发挥好。中国在金融转型初期，金融市场刚刚启动，金融体系中的信息技术比较落后，资金规模显然无法与银行体系相比，国有商业银行与国有企业之间的关系极为密切，虽然没有实行主银行制，但国有商业银行在获取企业信息方面具有得天独厚的优势。同时，社会资金也呈现出向商业银行汇集的倾向，政府、企业、居民都在银行开设储蓄账户，金融市场的筹资功能则显得非常薄弱。此外，政府参与商业银行决策的现象一直存在，与金融市场相比，政府通过干预银行业务来实现既定发展目标的模式更加直接有效，这也是银行主导型金融发展模式在中国更受青睐的重要原因。因此，银行机构成为了中国金融模式中的核心。

（二）中央银行独立性确立

在银行主导型金融模式中，中央银行职能极其重要，尤其表现在独立性方面。中国在二级银行体系建立后，中国人民银行的主要任务就是货币发行、调控经济、监管金融等，但还并没有成为真正意义上的中央银行，这突出表现在中央银行的独立性经常会受到干扰，中央银行的独立性亟待确立。

中国人民银行曾经按照行政机构的组织模式设立省、市、县等分支机构，全国各级人民银行分支机构多达2000多家，这种模式在保持中央银行独立性方面极为不利。在各级政府发展目标的引导下，中国人民银行收缩贷款、稳定货币、预防通货膨胀等目标很难实现，只有在经济过热、物价上涨的不利情况下，央行才开始被动地实施紧缩的货币政策。

中国人民银行代理国库，这在世界上都属于中央银行的基本功能之一。但中国人民银行与财政部之间的关系并非这样简单，每当财政发生赤字，中国人民银行都会以直接拨款的方式来透支货币发行。此后，这种为财政直接透支的方式被禁止，但财政仍然以贷款的方式不断要求中国人民银行为其提供融资。显然，财政赤字应当以发行国债的方式来弥补，只有这样国债的债权人才是明晰的，财政也存在着事实上的硬约束。与之相比，无论是直接透支，还是中央银行发放贷款，财政赤字都存在软约束的问题，使得财政纪律很难约束，客观上还直接造成了中央银行的货币超额发行，容易产生较为严重的通货膨胀问题。但是，中国人民银行与财政部之间的关系从未真正切断，不仅仅表现在其为财政透支与贷款，还有相当一部分经济技术开发、扶贫开发、亏损企业补贴等本应由财政负担的资金，被转嫁到中国人民银行的业务中。此时的中国人民银行不仅无法获得应有的独立性，就连调控货币发行这一基本功能也经常被财政部左右，事实上成为国家财政的"出纳"。

此时，中央银行在独立性塑造方面已经显得刻不容缓。改革开放以来历次通货膨胀的发生都与货币超发有关，中国人民银行经常受制于财政和企业的资金压力，在控制通货膨胀方面显得力不从心。中国经历了三次较为严重的通货膨胀：1980年、1988年和1994年。1979年国家大幅度提高了农产品收购价格，同时对城镇居民提供粮食补贴，由于财政实力有限，中央银行超发货币来填补财政缺口，1980年通货膨胀率达到了7.5%。1988年价格闯关后，商品价格指数迅速上涨，积累在经济中的货币瞬间释放出来，说明中央银行发行的货币已经远远超过市场对货币的需求量，货币超发现象一直存在。1994年通货膨胀主要源于商业银行给国有企业发放了过量的贷款，进而对中央银行形成倒逼机制，迫使货币超量发行，以补充商业银行体系的流动性。显然，从根本上控制货币发行，必须真正赋予中国人民银行独立自主调控货币的职能和权利。事实上，从货币制度角度看，自从金本位制退出后，理论上的货币发行成本几乎为零，出于弥补财政赤字和维持短期利益的需要，货币发行经常会忽略通货膨胀所产生的负面影响，从这个意义看，中央银行很难有效控制通货膨胀。

1994年中国人民银行取消了各级分支行的利润留成制，并且将贷款业务回收到总行，建立起以人民银行为核心的金融监管体制。最为关键的是，1995年3月18日，中国正式出台《中国人民银行法》，规定中国人民银行依法独立执行货币政策，履行职责，开展业务，不受地方政府、各级政府部门、社会团体和个人的干涉。规定中央银行不得向财政透支，防止货币超量发行，以此来维护中央银行的独立性。

从国际经验看，中央银行的独立性越强，在控制通货膨胀方面就越有效果，而中国人民银行的独立性塑造必须通过综合性的整体改革，否则很难奏效。发达国家都追求中央银行的独立性，但在维护中央银行独立性的举措上也有所不同，中央银行的独立性并不完全取决于行政架构。美国的联邦储备委员会直接向国会负责，德国、瑞典采取的也是这种办法，优点是能够最大限度地避免政府对中央银行的干预；也有将中央银行与财政部平行设置的，丹麦采取的就是这种模式，中央银行虽然可以配合财政部的各项业务，但需要避免财政向中央银行透支；在日本和英国，虽然日本银行隶属于财政部门大藏省、英格兰银行隶属于财政部，但财政部门很少干预中央银行的决策，采取这种模式更多的意义在于使财政政策和货币政策相互协调统一。在充分借鉴美国、欧洲、日本经验的基础上，中国采取中央银行与财政部平行设置，但仍然属于国务院的组成部门，中央银行具有独立行使货币政策的权利。需要特别指出的是，尽管此时中央银行的独立性已经显著增强，但中国人民银行的独立性主要表现在独立于地方政府和国务院各部门，"中国的情况是，无论央行再怎么独立，它都不能独立于国务院之外"①。此后，中国人民银行开始独立地执行货币政策，与财政部门之间的联系也仅仅保持在公开市场上买卖国债，这既为财政部顺利发行国债创造了条件，也为中央银行货币政策操作提供了非常重要的工具，这项业务在此后的货币政策操作中，发挥了相当重要的作用。

中国人民银行内部架构也开始重新设计，为了确保中央银行业务不受地方政府干预，各地分支机构都按照跨越行政区的模式设置，这种模式对于维护货币政策的有效性极为关键。宏观调控的主体是政府，既包括中央

---

① 朱镕基接受美国《商业周刊》记者采访，载《朱镕基答记者问》，人民出版社，2009 年 8 月。

政府也包括地方政府，但无论是中央政府还是地方政府在对市场进行调节时都需要有一致的目标，否则就会使调控效果大打折扣。[①] 当货币政策职能完全独立于地方政府后，中国人民银行的各项业务基本都由总行作出部署，确保独立性自上而下地贯彻始终。此后，为了使中国人民银行能够更加专注于货币政策操作，原有的金融监管功能也逐渐被证监会、保监会、银监会替代，"一行三会"的金融管理模式正式在中国实施。

（三）商业银行渐进式转型

中国确立社会主义市场经济体制之后，中国商业银行体系的转型步伐并没有随之加快，反而表现出相对过慢的态势，并且始终处于滞后于经济体制改革的状态中。在中央银行独立性得到确立后，商业银行的渐进式转型也随之拉开了帷幕。

中国早在 1979 年就开始陆续恢复和建立了中国工商银行、中国建设银行、中国农业银行三家专业银行。1984 年，中国工商银行接管了中国人民银行原有的存贷款业务，成为中国规模最大的商业银行，中国工商银行、中国农业银行、中国银行、中国建设银行四家国有商业银行也成了中国金融体系中最为重要的机构。之后随着交通银行、中信银行、光大银行、华夏银行、招商银行等股份制商业银行的成立，中国金融机构已经呈现出逐步多元化的发展态势。可以说，在中国金融转型尚处于启动阶段时，商业银行改革的框架就已经基本形成，业务经营体制也处于不断完善的过程中。但由于受到各种因素的制约，中国的商业银行迟迟没有能够真正成为金融市场的主体。

中国四大国有商业银行最初设立时具有一定的专业性，随着金融转型的展开，工商银行、中国银行、建设银行、农业银行也不再按照原有的归口行业发放贷款，相互之间业务出现了交叉和竞争。但四大国有商业银行

---

① 赵振华：《着力增强宏观调控的科学性》，《求是》2011 年第 7 期。

各自的主要业务仍然集中在传统领域中，并且各自拥有贷款相对集中的行业，当时的贷款业务仍处于国有银行占据主导的局面，具有一定的垄断特征。此时，中国众多股份制商业银行已经涉足国内储蓄贷款业务，但是由于当时四大国有商业银行吸收了绝大多数的存款，其他商业银行没有实力与其竞争。在这种金融格局下，国有商业银行在业务经营方面缺少竞争压力，也没有真正实现市场化运作，虽然成为金融主体，但反而减慢了市场化金融转型的整体步伐。

不仅在打破国有商业银行垄断地位方面缺乏动力，商业银行行政化的倾向也越来越严重。在当时的国有体制下，商业银行的自有资金依靠财政拨款，尽管吸收了大量的居民储蓄，但储蓄者无法对贷款方向产生任何影响，银行在发放贷款方面仍然要受到政府的干预。由于各级政府对商业银行业务经营的干预，当时的国有商业银行无论在机构设置，还是在业务经营方面，都更像是国家机关，而非从事金融业务的企业。就连商业银行的机构设置也是基本按照总行、省、市、县模式层层设置的，而每级分支行都与地方政府有着千丝万缕的联系，每当政府财政紧张，无力支持地方经济发展时，就要求银行给企业发放贷款。这些属于政策性贷款的项目，本应由财政部门予以提供，或者由财政给予银行提供利率补贴，以弥补当时银行在发放贷款方面的亏损。事实上，不仅银行在利息方面无法获得补贴，就连本金都很难收回。由于这些贷款大多没有经过谨慎的论证和评估，有些濒临破产的国有企业也能够通过政府的指导获得银行贷款，贷款归还的难度极大，特别容易形成不良债权积累在国有银行体系之中。

在这种情况下，国有商业银行自然无法成为自主经营、自负盈亏的金融主体，实行国有商业银行的股份制改造非常必要，但却需要一系列前提条件。首先，国有企业的改革必须顺利推行，并且彻底解决积累在国有商业银行体系中的不良资产，为国有商业银行走向市场化减轻负担；其次，需要建立较为完善的财政税收体制，避免银行贷款"财政化"倾向，使银行存款、贷款业务真正做到市场化运作，才能使国有商业银行成为合格的金融机构；再次，政府职能需要从指令性和指导性的计划经济模式中彻底走出来，把银行塑造成金融企业，防止商业银行业务功能"行政化"倾向；最后，改变国有商业银行的垄断局面，必须发展多种所有制的金融机构，尤其要促进各种股份制商业银行的发展。

1993 年，在党的十四届三中全会上，提出了一整套解决这些问题的办法，包括转换国有企业的经营机制，积极培育包括债券、股票等有价证券的金融市场，并提出逐步实施分税制改革，建立养老医疗等社会保障制度。此时，中国几乎同时启动了财政、企业和金融改革，财政改革主要在于理顺中央和地方的关系，按照分税制的原则，确保财权和事权相匹配；企业改革则注重所有制关系的调整，目的是厘清国家和企业之间的关系；金融改革突出表现为建立独立的银行体系，完善金融市场的功能。这说明，财政改革和企业改革共同构成了金融改革的前提条件，中央银行和商业银行必须摆脱原有的各种束缚和羁绊，中国才能实现金融转型的全面深化。

1994 年，为了减轻国有商业银行在政策性贷款方面的压力，中国专门成立了国家开发银行、中国进出口银行、中国农业发展银行三家政策性金融机构，对需要给予信贷支持的特定行业发放贷款，这样就避免了政策性贷款与商业贷款混杂的局面，既有利于促进特定行业发展，也有利于减轻商业银行负担，为未来市场化改革提供前期准备。但由于国有企业改革的艰难超乎所有人预料，商业银行贷款的增长速度远远超过了经济增长的速度，这直接导致银行资产质量的下降，也成为不良债权形成的源泉。商业银行实质性的改革并没有取得进展，国家只能不断地为商业银行注入资本金，渐进式的商业银行改革之路从此开始。

不过，企业改革并非拖累商业银行转型的唯一因素，也不能由此认为中国银行体系完全是低效率的，只能说明在微观方面商业银行存在低效率。有研究认为，如果离开对一个转型国家经济总体发展水平和人们收入水平及金融需求层次的总体动态把握，不从国有金融中介产生与演进的内在逻辑出发，就很难全面洞察和准确把握转型经济的金融中介，尤其是国有金融中介的特征、效率与演进路径。[①]

虽然在贷款方面，商业银行大部分贷款都发给了效率不高的国有企业，但在动员储蓄方面，国有商业银行却有着得天独厚的优势。商业银行的资产和负债基本能够反映整个社会的资金供求状态，从资金的供给角度看，商业银行的自有资金比率并不是很高，主要来源是居民和企业的存款。由于中国民众所特有的高储蓄倾向，居民存款已经超过企业存款，成为中国资金供给最为主要的力量。并且，与企业存款相比较，居民储蓄具有非常好的稳定性，商业银行所从事的零售业务是最为稳定的储蓄来源。从中国经济发展历程看，尽管在居民、政府、企业三部门中，居民的储蓄率最高，但中国居民储蓄率却不断呈现出下降的态势。[②] 因此，在中国，稳定居民储蓄是非常重要的任务，这不仅仅涉及商业银行的资金来源，更会影响到整个中国的宏观货币形势。在经济改革的过程中，必须充分动员国内的储蓄资金，以此来支持整个国家的经济增长。从动员储蓄这一宏观视角看，中国商业银行实行渐进式转型具有一定的合理性。国有商业银行的所有制模式，再加上国家屡次为四大国有商业银行注入资本金，中国的银行信用已经非常接近于国家信用，这对于稳定储蓄具有非常重要的作用。

需要强调的是，渐进式的商业银行转型并非停滞不前，动员储蓄的优势与不良债权的劣势，二者之间如何权衡利弊，始终在考量着金融转型的决策者。1997 年东南亚金融危机给中国的银行体系敲响了警钟，虽然没有受到金融危机的直接冲击，但中国商业银行的不良债权比率已经远高于国际上公认的风险水平。中国在专门成立长城、信达、华融、东方四家资产管理公司接管四大国有商业银行的不良债权后，仅仅过了几年的时间，不良债权比率又回到了高位。国有商业银行"大而不倒"的现象，迫使

---

① 张杰：《转型经济中的金融中介及其演进：一个新的解释框架》，《管理世界》2001 年第 5 期。

② 李扬、殷剑峰：《中国高储蓄率问题探究——1992～2003 年中国资金流量表的分析》，《经济研究》2007 年第 6 期。

中国商业银行转型开始步入了更加实质性的阶段。将国有商业银行塑造成金融市场的主体，主要有两种办法：一是需要进行彻底的产权改革；二是需要引入合理的市场竞争。

在产权改革方面，由于国有商业银行集中了大部分金融资产，关系到整个国民经济的安全运行，稳定性和安全性是压倒一切的首要原则，尤其是要保证存贷款规模，才能在较为宽松的条件下进行股权改革。显然，需要维护国有商业银行的规模优势和政策倾斜，银行业仍然存在高度集中的局面，工商银行、农业银行、中国银行、建设银行四大银行基本占据了大部分市场份额。国有商业银行实现彻底的非国有化显然是不现实的，但改变国有商业银行的单一产权结构非常必要，实行企业化的银行治理结构和运作机制自然成为主要目的。

与此同时，众多中小金融机构发展却步履维艰，放松行业进入管制，以市场竞争提高金融效率是解决问题的必要条件。从金融资源配置的角度看，在中小企业已经成为经济发展、就业、缴纳税收的主力军时，却无法得到足够的信贷资金支持，导致信贷资金的低效率配置。而以国有商业银行为主的金融模式最大的弊端在于，银行业结构与企业结构之间存在冲突，直接导致中小企业融资困难。[①] 发展多种所有制结构的中小金融机构是破解这一难题的关键，既有利于促进中小企业发展，又有利于创造更加具有竞争活力的金融体系，城乡信用社、城市商业银行、区域性股份制商业银行都属于这一行列。[②]

产权论和市场论之间存在着一定的矛盾，前者要求继续给予国有商业银行经营上的优势，以此来积累利润，甚至需要国家继续注资消化不良债权，而后者则会对国有商业银行形成外部的竞争压力，分流储蓄和贷款的流量。考虑到中国商业银行的主要利润源泉就在于存款和贷款之间的利息

---

① 林毅夫、李永军：《中小金融机构发展与中小企业融资》，《经济研究》2001 年第 1 期。

② 王志远：《关于发展多种所有制中小金融企业的思考》，《求知》2007 年第 3 期。

差额，这无疑将降低国有商业银行的利润水平，从而恶化产权改革的宽松环境。2001 年中国加入世界贸易组织后，承诺五年内国内金融业对外资银行开放，对于商业银行的产权改革而言，这既是机遇又是挑战。外资银行的进入有利于加快国有商业银行改革的步伐，而激烈的竞争又会使股权改革面临极高的风险。在这种情况下，中国选择了相对折中的方案，鼓励中小金融机构发展，但在金融业采取并不完全对外资开放的政策。其中最为关键的措施是，外资银行的储蓄客户必须达到 100 万元人民币以上的规模，由于客户数量众多，银行储蓄的零售业务一直是规模最大、较为稳定的资金源泉，这为国内金融机构保持储蓄业务提供了"防火墙"。

当前，国有商业银行的改革既处于不断增大的市场压力中，也处于国家对其提供的隐性担保和补贴中，这使得曾经饱受不良债权困扰的国有商业银行迎来了难得的发展时期。近年来，银行信息技术的广泛应用，极大地降低了人力成本、信息成本和代理费用，自动柜员机、网络银行、电话银行等模式极大地降低了储蓄贷款业务的经营成本，国有银行最为明显的特征也从高不良债权转变为高利润水平。同时，也暴露出国家国有商业银行改革的新问题，巨大的市场份额使国有商业银行处于绝对优势的市场地位，各种收费名目层出不穷，服务效率饱受诟病，反而成为国有商业银行需要解决的新问题。此时，以市场竞争推动中国商业银行体系转型的呼声已经越来越高涨。

（四）金融转型继续深化的制约因素

中国金融转型任重而道远，许多方面都亟待完善，但作为银行主导型的金融体制，无论是中央银行调控货币，还是商业银行的储蓄贷款业务，利率都是非常重要的金融变量。利率市场化对于增强货币政策的灵活性和有效性具有非常重要的作用，对于促进商业银行体系转型也具有非常明显的作用，但利率机制的改革受阻，是制约中国金融转型进一步完善的重要因素。利率决定机制已经成为中国金融转型能否继续的决定性环节，利率市场化的任务也开始显得愈发迫切，但改革却始终难以全面展开。

　　1993 年十四届三中全会通过的《中共中央关于建立社会主义市场经济体制若干问题的决定》中就曾经提出："中央银行按照自己供求状况及时调整基准利率，并允许商业银行存贷款利率在规定幅度内自由浮动。"1992 年12 月《国务院关于金融体制改革决定》又提出"中国人民银行制定存、贷款利率的上下限，逐步形成以中央银行利率为基础的市场利率体系。"利率市场化的任务已经提出整整 20 年，但在复杂的利率种类中只有少数利率实现了市场化运作，大多数利率仍然由中央银行决定。中国利率体系非常复杂，在中央银行利率体系中有存款准备金利率、再贷款利率、再贴现利率，而在商业银行体系中有银行同业拆借利率、存贷款利率等。按照市场化程度进行划分，处于严格控制的利率主要是存款利率，贷款利率则正在逐步尝试市场化运作，而银行间同业拆借利率、企业债券利率等已经实现市场化运作，但在整个利率体系中仍然存在非常明显的非市场化特征。

　　1998 年，中国人民银行对存款准备金制度进行改革，但仍然对商业银行在中央银行的存款准备金支付利息，纵观世界发达国家，存款准备金利率都非常低，甚至是零利率。中国这种独特的做法事实上在为商业银行提供补贴，但在一定程度上也增大了商业银行缴纳准备金的倾向，中国超额存款准备金长期存在，其中非常重要的原因就在于此。在一些时期，商业银行甚至出现"惜贷——超存"的现象，即宁愿把资金存在中央银行准备金账户上，也不愿意发放贷款，因为从前者获得的利息收入更为稳定。超额存款准备金的存在还给中央银行货币政策操作带来了极大的难度，调高法定存款准备金的紧缩措施，经常会由于商业银行拥有超额存款准备金而失去力度。存款准备金作为货币政策工具中的"重型武器"，在中国货币政策中经常频繁出现，而在经典的教科书中大多都有谨慎操作的表述。例如，"变动存款准备金的作用十分猛烈，一旦准备率变动，所有银行的信用都必须扩张或收缩。因此，这一政策手段很少使用，一般几年才改变一次准备率"①。"以改变法定准备金率的方式来使货

---

① 高鸿业：《西方经济学》，中国经济出版社，1998，第 608 页。

币供应作小幅度调整是不易的。"① "但是，尽管它是有力的，联邦储备系统并不是经常使用这个工具。"② 正是由于特殊的存款准备金利率存在，才使得中国货币政策操作的难度和复杂性大大增加。

再贷款利率与再贴现利率都由中国人民银行决定，二者密切相关，一般再贴现率略低于再贷款利率 5 ~ 10 个百分点。在金融市场发达的国家，再贴现率往往被作为基准利率，中央银行以此来作为调控货币的杠杆。美国经常以调整基准利率的方式来提高或降低整体利率水平，而在中国则是直接调整存贷款基准利率，这种干预方式固然直接有效，但利率却无法真实反映资金的供求状况，容易造成资金市场扭曲和错位。缺少市场化运作的基准利率是制约货币政策准确性的重要因素。当前中国最能反映资金状况的基准利率参照系仍然是银行间同业拆借利率，早在 1996 年这一利率就实现了市场化运作，也经常被看做是货币宽松或短缺的风向标，但由于参与者主要是商业银行等金融机构，对于储蓄和投资的影响较小，只能反映短期内金融体系资金供求状况，很难全面反映整个社会的中长期货币信贷情况，也无法以此准确衡量商业银行的存贷款利率水平。

从商业银行转型方面看利率市场化则具有明显的矛盾性：一方面利率是银行体系开展竞争的前提条件，是商业银行转型继续深入的必要条件；另一方面，利率市场化的进展也受商业银行转型的制约，在商业银行没有实现完全转型的条件下，很难全面推行利率市场化。利息是银行利润的源泉，"银行一方面代表货币资本的集中，贷出者的集中，另一方面代表借入者的集中。银行的利润一般地说在于：它们借入时的利息率低于贷出时的利息率"③。在中国，这种特征尤为明显，商业银行盈利主要依靠存贷款利息之间的差额，如果存贷款利率同时进行市场化运作，竞争的结果必

---

① 〔美〕米什金：《货币金融学》，中国人民大学出版社，1998，第 425 页。
② 〔美〕托马斯·梅耶、詹姆斯·S. 杜森贝里、罗伯特·Z. 阿利伯：《货币、银行与经济》，上海三联书店、上海人民出版社，2003，第 477 页。
③ 马克思：《马克思恩格斯全集》第 25 卷，人民出版社，1974，第 453 页。

然是存贷差缩小，这无疑将会对商业银行经营产生巨大的压力。因此，中国一直在尝试存贷款利率的单边浮动，即在基准利率条件下，允许贷款利率上浮和存款利率下浮，这样做的目的无疑是为了增强中国金融体系的稳定性和安全性。如果允许贷款利率下浮，激烈的市场竞争将降低银行业盈利能力，不利于商业银行体系的稳定。如果允许存款利率上浮，那么高息揽储的现象所造成的恶性竞争同样会威胁中国金融安全。显然，利率市场化的推行受制于商业银行转型，尤其是国有商业银行市场化改革，必然成为利率市场化的先决条件。

可见，在当前中国金融转型的进程中，错综复杂的利率体系已经成为亟待改革的对象，未来金融转型最为重要的突破口就是利率市场化。当然，这方面的改革也必然会秉承着中国金融转型的一贯性特征——渐进而漫长。

（五）小结

在中国金融转型初期，银行主导型金融模式就已经确定，金融市场的发展尽管迅速，但却始终没有成为中国金融体系的中坚力量。银行改革作为金融转型的核心内容，中国首先完成的任务是中央银行独立性的塑造，此后开始了渐进式的商业银行转型。当前，无论是中央银行货币政策实施，还是商业银行进一步实现市场化运作，利率市场化都已经成为最为关键的制约因素。在纷繁复杂的金融体系中，利率市场化改革受到极大的阻力，显得漫长而艰辛。但从中国金融转型的整体进程看，利率机制改革是金融转型最为关键的环节，也是决定着金融转型能否继续进行的重要条件。

四　中俄金融转型的比较研究

中国与俄罗斯金融转型呈现出完全不同的发展道路，但通过构建金融转型的宏观分析框架，将金融转型纳入到更加广泛的约束条件中分析，就可以发现，金融转型尽管在不同国家呈现出截然不同的道路，但是仍然具有一定的一般性特征，就是财政、储蓄、外汇这些外部宏观环境对于金融转型具有极其重要的约束作用，并能够决定其金融体制的设计和变迁。中国以金融功能缓解财政困难，以外商直接投资弥补外汇缺口，以居民储蓄支持国有商业银行，才能够形成极具渐进式特征的金融转型历程。俄罗斯由于储蓄稀缺、外汇短缺、财政赤字这些问题始终无法得到妥善解决，对于金融转型具有极强的约束力，使其不得不依靠激进式金融转型来填补这些缺口。

（一）文献的回顾与问题的提出

金融深化对经济发展极其重要，主要通过两个层面产生作用：微观途径和宏观途径。微观途径即金融制度能否有效促进实体经济的资本积累，并通过融资功能实现对企业的约束和监督。宏观途径则是通过储蓄率的提高、经济中货币的积累等因素，对经济发展提供支持。对于转型经济体而言，在转型进程中实现金融深化至关重要，并且这种深化具有一定的特殊性。金融转型必然与经济转型的方案设计密切相关，考虑到已有的研究大多基于金融深化的微观功能进行分析，但却无法解释经济转型与金融转型之间的客观必然联系，即使从宏观因素分析金融转型，也是考察金融对于宏观经济的促进作用，专门研究宏观因素对金融转型的制约作用这一方面的文献显得较为稀少。因此，需要从这一角度着手，以中国和俄罗斯两国为例，对金融转型的宏观经济环境进行全面评估，以对金融转型路径予以更加深入的解读。

中国、俄罗斯均对金融转型给予了高度的重视，但是金融转型所产生的绩效却大相径庭，中国的金融部门对改革历程产生了重要的支持作用，俄罗斯在转型20年的历程中，却屡次被金融危机所侵扰。为此，国内外学者对中国和俄罗斯金融制度变迁予以了充分的重视。张杰比较了前苏联、俄罗斯、东欧国家的宏观货币指标，认为与其他转型国家相比，中国在改革过程中一直保持着较高的储蓄率，同时国家也具有较强的控制经济的能力。① 他还指出，既有的金融中介理论大都证明转型经济中金融中介是低效率的，但事实表明，中国在经济转型过程中的金融安排是有效率的。② 陈享光认为，在开放条件下，国际资本的流动直接影响到储蓄投资的均衡水平，由于中国利用外国储蓄支撑投资，国内储蓄的约束大大缓解，甚至出现相对过剩的储蓄。③ 可见，转型国家的储蓄率对于金融转型具有重要的决定意义，并且这种从宏观层面分析金融制度的方法非常值得借鉴。

庄毓敏分析了金融体系在经济转型中的作用，认为信贷资金的缺乏导致俄罗斯银行体系的融资功能弱化。④ 岳华评价了俄罗斯经济转型中的金融体系构建，认为俄罗斯主要存在中央银行缺乏独立性、商业银行数量过多、证券市场发展不成熟以及政府对金融市场调控能力弱化等方面问题。⑤ 米军、郭连成认为，由于俄罗斯商业银行体系条块分割问题严重，使银行体系重新配置资金功能弱化。⑥ 徐向梅认为，俄罗斯银行部门的改革积累了一些不稳定因素，使整体发展过程频繁受到干扰。⑦ 庄起善、窦菲菲分析了俄罗斯银行体系的主要指标，认为金融改革不能一蹴而就，不切实际地提高金融开放度，必然会加剧金融风险。⑧ 王志远分析了俄罗斯两次金融危机的共

---

① 张杰：《何种金融制度安排更有利于转型中的储蓄动员与金融支持》，《金融研究》1998 年第 12 期。
② 张杰：《转型经济中的金融中介及其演进：一个新的解释框架》，《管理世界》2001 年第 5 期。
③ 陈享光：《论开放条件下的储蓄投资均衡——兼论我国高储蓄率下的政策选择》，《中国人民大学学报》2003 年第 6 期。
④ 庄毓敏：《俄罗斯经济转型中的金融体系：银行在经济发展中的作用》，《国际经济评论》2004 年第 4 期。
⑤ 岳华：《俄罗斯经济转型中金融体系构建的目标模式与路径选择》，《俄罗斯研究》2006 年第 3 期。
⑥ 米军、郭连成：《中俄金融体制转型——基本问题与发展路径》，《俄罗斯中亚东欧研究》2006 年第 1 期。
⑦ 徐向梅：《俄罗斯银行改革、危机与启示》，《经济社会体制比较》2009 年第 5 期。
⑧ 庄起善、窦菲菲：《俄罗斯银行改革与发展（1988～2007）：动荡、危机到稳定》，《学术交流》2008 年第 5 期。

同点，认为过早地开放资本项目、脆弱的商业银行体系是俄罗斯爆发金融危机的制度性根源。[①] Захров 对 1998 年金融危机后俄罗斯商业银行体系的资产状况进行了评估，认为经过商业银行重组，银行资产情况得到了一定程度的改善。[②] Ясин 指出，尽管在俄罗斯学界，选择银行主导型还是市场主导型金融体系一直存在争议，但是一个无可争议的事实是，对于俄罗斯而言，无论选择哪种金融发展模式，都首先需要有一个健康的商业银行体系。[③]

可见，已有的研究基本对中国渐进式的金融转型予以肯定，而对俄罗斯激进式的金融转型予以否定，认为这种转型方式为金融危机埋下了隐患。那么，为什么中国能够选择渐进式的金融转型，而俄罗斯却选择了激进的金融自由化战略？金融转型究竟是由转型设计者的主观因素决定，还是由转型国家客观的经济环境决定？如果单纯从金融制度变迁视角看待这一问题，很难做出全面客观的评价。因此本文以发展经济学和金融深化理论为基础，力图建立一个较为新颖的宏观分析框架，并结合中国和俄罗斯两国在金融转型中的经验和教训，来评估金融转型的约束条件与合理路径。

（二）开放条件下金融转型的宏观约束条件：一个理论述评

经典的金融深化理论主要从金融部门的功能和作用出发，分析如何能够提高金融效率，促进资金向实体经济转移，形成金融支持。1973 年，爱德华·肖提出的金融深化理论认为："经济中的金融部门与经济发展息息相关……如果金融领域本身被抑制或扭曲的话，它就会阻碍和破坏经济的发展。"[④] 而解决这一问题的根本办法就是进行金融

---

① 王志远：《俄罗斯两次金融危机的比较分析》，《俄罗斯中亚东欧研究》2009 年第 4 期。
② Захров В.，Проблемы банковской системы，Денги и кредит，январь 2002г.
③ Ясин Е.，Перспективы Российской экономики проблемы и факторы роста，Общество и экономика，февраль 2002г.
④ 〔美〕爱德华·肖：《经济发展中的金融深化》，邵伏军等译，上海三联书店，1988，第 1 页。

深化，肖的理论突出强调金融体制和金融政策的重要作用。1973 年，几乎在同一时间，肖在斯坦福大学的同事罗纳德·麦金农教授也提出了金融发展的重要意义和实现路径。① 肖和麦金农的结论几乎一致，都认为应当通过金融自由化战略来实现金融发展。但与肖的理论相比，麦金农更加重视金融发展中的货币因素。此后，麦金农还专门针对转型国家金融深化的路径问题进行了详细的论述：金融自由化的第一步是稳定政府财政赤字；第二步是开放国内资本市场，推行利率市场化，建立有效的金融中介体系，保持商业银行的稳定性；第三步是实行外汇自由化改革，在国际收支平衡表中经常项目的自由化要早于资本项目，资本项目的外汇自由兑换是金融自由化战略的最后阶段。② 按照这一逻辑，财政问题事实上是制约金融深化的重要约束条件，推行利率市场化则是为了更好地动员储蓄以及更有效地发放贷款。可见，在金融发展理论中，已经注意到财政赤字因素对金融发展的影响，考虑到在经济转型过程中，中国和俄罗斯都曾经受到财政问题的困扰，因此分析金融转型问题必须考虑财政因素。

1969 年戈德史密斯提出，金融部门联结储蓄和投资是其主要功能，但不合理的金融结构往往使储蓄和投资相互分离。如果金融部门无法提供足够的资金，则非金融部门只能通过直接融资来实现资本积累，"反映在非金融部门新发行债券和股票对国民生产总值和比率上。这一比率越高，储蓄进程与投资进程的分离程度就越高"③。在戈德史密斯的分析框架中已经考虑到如何将储蓄有效转化为投资，并且指出分析金融结构的重要性，但是这一理论是以较高水平的储蓄为前提条件，并没有分析储蓄不足条件下的金融发展问题。对于经济发展而言储蓄的作用极其重要，正如刘

---

① 〔美〕罗纳德·麦金农：《经济发展中的货币与资本》，卢骢译，上海三联书店、上海人民出版社，1997。

② 〔美〕罗纳德·麦金农：《经济市场化的次序——向市场经济过渡时期的金融控制》（第二版），周庭煜等译，上海三联书店、上海人民出版社，1997，第 2～14 页。

③ 〔美〕雷蒙德·W. 戈德史密斯：《金融结构与金融发展》：周朔译，中国社会科学出版社，1993，第 35 页。

易斯所说："经济发展理论的中心问题是去理解一个由原先的储蓄和投资占不到国民收入的 4% 或 5% 的社会本身变为一个资源储蓄增加到 12% ~ 15% 以上的经济的过程，它之所以成为中心问题，是因为经济发展的中心事实是迅速的资本积累。"① 如果储蓄不足，那么金融深化就无法完成，联结储蓄和投资这一金融功能，也必须考虑如何最大限度地动员国民储蓄，以实现货币资本的积累。

此外，如果在开放条件下分析金融转型问题，还必须考虑外汇因素。对于转型国家而言，外汇短缺恰恰是金融转型的约束条件，并且也是制约经济发展的重要因素。1966 年美国著名经济学家钱纳里和斯特劳特提出"两缺口模型"，认为发展中国家要提高国民经济增长率，就必须处理好投资与储蓄、进口与出口的关系。如果储蓄小于投资，就会出现"储蓄缺口"；如果出口小于进口，就会出现"外汇缺口"。其解决办法是引进外资，以刺激出口，提高储蓄水平，达到促进国民经济增长的目的。在经济转型过程中，中国和俄罗斯都曾经借助于外资的力量来促进经济发展，不同的是中国更倾向于吸引外商直接投资，而俄罗斯更倾向于以股权和债券的形式融通外资。

基于以上分析，如果从发展经济学这一更广的外延上对金融发展理论进行拓展，可以发现金融深化事实上受到财政、储蓄、外汇等因素的制约。而将这一思路应用于转型国家研究的根据在于，中国和俄罗斯在经济转型的过程中明显受到财政赤字、储蓄不足、外汇短缺等因素的影响，但影响程度有所不同，而两个国家又几乎都在转型过程中进行着金融深化，因此有必要建立一个专门分析金融转型的宏观理论框架。通过比较分析，既有利于从更深层面上理解中俄金融转型的约束条件与发展路径，也有利于从宏观变量上对中国和俄罗斯金融转型的道路重新进行解释，以探索出一些有价值的内在逻辑。

---

① 〔英〕阿瑟·刘易斯：《二元经济论》，施炜、谢兵、苏玉宏译，北京经济学院出版社，1989，第 15 页。

（三）财政赤字对金融转型的约束

在经济转型初期，财政赤字的恶化往往会对整个宏观经济环境产生巨大的影响。因此，麦金农认为在转型国家的金融控制中，必须先解决财政问题，再实行金融领域的改革。但是麦金农本人也承认，这种理论并非放之四海而皆准，中国财政状况的恶化就没有造成持续通货膨胀。反观俄罗斯，自从启动"休克疗法"之后，财政赤字就不断增大，俄中央银行不得不被动地为财政提供融资和贷款，国内通货膨胀始终无法根治。事实上，在中国和俄罗斯金融转型进程中，财政赤字影响的不仅仅是宏观经济环境，还会对金融制度的设计产生重要的影响。

在中国渐进式的经济转型中，财政赤字的形成事实上与国有企业的低效率密不可分，在国有企业改革过程中，财政负担始终无法真正剥离。因此，中国在改革开放之初，就曾经实行"拨改贷、利改税"，即将对国有企业的财政拨款，转变为金融机构对企业的贷款。在这种情况下，金融机构事实上承担了渐进式改革中的财政功能，也正是因为这样，中国的金融机构也嵌入了更多的国家意志。在这种情况下，商业银行的改革非但不能正常进行，反而因此而放慢了速度，甚至更像一个政府部门在支持着中国经济的转型。可以认为，在转型初期，中国为了克服财政困难，不得不被动地选择渐进式的金融改革，这种金融改革有时甚至是停滞不前的，其目的仅仅是为了尽量减轻财政压力。拉迪博士在分析中国经济改革问题时，提出了重要的观点，他认为虽然20年的改革历程证明中国改革所面临的最大困难在于三个方面：税收相对于国民收入的下降、国有企业经营状况的日益恶化、银行系统的日益脆弱。但改革中最为重要的因素是银行体系问题，尽管财政收入的下降和国有企业的低效率都会造成公共部门赤字，但这一赤字是依靠银行体系来弥补的。[①]

---

① 〔美〕尼古拉斯·R. 拉迪：《中国未完成的经济改革》，隆国强等译，中国发展出版社，1999，第14～15页。

也正是由于财政和金融之间有着如此紧密的联系，1994 年中国同时启动了财政税收和金融改革。分税制改革的实行，在一定程度上缓解了中央财政困难，金融领域也开始实行资本市场、商业银行、外汇管理等方面的改革。1997 年东南亚金融危机爆发后，虽然中国的银行体系没有受到特别严重的冲击，但也为中国金融体系提供了一个重要的警示。此时，中国的商业银行不良债权率居高不下，而这些不良债权的形成事实上与金融改革滞后密切相关。正是由于中国的商业银行承担了财政功能，才对国有企业发放了超量的贷款，并且这些贷款的审批更具行政色彩。当国有企业的低效率充分暴露，有的甚至是破产倒闭后，大量贷款无法收回，形成不良债权。为此，1999 年国务院决定设立华融、长城、东方、信达四家资产管理公司，分别接受中国工商银行、中国农业银行、中国银行、中国建设银行的不良资产。这次剥离不良债权为商业银行减轻了负担，事实上也是国家为多年来银行承担财政负担而进行的一次必要的补贴。虽然这种剥离方式采用的是商业化的运作，但是客观上更加强化了四大国有商业银行的国家信用，即国家在为这些商业银行的亏损负责。从更深层面上，甚至是国家在为这些商业银行提供信用支撑，因此尽管中国没有建立存款保险制度，但居民和企业对银行的信任程度却无比之高。考虑到中国商业银行改革的目标是建立市场化的金融主体，可这种国家补贴的方式事实上却使这一进程更加延缓了。同时，国有商业银行在控制风险方面的动力也更加弱化了，不良债权率非但没有下降，反而在之后的几年中再次提高。因此，这种金融发展路径虽然有其内在的深层次原因，并且为中国经济改革提供了支撑，但也为银行体系埋下了隐患。

可见，金融支持对财政功能的替代，是中国渐进式金融转型的主要原因，但中国的金融领域为此积累了相当数量的贷款负担，并形成不良债权，这也是国家屡次对国有商业银行进行补贴和注资的最充分理由。国家信用为银行信用提供支撑，对于金融领域的稳定确实有很大好处，同时也促使中国的国有商业银行具有了独一无二的特征："大而不倒"。并且，这种商业银行发展模式也造成了银行对企业的软约束。有研究表明，在政府和银行的博弈中，银行存在对企业软约束的倾向，因为银行可以利用政府解救企业的意愿从政府争取补贴。[①]

2003 年，国家再次为中国工商银行和中国建设银行注入了资本金，但是这次注资与以往有着本质的区别。首次动用了国家外汇储备，由财政部发行人民币特别国债，向中国人民银行购买 450 亿美元的外汇，并专门成立中央汇金有限责任公司行使出资人权利。虽然资金仍然是国家筹集并无偿注入商业银行，但是中央汇金公司的成立，意味着国家已经开始刻意与国有商业银行保持距离，其最终目标还是希望中国的商业银行能够按照市场化的模式独立运作，此时中国已经不再需要商业银行作出任何政策性的贷款，也不需要金融为财政提供支持和替代了。2006～2007 年，中国银行、中国工商银行、中国建设银行先后上市，2010 年中国农业银行上市后，中国国有商业银行的股份制改革已经进入了全新的发展阶段。

俄罗斯在转型初期所面临的财政赤字问题，其根源在于苏联时期的计划经济体制。苏联财政的最大负担是国有企业，就像匈牙利经济学家科尔纳形容的那样，类似于"父子关系"。[②] 萨克斯等人设计的以私有化为核心的改革方案，其着眼点就在于此。但是他们忽略了一个重要的现实，虽然剥离国有企业这个财政负担很重要，但更重要的是建立一整套有效的税收体系，解决财政收入问题。俄罗斯在将国有企业私有化之后，并没有在财政收入上做好准备，转型初期俄罗斯始终无法建立起有效的财政税收体制。激进式改革后，在经济陷入衰退的局面下，税收更是无处筹集，联邦政府必须依靠发行国债来维持，却屡屡受阻，只能由中央银行一次次被动发行货币来弥补。虽然按照俄罗斯宪法的定义，俄罗斯中央银行独立于联邦政府、联邦主体和地方权力机构，但在 1992～1995 年，俄罗斯中央银

---

① 〔比〕热若尔·罗兰：《转型与经济学》，张帆译，北京大学出版社，2002，第 288 页。
② 〔匈〕J. 科尔纳：《短缺经济学》（下册），张晓光、李振宁、黄卫平译，经济科学出版社，1986，第 275～282 页。

行仍然屡次代理国债发行，以直接贷款的形式为联邦预算赤字筹集资金，这种财政赤字导致货币超发的现象一直到 1995 年《俄罗斯中央银行法》颁布后才彻底停止。①

俄罗斯显然不具备启动金融自由化改革的条件，当俄罗斯实行以私有化、市场化、自由化为核心的金融改革后，这种由财政赤字所引发的货币混乱就成为金融转型的最大障碍。这一状况在俄罗斯 1998 年金融危机的爆发中表现得最为明显，从中可以看出俄罗斯财政赤字对金融转型的制约作用。一方面，俄罗斯在转型初期的财政赤字促使中央银行超量发行货币，在高通货膨胀的条件下，俄罗斯各项名义利率都处于超高的水平，国债利率在 1995 年为 168%，1996 年为 86.1%（扣除通货膨胀后实际利率为 37% 和 64%）②；另一方面，为了弥补财政赤字，俄罗斯联邦不得不通过发新债还旧债的方式维持政府支出。1998 年，俄罗斯联邦政府在"8·17 联合声明"中宣布停止兑现 1999 年以前到期的国债，将 1999 年 12 月 31 日前到期的国债转换为 3 ~ 5 年的中期债券，金融市场上持有国债的金融机构都陷入了困境，国内金融市场开始出现危机。这次危机是财政风险向金融风险转化的典型案例，也是多年来俄罗斯财政赤字对金融转型深刻影响的集中体现。进入 21 世纪之后，在石油天然气出口的带动下，俄罗斯经济状况明显好转，财政收入也开始大幅度增加，俄罗斯甚至还启动了以削减税率为核心的税制改革。③ 当财政问题得以解决之后，俄罗斯金融领域的转型明显加快，这一时期对商业银行的重组和调整也开始加快。④

通过分析中国和俄罗斯财政赤字对金融转型的影响，可以发现二者存在明显的不同，中国在转型初期一直以金融来代替财政功能，并以此来缓

---

① Центральный банк Российской Федерации，http：//www.cbr.ru/search/print.asp？File ＝/today/history/central_ bank.htm.

② 陈新明：《俄罗斯经济转型与国际货币基金组织》，《当代世界与社会主义》2002 年第 2 期。

③ 童伟：《俄罗斯税制改革经济效应评析》，《中央财经大学学报》2010 年第 11 期。

④ 陈柳钦：《金融危机后的俄罗斯银行业结构变迁与绩效改善》，《上海金融学院学报》2007 年第 3 期。

解财政负担，因此国家与商业银行之间的关系更加紧密，国家甚至成为商业银行背后的信用担保和存款保险提供者，这一方面提高了银行体系的稳定性，另一方面也加剧了不良债权的形成。因此，不能单纯以麦金农提出的金融自由化路径来评价中国的金融转型，因为他没有考虑到金融与财政功能之间的替代关系。俄罗斯的财政赤字则直接成为金融转型的最大羁绊，甚至成为金融危机的导火索和催化剂。

（四）储蓄对金融转型的影响

在中国金融转型进程中，金融机构对财政功能起到了替代和支持的作用，高储蓄恰恰为这种模式提供了坚实的基础。中国在经济转型进程中，一直具有较高的储蓄率，如果按照企业储蓄和居民储蓄来划分，其中居民具有更强的储蓄意愿，并且这部分储蓄具有天然的稳定性，是商业银行最为优质的负债项目，中国的银行体系也因此获得了非常稳定的资金来源。中国的商业银行在金融转型进程中具有向国有企业提供贷款的倾向性，因此在资金向投资转化的利用效率上，金融的资金配置功能有些弱化。有研究认为，中国的金融发展对于资本形成、储蓄率提高等方面作用非常明显，但在缓解企业融资、促进企业成长方面则显得支持作用不够。[①] 可见，虽然中国金融功能在微观领域发挥得并非高效，但在宏观领域具有较好的动员储蓄功能。

中国这种储蓄过剩的情况决定了金融转型的渐进性特征，正是由于国有商业银行能够获得大量的储蓄资金，才能够对渐进的经济转型做出政策性的支持，而并非单纯以市场化的方式配置金融资源。过剩的储蓄资源成为商业银行微观功能低效率的强力支撑，使其尽管有大量不良债权形成，但仍然有相对充足的可贷资金。可以说，储蓄过剩对于中国商业银行的改

[①] 牛凯龙、马君潞、范小云：《动态一致、制度耦合与中国金融发展悖论——对转型时期中国金融发展"麦金农之谜"的解释》，《中央财经大学学报》2010年第9期。

革而言，是一种支撑力，并且这种支撑客观上使商业银行具有充足的时间来逐渐适应金融市场的发展，因此中国在商业银行改革方面具备渐进式改革的先天条件。

从中国利率市场化进程来看，高储蓄率同样决定了渐进式的特点。为了确保商业银行对中国改革的支持作用，利率长期处于较低水平，并且尽量保证存贷款之间的利差能够满足商业银行体系的利润要求。良好的储蓄意愿使中国居民尽管在存款利率较低的情况下，仍然保持较高的储蓄率，除了一些通货膨胀高企的年份，中国几乎都是在以较低的利率水平吸收居民存款。以上分析表明，渐进式改革客观上要求商业银行以较低的利率给予企业提供贷款，而贷款利率和存款利率之间的差额又必须保证商业银行的盈利性，因此只能依靠压低存款利率来实现。在这种情况下，根本无法实行利率市场化的改革，因此中国在制定利率市场化路线图时提出"先贷款、后存款"这一路径。可见，高储蓄事实上是中国利率市场化渐进式改革背后的一个相当重要的决定因素。

如果说中国的高储蓄率为中国渐进式金融转型奠定了资金基础，并且在一定程度上决定了金融转型的模式，那么俄罗斯的情况则刚好相反。

俄罗斯在转型初期，由于通货膨胀率居高不下，居民储蓄率非常低，商业银行因此无法获得良好的储蓄资源。经济转型客观上要求银行具有支持企业的能力，但是储蓄不足直接制约了银行的放贷能力。为了更好地动员资金，俄罗斯不得不依靠银行的自有资金，只有这样才能形成一定规模的金融资源。如果从储蓄角度看，这种储蓄短缺的局面直接决定了俄罗斯商业银行改革的模式和方案。俄罗斯实行商业银行私有化改革，从表面上看是"休克疗法"的必然选择，实质上这种私有化改革直接扩大了商业银行总体资本金规模。在1992～1995年俄罗斯商业银行股份制的改革步伐很快，私有化改革催生了大量中小商业银行的产生。如果说"休克疗法"要求俄罗斯尽快建立适应市场化要求的银行主体，那么这仅仅意味着俄罗斯启动商业银行私有化，也不会使俄罗斯大幅度放低商业银行领域的市场准入条件。但事实上，转型进程中俄罗斯对商业银行的资本金要求很低，直接导致了数量众多的中小商业银行的建立。如前文综述中所提到的，这种小规模并且管理不严格的商业银行使俄罗斯银行体系始终处于高风险状态，甚至成为俄罗斯屡次受到金融危机冲击的催化剂。那么为什么俄罗斯的改革者仍然坚持建立这种特征的银行体系呢？就是因为在储蓄资源不足的情况下，为了能够积累银行资本总规模，不得不依靠银行自有资本的积累，而放低商业银行的市场准入，事实上就相当于以银行数量来强制地扩大银行资本总规模。与此同时，俄罗斯仍然保留了联邦储蓄银行的国有性质，其目的也是为了给居民储蓄提供一个稳定的场所。[①] 俄罗斯联邦储蓄银行一直占有俄罗斯储蓄份额的半壁江山，以 2010 年为例，俄罗斯总储蓄规模为 74849 亿卢布，联邦储蓄银行的储蓄规模则为 37418 亿卢布，占到了总规模的 50%。[②] 这样，俄罗斯一方面通过银行数量扩张实现银行资本金总规模的扩大，另一方面又以国有性质的联邦储蓄银行稳定居民储蓄，希望以此来提高商业可贷资金的积累，加快金融转型的步伐。

俄罗斯以银行体系改革来弥补储蓄不足这一天然缺陷，又直接决定了利率市场化进程的加快。在转型初期俄罗斯就希望以中央银行信贷拍卖的利率作为银行系统内的基准利率，商业银行在此基础上自主确定利率水平，实际上这种做法仍然是为商业银行吸收储蓄资源大开方便之门，希望以适应储蓄者要求的利率来吸引资金。但是由于俄罗斯连续的通货膨胀，名义利率的提高并没有促进居民和企业的储蓄意愿，反而直接推高了贷款利率，加重了贷款企业的利息负担，这些本来就显得稀缺的储蓄资源事实上仍然被一些金融寡头所利用，而没有对转型进程中的中小企业提供支

[①] 俄罗斯国有商业银行的存款拥有存款保险，因此对于储蓄者而言，安全性较好。因为《俄罗斯联邦银行及银行活动法》第 36 条规定："国家建立的银行，以及国有股超过 50% 以上因而国家占有经营决定权的银行，自然人存款的保存和返还由国家按联邦法律规定的程序予以保障。"参见徐向梅译《俄罗斯联邦银行及银行活动法》，《俄罗斯中亚东欧市场》2005 年第 9 期。

[②] Российский статистический ежегодник (2010). cc616.

持，这也是俄罗斯利率市场化的一个重要弊端，而过早实现利率市场化的背后原因仍然是储蓄资源稀缺这一决定金融转型模式的约束条件。

因此，可以说，储蓄不足是俄罗斯这种激进式银行改革的直接决定因素，也意味着俄罗斯很难实现中国式的渐进式金融转型。

（五）外汇短缺与金融转型的关系

在传统的"两缺口"理论中，由于外汇短缺对国民经济发展产生制约作用，因此在短期内弥补外汇短缺的最好办法就是吸引外资，这里既包括吸引外商直接投资，也包括吸收外币存款、吸引外资股权投资。虽然这两种方式都是在外资进入环节通过外汇与本币的兑换来解决外汇短缺问题，并且短期内效果较为明显，但是外商直接投资由于投资期限较长，并且主要投资实体经济，除了外汇以外还能产生技术、管理经验等外溢现象，因此是补充储蓄缺口的最优选择。依靠股票、债权等证券吸引外资，则容易受到外资短期内集中撤离的影响，并且往往会对本币汇率产生重大冲击。毫无疑问，如果从补充经济发展所需的外汇缺口这一角度看，吸引外商直接投资是更为稳健的做法。

中国改革开放战略在东南沿海一带推开后，随着多个经济特区的建立，吸引了大量的外商直接投资，促进了技术进步，提高了管理效率，并以此带动了出口产业的发展。近年来中国的出口已经为国家创造了世界第一位的外汇储备，可以说中国外汇短缺问题在30多年改革开放历程中已经得到了妥善的解决。

反观俄罗斯在积累外汇方面则显得异常的艰辛和困难。对于以"休克疗法"实行经济转型的俄罗斯而言，外汇资金极其重要，联邦政府对外举债甚至成为转型初期克服外汇短缺的一项重要举措。虽然，俄罗斯也希望通过外商直接投资的途径来补充外汇缺口，但由于整体经济环境恶化，外资对俄罗斯的投资热情仅限于一些垄断性企业和资源型产业，或与金融工业集团相互参股以获得垄断收益，或通过大规模并购获得资源。在这些领域以外，外商直接投资的投资热情逐年下降。这直接导致了外商直接投资在俄罗斯的外国资本中所占比例逐年降低，1995 年第一季度为80%；1996 年第一季度为 43%；1997 年第一季度为 28%。[①] 俄罗斯不得不通过金融市场对外开放的途径来吸引外资。从这个角度上看，俄罗斯实行自由化改革，也是为了更好的吸引外资银行进入其金融领域。有研究表明，在转型经济中金融自由化对于吸引外资银行进入具有重要作用。此外，俄罗斯还通过证券市场吸引外资，但这些带有投机目的的外资却成了俄罗斯金融市场中的"堰塞湖"，每当国内金融市场振荡，外资就大量抽逃，直接对卢布汇率形成冲击。这种现象在 1998 年和 2008 年的金融危机中表现得尤为明显。[②]

可以说，俄罗斯吸引外资获得外汇的方法并没有收到很好的成效，真正使其获取外汇的途径仍然是进入 21 世纪之后，俄罗斯能源产业的快速发展，石油和天然气出口带来了大量的外汇收入，俄罗斯不仅提前偿还了转型时期欠下的巨额外债，还积累了相当规模的外汇储备，俄联邦以此设立了"国家福利基金"和"储备基金"。在外汇短缺得以解决后，俄罗斯仍然重视金融领域的对外开放，但此时俄联邦更多的目的在于金融国际化。其中最为明显的就是俄罗斯于 2006 年放开资本项目管制，使卢布成为经常项目和资本项目下均可自由兑换的货币，此举无疑是希望提高卢布的国际化水平。但此时，即使吸引外资进入俄罗斯证券市场，也是其金融市场对外开放的战略举措，而不是寄希望通过吸引外资来扩大外汇规模，因为此时俄罗斯的外汇已经不再短缺。以上分析表明，在俄罗斯金融转型的相当长时间内，外汇短缺问题对于其金融领域的对外开放都是一个极其重要的约束条件，由于无法像中国那样通过外商直接投资来获得外汇积累，俄罗斯只能通过金融领域吸引外资，其实施金融自由化战略的目标之

---

① 于国政：《俄罗斯吸引外资评述》，《世界地理研究》1999 年第 12 期。
② 王志远：《俄罗斯两次金融危机的比较分析》，《俄罗斯中亚东欧研究》2009 年第 4 期。

一就是如何吸引外资、积累外汇。当油气出口带来了大量外汇收入后，外汇对于俄罗斯金融转型的约束作用也自然就随之消失了。

（六）小结

通过构建金融转型的宏观分析框架，将金融转型纳入到更加广泛的约束条件中来分析，可以发现，中国渐进式的金融转型有其内在的逻辑，这种模式与中国渐进式的经济转型密不可分，其方案设计、路径选择都是在配合整体经济转型。同时，中国金融转型的特征也受财政、储蓄、外汇等宏观因素影响，正是由于中国以金融功能缓解财政困难，以外商直接投资弥补外汇缺口，以居民储蓄支持国有商业银行，才能够形成极具渐进式特征的金融转型历程。

俄罗斯的金融转型同样具有以上逻辑，但由于其储蓄稀缺、外汇短缺、财政赤字这些问题始终无法妥善解决，这对于金融转型具有极强的约束力，使其不得不依靠激进式金融转型来填补这些缺口。从这些宏观因素进行分析，更容易解释俄罗斯金融转型的内在逻辑。

可见，金融转型尽管在不同国家呈现出截然不同的道路，但是仍然具有一定的一般性特征，就是财政、储蓄、外汇这些外部宏观环境对于金融转型具有极其重要的约束作用，并能够决定其金融体制的设计和变迁。

第二章
转型经济的货币与外汇

对于转型国家而言，货币与外汇始终是经济发展中的重要变量，但在中国和俄罗斯，这些变量却表现出截然不同的状态，有必要专门进行深入地比较分析。转型理论将很大的精力放在讨论通货膨胀方面，但是专门研究转型国家货币因素的文献并不多见，从中国与俄罗斯货币供应量情况看，两国的货币现象存在很大的不同，这直接决定了经济转型进程中的通货膨胀问题，通过实证分析测算，得出的结论能够很好地解释为什么中国能够较好地控制通货膨胀，而俄罗斯却始终无法根治这一问题。此外，中国与俄罗斯的汇率制度完全不同，各自存在着利与弊，但却共同决定了人民币与卢布之间的汇率水平，从这一角度进行分析，才能看清未来的汇率走势。中国经过多年的劳动密集型产品出口创汇，成为世界第一大外汇储备国，面临的首要问题是如何创新管理体制。俄罗斯外汇储备则大多数来自于资源型产品的出口，因此在运用外汇储备方面将面临着产业结构升级问题，以油气出口收入提高生产效率是俄罗斯的必由之路，这也符合"弱可持续发展"理论的基本要求，按照这一思路，我们可以发现不同的外汇积累方式决定了不同的外汇储备运用方式。

一　转型经济的货币深化与货币挤出：
中国和俄罗斯的不同

在经济转型过程中，最为重要的就是控制住价格水平，能否有效抑制通货膨胀是每个转型经济都必须面临的考验。因此，控制货币在经济转型过程中扮演了重要角色，在这方面渐进式改革的中国和激进式改革的俄罗斯有着明显的不同。有学者（拉迪，1999）曾经认为这是决定两个国家转型成功与否的重要指标，俄罗斯的转型时期伴随着严重的通货膨胀，而中国自改革以来，尽管曾经出现过两次峰值，但年平均通货膨胀率一直控制在个位数水平。[①] 激进式的转型方案给俄罗斯带来了持续的通货膨胀，直接导致了俄罗斯经济发展停滞、居民生活水平下降，也决定了俄罗斯经济转型的绩效。反观中国的渐进式改革历程，虽然流通现金和广义货币都高于 GDP 的增长速度，但是官方价格指数上涨幅度始终处于可控的范围之内，有学者（周其仁，2010）将这一现象称之为"货币深化"[②]，即官方发行的货币能够被经济发展所消化，而不会直接反映到通货膨胀上来。借用此概念，我们将不引起通货膨胀的货币超量发行称之为货币深化，即货币被经济增长和资产价格的上涨所吸收；而引起通货膨胀的货币超量发行，既没有被经济吸收，也没有被金融系统所吸收，反而助长了价格指数的上升，我们则将其称之为货币挤出。本文将结合中国改革开放和俄罗斯转型历程中的经验，分析这两种不同货币现象的深层次因素及其影响，并尝试建立一个较为新颖的分析框架。

（一）经济转型的必经之路——存量货币的释放

在经济转型初期，从计划经济体制向市场经济体制过渡中，首先必须面临的就是存量货币的释放。这是因为在转型初期，经济中积累了大量的货币，这些货币并不是正常的货币储蓄，而是由于商品的短缺所形成的货币过剩，事实上相当于强制性的推迟居民消费，也相应地形成了强制性储蓄（科尔纳，2007）。[③] 在这样的"短缺经济"中，一方面是经济中积存

---

① 〔美〕尼古拉斯·R. 拉迪：《中国未完成的经济改革》，隆国强等译，中国发展出版社，1999，第 1 页。
② 周其仁：《"货币深化"与改革的风风雨雨》，《经济观察报》2010 年 9 月 20 日。
③ 〔匈〕J. 科尔纳：《社会主义体制——共产主义政治经济学》，中央编译出版社，2007，第 221 页。

了大量的货币，但是由于商品短缺而无处消费；另一方面，商品短缺也促使居民改变消费预期，他们认为未来将更难买到生活用品，因此容易保存的商品总是被超量购买、储存。在这种情况下，大多数转型经济都面临潜在的通货膨胀。当经济转型开始启动，这些过剩的货币就必然会随着价格管制的消除而释放出来，货币对商品的追逐，将使货币总量与商品总量之间进行一次重新的交换，交换的结果往往是价格的大幅度上涨。

若要分析中国和俄罗斯的货币深化和货币挤出，如何界定转型初期和转型进程是一个重要的问题。本文对转型初期的划分主要依据两个方面：一是市场经济体制的确立；二是中央银行的独立性。前者对于转型的决定性意义不言而喻，后者的作用在于中央银行独立性的确立，意味着中央银行不再为财政赤字而超量发行货币，即货币发行将主要依据总产出增长、通货膨胀等宏观指标。如果从这两方面看，中国在1992年确立了社会主义市场经济体制的改革目标，在此后的几年中，虽然要素市场化程度不高，但中国的商品市场化已经基本实现。1995年颁布了《中央银行法》，规定中国人民银行不得为财政赤字增发货币，这也是中国制度变迁进程中具有里程碑意义的改革。无独有偶，俄罗斯在1992年开始启动"休克疗法"，并且同样于1995年颁布《俄罗斯联邦中央银行法》，规定俄中央银行不得为财政赤字增发货币。因此本文认为，俄罗斯在1992~1995年属于转型初期，这一时期主要应当解决存量货币的释放问题，并且在这一时期中央银行存在为财政赤字埋单的倾向，1995年之后俄罗斯进入了转型进程；中国在1978~1992年是市场经济体制逐步建立的时期，属于改革开放的确立阶段，这一阶段需要解决的问题是，由计划经济向市场经济转换所带来的存量货币如何释放。1992年之后商品市场化程度已经较高，中国中央银行的独立性也基本确立，中国的货币深化也开始具备了新的发展特征。

1. 激进式改革的办法——存量货币的挤出

作为激进式改革的设计者，萨克斯显然认识到货币的重要性，他依据波兰转型的成功经验，在俄罗斯启动了看似完美的"休克疗法"。[1] 控制通货膨胀是波兰经济转型的重要成就，物价水平一次性大幅度上涨，随之稳定下来，存量货币的一次性释放为波兰转型提供了良好的宏观经济环境。事实上，波兰在"休克疗法"之前曾经实行过渐进式改革，但通货膨胀始终无法解决，这也是波兰不得不选择"休克疗法"的一个重要因素。[2] 萨克斯在波兰的经验，让他坚信在俄罗斯同样能够治理通货膨胀，但他的设想并没有实现。为什么同样的制度设计，波兰的经验没有转化为俄罗斯的成功？

在苏联时期，尽管货币超量发行，但官方价格指数依然稳定：1976～1980年，价格指数为0.6%；1981～1985年，为1.0%；1986～1989年，为2.1%。[3] 显然，价格稳定主要依靠对市场功能的限制，如果经济转型，必然面临过剩货币对商品价格的强烈冲击。从货币因素看，在苏联解体的前一年，经济中就已经存在了相当数量的货币。为了消化这些货币，曾经以防范黑市交易的名义，宣布禁止面额为50卢布和100卢布的大额现金流通，并且冻结了居民储蓄账户。[4] 但是这并没有取得预期的效果，1991年初苏联放开对商品价格的管制后，恶性的通货膨胀就随之而来，货币挤出的效应已经相当明显。1991年12月，苏联解体后，俄罗斯继承了日益恶化的货币形势。如果从此刻对俄罗斯和波兰启动"休克疗法"的初始条件进行对比，两个国家所面临的情况大体相似，因而仍然不能解释在治理通货膨胀方面，为什么一个成功，一个失败？事实上，俄罗斯在转型初期，之所以无法消化过剩的存量货币，是因为还承受着来自卢布区的巨大负担。

---

① Sachs, Jeffrey, Zinnes, Clifford, and Yair Eilat. "Patterns and Determinants of Economic Reform in Transition Economies, 1990–1998", CAER Ⅱ Discussion Paper 6, February, pp. 2–26.

② 孔田平：《从中央计划经济到市场经济——波兰的案例》，《俄罗斯中亚东欧研究》2005年第1期。

③ 〔匈〕雅诺什·科尔纳：《社会主义体制——共产主义政治经济学》，中央编译出版社，2007，第243页。

④ 富景筠：《苏联末期卢布信用危机原因探析》，《俄罗斯中亚东欧研究》2010年第3期。

在苏联时期，俄罗斯中央银行拥有发行卢布的权利，卢布的超量发行相当于俄罗斯在向其他国家征收铸币税，因此以爱沙尼亚为代表的国家纷纷对俄罗斯联邦设置海关，防止商品被零成本发行的卢布购买。① 苏联解体后，卢布作为苏联时期的货币，并没有立即退出历史舞台，而是以卢布区的形式继续存在。原苏联的加盟共和国在各自独立初期，并没有立即发行本国货币，仍然属于卢布区成员。但此时的新独立国家，都拥有了各自的中央银行，拥有了独立的卢布发行权。毫无疑问，这些国家选择货币联盟是为了相互之间的贸易更加便利。在苏联时期，按照计划经济的工业布局，每个国家都相对专业地发展各自的特色产业，然后再由指令性计划进行调配。苏联解体后，这些原本在一个国家内部的贸易，变成了国际贸易，由于贸易规模非常巨大，使用同一种货币进行交易，确实对所有国家都有利。但是这种为了国际贸易便利化而保留的货币联盟，却成为俄罗斯释放过剩存量货币的羁绊。不仅仅是俄罗斯，包括卢布区内的国家，都面临着释放过剩货币的压力。对于每个国家来说，在货币冲击造成商品价格上涨时，为了降低公众的通货膨胀预期，应当在两个方面着手：控制货币发行；增加商品供给。但是在卢布区存在的条件下，这两者之间存在着巨大的矛盾。一些国家在短期内难以确保产出增长的情况下，为了增加商品供给，期待以进口商品来满足国内需求。由于卢布在整个卢布区内都具有购买力，并且各国都拥有独立的中央银行发行卢布，因此存在巨大的货币超发动力。他们认为，这些货币不会恶化本国的通货膨胀，货币能通过进口商品来向其他国家释放。俄罗斯作为维护卢布区的核心国家，显然不能通过这种途径来进口商品，大量的卢布通过贸易渠道涌入，对俄罗斯卢布汇率和商品价格都造成了巨大的冲击。因此，释放存量货币对于俄罗斯来说，成为不可能完成的任务。萨克斯等"休克疗法"设计者显然没有预料到这种被动局面，因此波兰的成功经验没能在俄罗斯取得

---

① 富景筠：《苏联末期的货币战——透视苏联解体的新视角》，《俄罗斯研究》2010 年第 2 期。

成功。也正是由于卢布区内各成员国之间缺乏健全的利益协调机制，很快就面临着解体的困境。1993 年 7 月，俄罗斯放弃维护卢布区的承诺，率先发行新的本国货币。从这个逻辑看，既能解释"休克疗法"与俄罗斯经济现实之间的矛盾性，也与转型初期俄罗斯经济现实情况相符。

2. 渐进式改革的办法——存量货币的逐步深化

中国采取的是渐进式改革，从 1978 年实行改革开放开始，曾经提出过"有计划的商品经济体制（1978～1984 年）""国家调节市场、市场引导企业（1984～1987 年）"等改革目标，1992 年党的十四大宣布改革目标是建立社会主义市场经济体制，标志着中国市场经济体制框架基本建立。在这十多年的时间里，中国积累了相当规模的存量货币。计划体制和市场体制的"双轨制"使过剩货币一直没有得到充分的释放，1988 年当中国宣布两种价格并轨时，国内也出现了抢购商品、通货膨胀蔓延等现象。在这一时期，农业发展受阻，市场体系混乱，价格指数持续上升，市场取向的改革方向甚至受到了置疑。直到 1992 年邓小平南行讲话提出："计划多一点还是市场多一点，不是社会主义与资本主义的本质区别。计划经济不等于社会主义，资本主义也有计划；市场经济不等于资本主义，社会主义也有市场。计划和市场都是经济手段。"[①] 此后，市场取向的改革才得以继续实施，由此可见释放存量货币对于中国改革顺利推行的重要性。

如果从中国渐进式改革释放存量货币的经验看，最重要的就是存量货币是逐步积累的，同时中国也通过体制外的增量改革创造了相当规模的商品。正是由于有大量需要货币作为媒介的商品交易，超量的货币发行才得以深化，而没有造成持久的恶性通货膨胀。在改革之初，中国的货币化程度很低，此时的商品交易规模也比较小，随着改革的推行，由于商品需要凭票购买，因此居民的货币收入开始逐渐积累。但由于农村改革取得成

---

① 邓小平：《在武汉、深圳、珠海、上海等地的谈话要点》，《邓小平文选》第 3 卷，人民出版社，1993，第 373 页。

功，粮食生产能力大大提高，乡镇企业异军突起，中国的小商品生产能力大大增强，因此中国在消费品领域的供应能力也在提高。政府先是放开了农产品的价格管制，然后在 20 世纪 80 年代中期对多数工业品实施了价格双轨制的策略。此时，如果从商品相对货币的"短缺经济"视角看，存量货币的势能并不像俄罗斯在转型初期所面临的那样大，因此中国在"价格闯关"之后的几年中，成功地治理了通货膨胀，实现了经济的软着陆。

既然中国以渐进式改革的方法释放存量货币取得了成功，那么是否意味着俄罗斯也能采取同样的方式来避免恶性的通货膨胀呢？答案是否定的。这恰恰说明俄罗斯经济的约束条件决定了其转型的时机选择、路径选择和政策设计。[1] 中国是在一个货币化程度很低的起点上推行改革开放战略的，而俄罗斯在转型初期货币化程度已经很高，因此中国可以有相对充分的时间来补充生产能力，使商品供应能力提高到不再"相对短缺"的水平，而俄罗斯则显然不具备这样的转型初始条件。

（二）转型进程中的货币深化与货币挤出

在怎样的条件下能够实现货币深化？古典的货币数量论认为，货币是面纱，因此货币超发都会反映到商品价格上来。用古典货币数量论代表人物大卫·休谟（1752）的话说就是："很明显，货币的多少没有影响，因为商品价格总是与货币的充足程度成正比。"但是这种货币数量论观点很快就受到了斯图亚特·穆勒的批判。[2] 对于这一问题，现代货币主义的奠基人米尔顿·弗里德曼提出新货币数量论，并给出了最为直接的答案："一切通货膨胀都是货币现象。"但这句话的含义并非如字面一般简单，也经常被误读，认为货币超发就会导致通货膨胀，或者管住货币就一定能抑制通货膨胀。其实这句话的真实含义在于，管住货币是抑制通货膨

---

[1]　徐坡岭：《俄罗斯经济转型的路径选择与转型性经济危机》，《俄罗斯研究》2003 年第 3 期。

[2]　〔日〕伊藤·诚、〔希〕考斯达斯·拉帕维查斯：《货币金融政治经济学》，孙刚、戴淑艳译，经济科学出版社，2001，第 11 页。

胀的必要条件之一，即货币超发是通货膨胀的必要条件，而非充分条件。他在对货币数量论的补充中非常准确地说明："当且仅当人们能够阻止单位产量的货币量明显地增长，才能够防止通货膨胀；当且仅当能够阻止单位产量的货币量明显地下降，才能够防止通货紧缩。"[①] 这意味着货币超发会产生两种可能：一种是无通货膨胀的情况，就是本文提出的货币深化；另外一种是有通货膨胀的情况，即本文提出的货币挤出。

为什么货币超发会产生两种截然不同的效果，这需要从货币更加本质的特征来分析。商品交换的发展推动了货币的出现，并起到商品交换的媒介作用。"充当一般等价物就成为被分离出来的商品的特殊社会职能。这种商品就成为货币。"[②] 这种货币的政治经济学定义显然是基于商品交换关系，事实上，货币除了发挥一般等价物的交换功能，还作为货币资本发挥着生产功能。马克思在分析货币资本时指出："资本主义的商品生产，——无论是社会地考察还是个别地考察，——要求货币形式的资本或货币资本作为每一个新开办的企业的第一推动力和持续的动力。"[③] 这意味着作为交易媒介的货币如果不断地转化为货币资本，就不会进入消费领域，也不会形成现实的购买能力，这种情况下即使货币超发也不会产生通货膨胀。因此，货币的流向非常重要，分析这一问题，也是解释货币深化与货币挤出的关键所在。

货币与货币资本之间的关系极其复杂，如果二者的转化通过金融媒介来转化，那么在不考虑货币实际价值变化的情况下，持有货币相当于零收益，而持有转化为货币资本的金融资产则能够获得利息收入。因此，凯恩斯货币理论认为货币与投资之间是此消彼长的替代关系。在凯恩斯看来，货币的需求由交易动机、预防动机和投资动机组成，货币的投资需求与持

---

① 〔美〕米尔顿·弗里德曼：《对货币数量论的几点说明》，载《弗里德曼文萃》（上册），胡雪峰、武玉宁译，首都经济贸易大学出版社，2001，第425～445页。
② 马克思：《马克思恩格斯全集》第23卷，人民出版社，1972，第105～106页。
③ 马克思：《马克思恩格斯全集》第24卷，人民出版社，1972，第393页。

有现金都构成了对货币的需求，经济中的货币与投资资金之间存在着替代关系。持有货币能够获得流动性，利息率越高持有货币的机会成本就越大，"由于利息率是放弃流动性的报酬，所以在任何时期的利息率都能衡量持有货币的人不愿意放弃流动性的程度"[①]。因此利息率上升，人们将不愿意持有货币，更愿意获得利息收入。但是当利息率提高到一定程度，人们会更倾向拥有流动性，此时无论利率怎样提高，都不会改变持有现金的规模，凯恩斯将这一现象称为"流动性陷阱"。而货币的投资需求则与利息率负相关，凯恩斯以债券市场为例，当利息率处于高位，人们预期未来利息率会下降，人们对债券会有升值预期，因此更愿意用手中货币购买债券，投资需求的货币也就转化为实实在在的投资，因此高利率有利于投资资金的积累和形成。在凯恩斯的理论中，均衡利息率则是由货币供给和货币需求决定的，货币供应量提高，均衡利率下降，货币需求下降，均衡利率则上升。可见，凯恩斯认为在既定货币存量的情况下，货币与投资之间是替代关系，即使货币供应量增长，也是通过降低利率水平，进而促进投资提高的。

但是对于转型国家而言，货币与货币资本之间的关系并非如凯恩斯的理论那样，因为在他的理论中金融体制是健全的，企业能够通过金融市场或金融机构获得资金支持，进而形成货币资本。而在转型进程中，由于从计划经济体制向市场经济体制转变，金融体制很难在短期内完善，企业也经常难于获得金融支持，往往通过自身的货币积累，或民间的货币借贷，来实现货币资本的形成。为此，麦金农在金融抑制的假设前提下提出，经济中的货币与货币资本之间是互补关系，经济中货币存量与资本形成二者之间的关系是相互促进，并非此消彼长的替代关系。[②] 此外，他还提出与

---

① 〔英〕约翰·梅纳德·凯恩斯：《就业、利息和货币通论》，高鸿业译，商务印书馆，1999，第170页。

② 〔美〕罗纳德·麦金农：《经济发展中的货币与资本》，卢骢译，上海三联书店、上海人民出版社，1997。

凯恩斯的利率理论截然相反的观点，认为并非如传统凯恩斯理论所说，低利率有利于投资。他认为："较高的实际利率能有效吸引储蓄，而且有利于提高投资效率。"① 如果将麦金农这两个观点结合起来，可以发现，在金融抑制的情况下，一个国家应当先保证货币体系的稳定，只有经济中能够有效地积累货币，才能使其和资本积累形成互补。而较高的实际利率则有利于货币积累，这自然也有利于货币资本的形成。

至此，我们已经分析了动态的货币深化与货币挤出之间的深层次区别，在货币深化的过程中，即使中央银行超发货币，这部分货币却不一定会涌入到消费领域，经济中货币的积累，事实上就是货币向货币资本不断转化的前提条件，因此不会推高通货膨胀率，反而会为实体经济提供足够的货币资本。因此，货币深化与货币挤出的关键在于货币的流向，如果货币能够在实体经济中不断积累，就不会冲进消费品领域。在这个过程当中，金融体系扮演了相当重要的角色，无论是银行机构还是金融市场，都是将货币不断地吸收，然后向实体经济推动。而利息率作为影响货币流向的重要宏观经济指标，对于货币深化具有重要的影响作用。并且，金融体系本身也会吸收相当数量的货币，这些货币同样不会推高物价指数，仍然属于货币深化的情况。

中国和俄罗斯在经济转型过程中，恰恰反映了以上两种截然不同的情况，是货币深化和货币挤出的典型代表，前文已经分析了转型初期的货币现象，以下将基于转型进程中出现的货币现象进行阐述。

1. 转型过程中俄罗斯的货币挤出

俄罗斯在转型过程中一直持续着通货膨胀，货币供应量非但没有促进货币资本的积累，反而不断地进入交易环节。同时，通货膨胀预期也使卢布成为不断贬值的资产，反而加强了货币挤出的倾向。具体有以下几个方

---

① 〔美〕罗纳德·麦金农：《经济市场化的次序——向市场经济过渡时期的金融控制》（第二版），周庭煜等译，上海三联书店、上海人民出版社，1997，第31页。

面的特征。

第一，经济美元化问题严重。俄罗斯在经济转型历程中，由于卢布兑美元汇率持续贬值以及国内通货膨胀蔓延，这种本国货币的对内对外贬值使居民、企业和金融机构都倾向于追求美元货币和美元资产，以实现货币资产保值。在商品交易环节，美元和卢布几乎同时作为结算货币和支付手段存在。尽管买方更愿意使用卢布，而卖方更愿意接受美元，但在"劣币驱逐良币"的内在驱动下，卢布大量涌向交易环节，美元货币则更多被用于存款货币储藏起来。为了抑制美元化，俄罗斯从1995年7月开始实行"外汇走廊"制度，但是1998年金融危机使俄罗斯被迫放弃这种能够稳定卢布汇率的制度安排，卢布兑美元汇率再次大幅度贬值，这又强化了经济中"美元化"的倾向。美元对卢布的挤出效应，使卢布不再是货币储藏的第一选择，大量的卢布涌入消费领域，因此通货膨胀也变得无法控制。

第二，缺乏健康有效的资本市场吸收卢布。俄罗斯在资本市场构建方面，实际上采取的是强制性的制度设计，因为大量企业实行私有化改革，俄罗斯必须设立股票交易所。另外，联邦政府大量发行国债，也需要一个国债流通的二级市场。这种被动性的制度设计，事实上造就了一个不成熟的市场，内幕交易、虚假信息泛滥，证券市场成了金融资本篡取国民财富的场所，一些企业股票被廉价收购，同时又有相当数量的低级债券和股票发行出来。这种状态直接决定了俄罗斯资本市场投资主要以短期投机为主，缺乏长期的价值投资，资本市场自然就失去了吸收货币的功能。由于缺少了能够大量容纳卢布的资本市场，俄罗斯每次货币超发都挤出到交易环节这一现象也就不足为奇了。

第三，俄罗斯银行体系储蓄动员能力弱化。在俄罗斯的转型历程中，国内储蓄率一直低下，超量的货币无法通过银行机构流向实体经济，形成货币资本，因此生产性货币始终处于稀缺状态。这种现象与俄罗斯私有化的商业银行体制密不可分，由于银行业对私人资本和外国资本开放，大量私有化的商业银行开立，外资银行的数量和规模也不断增大。但由于银行体系的市场准入标准偏低，资产规模小、抗风险能力差，国内居民对银行的信任程度很低。尽管俄罗斯保留了联邦储蓄银行这样一个相对安全的储蓄机构，但是由于整个金融机构的抗风险能力弱化，国内储蓄率一直处于很低的水平，1998 年金融危机爆发后，这种现象变得愈发明显。

综上所述，俄罗斯在转型过程中之所以发生货币挤出的现象主要表现为：美元化造成的货币替代，缺乏容纳卢布的资本市场，商业银行无法动员储蓄。从更深层次看，这些特征实际上是由俄罗斯转型的自身特征、金融制度安排、宏观经济环境等因素决定，因此货币挤出现象是俄罗斯转型过程中多种因素的集中体现。

2. 中国改革历程中的货币深化

中国的金融改革开始于 1993 年底，国务院发出的《关于金融体制改革的决定》提出金融改革的重点是强化中央银行的职能，在中央银行监管下的国家政策银行、国有商业银行、各种金融机构共同组成中国的金融体系。在这一时期，中国的证券市场得到了空前的发展，吸引了大量的货币投资，这对于消化经济中的过剩货币起到了重要的作用。同时，国有商业银行在动员储蓄方面体现出了明显的优势，由于国家屡次对四大国有商业银行注资，这相当于国家在为商业银行提供存款保险，有国家信用作为支撑，中国居民对商业银行的信任程度相当高，基本没有出现银行信用弱化的现象，居民储蓄率一直保持在较高的水平。如果将中国的金融特征与俄罗斯相比较，可以发现中国证券市场容纳货币的能力较强，并且商业银行集中了大量的居民储蓄，因此同样是货币超发，但中国表现出的现象是货币的逐步深化。俄罗斯所出现的美元化现象在中国更是缺乏生存的土壤，在 1994 年中国第一次启动外汇体制改革之后，由于实行国家外汇管制，国内不可能出现美元化现象。2005 年第二次汇率改革后，尽管放松了居民使用人民币与外币兑换的条件，但是由于人民币一直处于缓慢升值

的状态，美元也没有成为居民和企业首选的投资货币，因而也没有形成对
人民币的挤压和替代。

以上是从金融体制对中国改革历程中货币深化的解读，如果从整个市
场化改革历程来看，中国的渐进式改革本身就具有不断吸收货币的功能，
因此能够实现货币深化，而俄罗斯激进式的转型则不具备这一条件。从商
品和要素两方面看，中国的渐进式改革实际上分为两个阶段：第一阶段是
商品市场化阶段，这一阶段在 1992 年之前已经实现；第二阶段的特征是
要素市场化，这也恰恰发生在本文所界定的过程性货币深化时期，在这一
阶段土地、资本、劳动、技术逐渐成为交易的对象，因此在商品交易以
外，又出现了新的交易对象。这些要素的交换实际上成为吸收货币的重要
场所，尤其是土地市场和资本市场，吸收了相当数量的超发货币，因此在
决定物价指数变化的交易环节中，货币的数量并没有大规模提高，自然也
就不可能出现通货膨胀问题。

（三）货币深化与货币挤出：一个实证的检验

通过对货币深化与货币挤出的理论阐释，并结合中国和俄罗斯在经济
转型过程中所出现的货币现象进行深层次分析，可以发现这两种不同的货
币现象所产生的内在原因，也是对中国在货币超发条件下，却始终能够控
制通货膨胀的合理解释。为了更好地论证货币深化与货币挤出的不同，下
面将对中国和俄罗斯的货币流向进行实证的测算和计量，以更加准确地反
映本文所提出的观点。

1. 方程 1：交易方程式 $MV = PY$ 的测算

费雪的交易方程式仍然秉承古典货币数量论的观点，认为在短期
内国民收入 Y 和货币流通速度 V 是不变的，因此货币数量 M 与名义价
格 P 之间成正比例关系。但是在本文应用交易方程式所进行的测算中，
由于具有一定的时间跨度，因此货币流通速度非但不是固定的，而且
是变化幅度相当大的一个变量，这也是能够证明货币深化和货币挤出

之间差异的一个重要指标。因此，交易方程式中的所有变量，实际上都是时间的函数。如果对交易方程式两边取自然对数，再对时间 t 求导，可得下式：

$$\frac{dM/dt}{M} + \frac{dV/dt}{V} = \frac{dP/dt}{P} + \frac{dY/dt}{Y}$$

$$即 \frac{\dot{M}}{M} + \frac{\dot{V}}{V} = \frac{\dot{P}}{P} + \frac{\dot{Y}}{Y}$$

此式的含义事实上就是货币供应量与货币流通速度的变化幅度之和应当等于物价指数和国民收入的变化幅度之和，但此时 V 的含义已经不仅仅是货币流通速度，应当还包括货币的深化，即货币在交易环节以外的流向也会反映在 V 的变化上，这样就可以用 V 量值的变化幅度来实证分析货币深化和货币挤出（见表 2-1）。

表 2-1　中国和俄罗斯的各项货币指标及其测算

单位：%

年份	中国						俄罗斯					
	$\frac{\dot{Y}}{Y}$	$\frac{\dot{P}}{P}$	$\frac{\dot{M_0}}{M_0}$	$\frac{\dot{V_0}}{V_0}$	$\frac{M_0}{M_2}$	$\frac{\dot{M_2}}{M_2}$	$\frac{\dot{Y}}{Y}$	$\frac{\dot{P}}{P}$	$\frac{\dot{M_0}}{M_0}$	$\frac{\dot{V_0}}{V_0}$	$\frac{M_0}{M_2}$	$\frac{\dot{M_2}}{M_2}$
1992	14.1	6.4	36.4	-15.9	17.1	31.3	—	—	—	—	—	—
1993	13.7	14.7	35.2	-6.8	16.8	37.3	—	—	—	—	—	—
1994	13.1	24.1	24.3	12.9	15.5	34.5				—	—	—
1995	9.3	17.1	8.2	18.2	13.0	29.5	-4.1	131.3	174.4	-47.2	37.3	194.6
1996	10.2	8.3	11.6	6.9	11.6	25.3	-3.4	21.8	121.4	-103.0	36.6	125.8
1997	9.6	2.8	15.6	-3.2	11.2	17.3	0.9	11.0	28.5	-16.6	36.0	30.6
1998	7.3	-0.8	10.1	-3.6	10.7	14.8	-4.9	84.4	25.6	53.9	34.9	29.8
1999	7.9	-1.4	20.1	-13.6	11.2	14.7	5.4	36.5	44.0	-2.1	41.9	19.8
2000	8.6	0.4	8.9	0.1	10.9	12.3	10.0	20.2	42.0	-11.8	37.8	57.2
2001	8.1	0.7	7.1	1.7	9.9	14.4	5.1	18.6	57.1	-33.4	36.3	63.8
2002	9.5	-0.8	10.1	-1.4	9.3	16.8	4.7	15.1	39.4	-19.6	36.2	39.7
2003	10.6	1.2	14.3	-2.5	8.9	19.6	7.3	12.0	30.7	-11.4	35.8	32.4
2004	10.4	3.9	8.7	5.6	8.4	14.7	7.2	11.7	50.3	-31.4	35.7	50.5

续表

年份	中国						俄罗斯					
	$\dfrac{\dot{Y}}{Y}$	$\dfrac{\dot{P}}{P}$	$\dfrac{\dot{M_0}}{M_0}$	$\dfrac{\dot{V_0}}{V_0}$	$\dfrac{M_0}{M_2}$	$\dfrac{\dot{M_2}}{M_2}$	$\dfrac{\dot{Y}}{Y}$	$\dfrac{\dot{P}}{P}$	$\dfrac{\dot{M_0}}{M_0}$	$\dfrac{\dot{V_0}}{V_0}$	$\dfrac{M_0}{M_2}$	$\dfrac{\dot{M_2}}{M_2}$
2005	12.0	1.8	11.9	1.9	8.0	17.6	6.4	10.9	33.8	-16.5	35.2	35.8
2006	12.8	1.5	12.7	1.6	7.8	17.0	8.2	9.0	30.9	-13.7	33.2	38.5
2007	14.4	4.8	12.2	7.0	7.5	16.7	8.5	11.9	38.6	-18.2	31.0	48.8
2008	9.6	5.9	12.7	2.8	7.2	17.8	5.2	13.3	32.9	-14.4	27.9	47.5
2009	9.3	-0.7	11.8	-3.2	6.3	27.7	-7.9	8.8	2.5	-1.6	28.1	1.7

中国数据来源：货币供应量同比增长，《中国统计年鉴》（2010），第736页；价格指数，《中国统计年鉴》（2010），第307页；国民生产总值增速，《中国统计年鉴》（2010），第41页；货币流通速度变化情况则是根据上式测算所得。俄罗斯数据来源：货币供应量同比增长，1994～2000年数据来自 Российский статистический ежегодник （2001）. cc536，2001～2010 年数据来自 Российский статистический ежегодник（2010）. cc606，其中自1998年开始俄罗斯新卢布以1∶1000的比例兑换旧卢布，本文计算中按照这一比例进行了调整；价格指数，1995～2000年数据来自 Российский статистический ежегодник （2001）. cc37，2001～2002 年数据来自 Российский статистический ежегодник（2003）. cc32，2003～2009 年数据来自 Российский статистический ежегодник（2010）. cc34；国民生产总值增速，1995～1999 年数据来自 Российский статистический ежегодник（2001）. cc38，2000～2009 年数据来自 Российский статистический ежегодник（2010）. cc36；货币流通速度变化情况则是根据上式测算所得。

通过以上计算可以发现，中国货币存在明显的深化现象。现金 M_0 流通速度在大多数年中都呈现加快的现象，这与近年来信息技术、电子技术在金融领域的应用以及金融支付功能创新的发展密切相关，因此现金 M_0 在广义货币 M_2 中所占比重持续下降，从1992年的17.1%，下降为2009年的6.3%。这说明在广义货币 M_2 中，能够对商品价格形成影响的购买力比重越来越低，更多的货币是以各种储蓄存款的状态存在的，这些货币再通过金融渠道输送到实体经济中，形成货币资本，因此尽管广义货币 M_2 增长速度很快，甚至是 GDP 增长速度的两三倍，但是中国发生通货膨胀的年份并不是很多。这就印证了本文提出的观点，在货币深化的条件下，经济转型进程中不会发生持续的通货膨胀，是因为大量的货币转化为了货币资本，而不是形成现实的购买力。如果从广义货币 M_2 的结构来分析，那么货币供应量本身就是一个货币的创造过程，在这个过程中不断有各种存款发生，无论是存在商业银行，还是存在其他金融机构，存款越多则表明货币的深化程度越高，这也是衡量货币深化的重要标准。按照这一观点，如表 2 - 1 所示，可以发现中国在 1992 ~ 1994 年，通货膨胀水平一直很高，而这一时期也恰恰是现金 M_0 增速最快的时期。如果从货币深化的渠道分析，这一时期中国货币的可投资渠道也非常狭窄：证券市场刚刚起步，还无法吸收大量货币；住房市场也没有建立，无偿配给制度实际上基本脱离了货币媒介；1988 年物价的大幅度上涨使居民储蓄意愿下降。在这种情况下，货币被更多地用于交易，而不是储蓄或投资，因此经济中现金比重很高。1995 年中国紧缩的货币政策使 M_0 增速降为 8.2%，尽管当年广义货币 M_2 增速仍然高达 29.5%，但还是有效地控制了通货膨胀，1996 年通货膨胀率降为 8.3%。可见，对于控制通货膨胀而言，关键在于控制 M_0 增速，而中国广义货币的增长并没有带来现金 M_0 的过快上升，因此很好地控制了通货膨胀，即在货币深化的条件下，能够在广义货币超量增长的情况下避免通货膨胀发生。

反观俄罗斯的货币情况，货币挤出的现象也非常明显，其中最为显著的标志就是现金 M_0 流通速度持续下降，这不仅与中国的情况截然相反，甚至不符合现代电子金融技术发展这一基本事实。这说明大量现金滞留在交易领域，没有形成储蓄，并且这些货币事实上对商品价格，尤其是消费品价格产生巨大的影响，因此在经济转型过程中，俄罗斯通货膨胀率一直保持在两位数以上的水平，在 1995 年和 1998 年甚至还发生了非常恶性的通货膨胀。为什么 M_0 流通速度下降？如前文所述，由于"美元化"的影响，并且这种"美元化"主要表现为资产美元化，即居民、企业和金融机构都倾向于储藏美元资产，因此卢布被挤出到交易领域，这样的表现就是现金规模的持续扩大，而这些现金则形成了通货膨胀的货币源泉。因此，在俄罗斯广义货币 M_2 中，现金 M_0 所占比重一直保持在 1/3 左右的水平，说明这部分货币并没有通过金融渠道形成货币资本。在这种货币挤出的条件下，俄罗斯在控制通货膨胀和刺激经济增长方面则面临着两难问题：为了确保经济增长，必须保证广义货币 M_2 有一定的增速，但是由于 M_2 和 M_0 之间的比例相对固定，M_0 也必然会以同样的速度增长，这种局面必然持续恶化通货膨胀；反之，如果为了控制通货膨胀，降低 M_0 的增长速度，又会造成广义货币 M_2 供应量的下降，这将阻碍经济增长。显然，对于俄罗斯这样一个转型国家而言，保证经济持续的增长更加重要，因此货币政策在大多数时期都倾向于扩张，在货币挤出的条件下，必然导致通货膨胀的持续。

2. 方程 2：鲍莫尔 - 托宾模型的计量

鲍莫尔和托宾以每个家庭都会持有的最优货币数量为假设，按照每个月持有的货币数量，计算经济中的现金货币需求为 $\dfrac{M^D}{P} = \dfrac{1}{2}\left(\dfrac{2bY}{i}\right)^{\frac{1}{2}}$，其中 P 为通货膨胀率，i 为利息率，Y 为国民总产出，b 为往返银行的成本。[①] 将这一方程两边取自然对数可得：

$$\ln M = \ln\frac{1}{2} + \frac{1}{2}\ln 2b + \frac{1}{2}\ln Y - \frac{1}{2}\ln i + \ln P$$

这个方程表明现金需求量是 b、Y、i、P 的函数，其中 b 为常数，但假设条件过于严格，现实中的家庭很难对持有最优的货币规模作出计算，因此系数需要重新计算，调整的计量方程为：

$$\ln M = \alpha + \beta_1 \ln Y + \beta_2 \ln P - \beta_3 \ln i + \varepsilon$$

根据中国和俄罗斯 M_0、GDP、通货膨胀、利率等指标，利用 EViews5.0 软件分别进行计量分析（见表 2 - 2），可得表 2 - 3 数据，测算数据中，除带 "＊" 号数据外，所有均能通过 T 检验，两个方程样本决定系数 R^2 均大于 0.99，表明回归分析的拟合效果非常好。

[①] 〔美〕W. 鲍莫尔撰写的 *The Transactions Demand for Cash：An Inventory Approach* 一文发表于《经济学季刊》，1952 年 11 月；J. 托宾撰写的 *The Interest-Elasticity of the Transactions Demand for-Cash* 一文发表于《经济学和统计学评论》，1956 年 8 月。〔美〕杰弗里·萨克斯、费利普·拉雷恩：《全球视角的宏观经济学》，费方域等译，上海三联书店、上海人民出版社，2004，第 207～212 页。

表 2 - 2　中国和俄罗斯现金货币及相关经济指标

年份	中国				俄罗斯			
	M_0	Y	$P\%$	i	M_0	Y	P	i
1992	4336.0	26923.5	106.4	7.56	—	—	—	—
1993	5864.7	35333.9	114.7	10.98	—	—	—	—
1994	7288.6	48197.9	124.1	10.98	—	—	—	—
1995	7885.3	60793.7	117.1	10.98	36.5	1428.5	231.3	30.0
1996	8802.0	71176.6	108.3	7.47	80.8	2007.8	121.8	11.8
1997	10177.6	78973.0	102.8	5.67	103.8	2342.5	111.0	25.7
1998	11204.2	84402.3	99.2	3.78	130.4	2629.6	184.4	8.5
1999	13455.5	89677.1	98.6	2.25	187.8	4823.2	136.5	4.2
2000	14652.7	99214.6	100.4	2.25	266.6	7306.0	120.2	5.2
2001	15688.8	109655.2	100.7	2.25	418.9	9039.4	118.6	4.3
2002	17278.0	120332.7	99.2	1.98	583.8	10863.4	115.1	4.4
2003	19746.0	135822.8	101.2	1.98	763.2	13208.0	112.0	3.8
2004	21468.3	159878.3	103.9	2.25	1147.0	17027.0	111.7	3.6
2005	24031.7	184937.4	101.8	2.25	1534.8	21610.0	110.9	4.0
2006	27072.6	216314.4	101.5	2.52	2009.2	26917.0	109.0	5.2
2007	30375.2	265810.3	104.8	4.14	2785.2	33248.0	111.9	7.0
2008	34219.0	314045.4	105.9	2.25	3702.2	41429.0	113.3	8.2
2009	38246.0	340506.9	99.3	2.25	3794.8	39101.0	108.8	30.0

中国数据来源：M_0 数据来自《中国统计年鉴》（2010），第736页；国内生产总值数据来自《中国统计年鉴》（2010），第38页；价格指数，《中国统计年鉴》（2010），第307页；一年期存款利率为年底数据，来自中国人民银行网站。俄罗斯数据来源：M_0 数据，1994～2000年数据来自 Российский статистический ежегодник（2001）．cc536，2001～2010年数据来自 Российский статистический ежегодник（2010）．cc606，其中自1998年开始俄罗斯新卢布以1:1000的比例兑换旧卢布，本文计算中按照这一比例进行了调整；国民生产总值，1995～2002年数据来自 Российский статистический ежегодник（2003）．cc30，2003～2009年数据来自 Российский статистический ежегодник（2010）．cc32；价格指数，1995～2000年数据来自 Российский статистический ежегодник（2001）．cc37，2001～2002年数据来自 Российский статистический ежегодник（2003）．cc32，2003～2009年数据来自 Российский статистический ежегодник（2010）．cc34；一年期存款利率为年底数据，来自俄罗斯中央银行网站，http：//www.cbr.ru/statistics/? Prtid = cdps。

表 2 - 3　中国和俄罗斯现金货币需求数量的计量

	α	β_1	β_2	β_3	R^2
中国	0.905140	0.768797	0.798245	- 0.201671	0.995596
T 检验	2.915238	32.080830	2.368309	- 4.859076	
俄罗斯	- 4.641559	1.292275	- 0.234883	0.096147	0.990367
T 检验	- 2.750019	24.351930	- 0.839533 *	1.532269	

资料来源：根据表 3 - 2 数据测算。

以中国的各项统计数据进行计量的结果显示，现金 M_0 与 GDP、通货膨胀两项指标正相关，与利率负相关，这与鲍莫尔 - 托宾模型的经济思想十分吻合。这表明当 GDP、通货膨胀增长时，居民和企业倾向于更多的持有现金；当利率提高时，居民和企业又愿意将现金转为存款，因此中国的货币存在着一个深化的路径。即使现金 M_0 增长速度明显大于 GDP、通货膨胀，中国也可以通过提高利率的方式来消化经济中的超量货币，而不会形成恶性的、持久的通货膨胀。

俄罗斯的情况则与鲍莫尔 - 托宾模型中的预期符号不符，其中最为关键的就是现金 M_0 与利率正相关，这表明利率的提高不能使现金转化为存款，因此俄罗斯中央银行的利率政策基本对控制现金数量无效，这也是中国和俄罗斯货币经济最大的不同之处：中国可以通过储蓄来引导现金，而俄罗斯的现金始终徘徊在交易环节，对物价上涨形成巨大的压力。俄罗斯的通货膨胀与现金 M_0 负相关，即当物价上涨时，居民和企业不仅不会增加其手持现金的余额，反而倾向于减少现金数量，一种方法是尽快地消费；另外一种方法就是将其美元化。无论哪种方法，实际上现金都会在交易环节中淤积，形成推动物价上涨的货币力量。

通过鲍莫尔 - 托宾模型计算可以发现，在现金数量方面，中国的货币深化与俄罗斯的货币挤出存在非常明显的不同，这也印证了本文的观点，即中国能够通过引导货币流向的方法，来控制通货膨胀，而储蓄是引导货币流向的主要途径。

（四）小结

俄罗斯在转型历程中始终存在着严重的通货膨胀，如果从货币视角来分析，可以发现货币不断地挤出到交易环节是这一问题的关键。如果俄罗斯想彻底控制通货膨胀，必须从根本上改变居民和企业的预期，强化卢布的储蓄功能，引导货币通过金融机构和金融市场向货币资本聚集。中国的改革历程中，尽管发生了几次较为严重的通货膨胀，但由于经济中存在货币的深化，因此货币没有成为物价上涨的持续推动力，并且货币数量对利率较为敏感，每次中央银行提高利率对治理通货膨胀都较为有效。2008年金融危机之后，中国启动了适度宽松的货币政策，随着货币供应量的增长，近年来通货膨胀问题成为困扰中国的难题。如果从本文的分析框架来看待这一问题，除了采取提高存款准备金、提高利率等措施外，还应当尽量拓展投资渠道，吸收超量货币，尽量调整好居民的通货膨胀预期，使货币逐渐向货币资本转化，尤其要防止储蓄搬家的情况。只要中国能够保证货币逐渐的深化，而不是挤出到消费领域，就能从根本上防范和治理通货膨胀。从这个意义上看，管理好货币的流向，对货币政策进行微观管理，其效果要比单纯的总量控制更加有效。

二　卢布汇率与人民币汇率形成
机制的比较与联动

当前，在国际金融危机阴霾尚未完全散去之际，欧债危机呈现出愈演愈烈的特征，加剧了世界金融形势的复杂性。在这种背景下，人民币汇率问题再次被美国当做其缓解国内被动局面、转移民众情绪的焦点问题，参议院已经向众议院提交议案，要求采取专门针对中国的贸易补贴措施，以此对人民币升值施加压力。与此同时，受欧债危机影响，欧元区金融形势恶化，国际市场上美元和美元资产更受青睐，俄罗斯外汇市场上卢布兑美元汇率一路走低。中俄两国都高度重视双边贸易发展，卢布与人民币之间的汇率自然成为关系到双边贸易的重要因素。人民币汇率决定机制与卢布截然不同，其根本原因在于中俄两国经济转型和金融转型的方案不同，近年来人民币兑美元汇率呈现出逐渐升值的态势，而卢布兑美元汇率则表现出大幅度的波动和振荡。考虑到卢布兑人民币汇率需要通过两种货币兑美元汇率的换算得出，因此有必要比较分析卢布与人民币汇率决定机制，从更深层次上探索这两种货币汇率决定之间的关联，这无疑具有重要的现实意义。

（一）俄罗斯转型历程中的汇率制度与汇率决定机制

苏联末期曾经长期高估卢布汇率，为此一度形成两种卢布汇率：贸易汇率和非贸易汇率。非贸易汇率被严重高估，但出口企业需要按照非贸易汇率将部分外汇卖给俄联邦，以此来筹集国家外汇储备。其实这是苏联在国内货币严重超发、通货膨胀持续的情况下，为了克服输入型通货膨胀而进行的制度设计。正如麦金农所指出的："当存在着除了用通货膨胀税进行融资之外无法弥补的财政赤字时，如果货币当局试图通过放慢贬值速度或固定汇率来控制国内价格水平，严重的货币高估就会发生。"[①] 高估卢布汇率无疑使得进口商品价格变得低廉，但是对于出口则明显不利，出口产业自然会因此受到影响。因此，另外一种贸易汇率的设计则是为了尽量避免高估卢布汇率给对外贸易带来的负面影响。俄罗斯启动激进式转型方案后，立即开始着手进行外汇市场和汇率制度的改革，卢布汇率也成为经济转型中的重要经济变量。在转型初期，卢布的大幅度贬值曾经给俄罗斯经济带来了严重的冲击。在经济转型历程中，1998 年俄罗斯爆发的金融危机就伴随着卢布大幅度的贬值。2008 年国际金融危机爆发后，俄罗斯经济深受其害，卢布兑美元再次贬值。因此，回顾俄罗斯汇率制度变迁历程，并探索决定汇率变化的深层次因

---

① 〔美〕罗纳德·麦金农：《经济市场化的次序——向市场经济过渡时期的金融控制》（第二版），周庭煜、尹翔硕、陈中亚译，上海三联书店、上海人民出版社，1997，第 156 页。

素，对于分析卢布的汇率走势具有重要作用。

如果按照俄罗斯卢布汇率制度的演进，可以把卢布走势划分为三个阶段：第一阶段（1992～1995 年），浮动汇率制度；第二阶段（1995～1998年），"外汇走廊"制度；第三阶段（1998 年至今），浮动汇率制度。从汇率制度的演进可以发现，俄罗斯汇率制度经历了否定之否定的过程，卢布汇率也经历了过山车一般的大起大落。

俄罗斯实行激进式的"休克疗法"后，由于国内外汇储备严重不足，并且拖欠了大量的外汇债务，因此卢布兑美元汇率一路下滑，如图 2－1所示。1992 年俄罗斯宣布在经常项目下卢布可自由兑换，卢布汇率由莫斯科银行间外汇交易所的供求关系决定。经常项目外汇的自由兑换使卢布汇率的波动开始逐渐增大，卢布兑美元持续贬值。虽然中央银行不断干预外汇市场，卖出美元、买进卢布，但是俄罗斯稀缺的外汇储备无法阻挡卢布贬值的步伐。随着国内资本外逃愈发严重，经济"美元化"愈发明显，越来越多的居民和企业倾向于用卢布兑换美元，这又进一步强化了卢布汇率的贬值趋势。为了稳定卢布汇率，1995 年俄罗斯中央银行宣布实行"外汇走廊"制度，这样相对固定的汇率制度有利于维护卢布汇率稳定。此后卢布汇率逐渐趋于稳定，但是由于俄罗斯经济增长乏力，卢布汇率仍然表现为贬值趋势。

1998 年 1 月 1 日，俄罗斯宣布以新卢布代替旧卢布（按照 1∶1000 的比例兑换）之后，卢布上下浮动仍然由市场决定，卢布与美元汇率定为6.1∶1。但汇率波动区域由中央银行决定，并规定卢布汇率上下波动幅度不得超过 1.5%。由于俄罗斯国内财政赤字问题严重，俄联邦政府在"8·17联合声明"中宣布停止兑现 1999 年以前到期的国债，将 1999 年 12月 31 日前到期的国债转换为 3～5 年的中期债券，金融市场上持有国债的金融机构都陷入了困境，金融危机开始爆发。俄罗斯在干预外汇市场无效的情况下，不得不宣布放弃"外汇走廊"制度。此后，大量外资逃离，国内居民和企业纷纷用卢布兑换美元，卢布汇率开始出现大幅度下降。如图

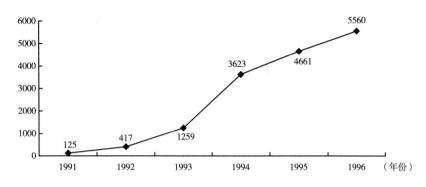

图 2 - 1 转型初期卢布汇率走势（1991～1996 年）

资料来源：1991～1996 年汇率数据来自：А. С. Кудаков，Регулирование валютного курса в Российской Федерации。

2 - 2 所示，1998 年卢布汇率从 6.43∶1 一路贬值到 20.65∶1，1999 年卢布兑美元汇率已经达到 27∶1。

经受过金融危机洗礼的俄罗斯在步入新千年之后经济开始复苏，其中最大的推动力就是石油天然气的出口，这不仅拉动了经济增长，还使俄罗斯提前偿还了大量外债，并积累了相当数量的外汇储备，在国内的外汇市场上则表现为大量的美元流入。此时，卢布汇率的走势已经开始呈现出逐渐升值的态势，俄罗斯中央银行的任务也开始由防止卢布贬值，逐渐向稳定卢布汇率、促进对外贸易发展这一目标转变。为了避免卢布升值，中央银行需要在外汇市场上以卢布购买美元，但这无疑会增大俄罗斯的货币投放量，加剧国内通货膨胀。尽管俄罗斯的《俄联邦中央银行法》规定中央银行的首要目标是控制通货膨胀，但中央银行的独立性仍然会受到政府主管部门的影响。在货币政策目标选择上，中央银行的货币政策目标更多的是选择维持物价稳定，而经济发展部和财政部则更倾向于中央银行稳定卢布汇率。因此，这一时期俄罗斯中央银行主要在稳定卢布汇率和防范通货膨胀这两个目标之间权衡，卢布汇率在这一时期呈现出小幅度升值的态势，2007 年卢布兑美元汇率已经升值到 24.43∶1。

2008 年美国次贷危机引发的国际金融危机爆发后，俄罗斯立即受到了巨大的冲击，突出表现为金融市场的振荡以及石油天然气出口价格的回落。2008 年 9 月 15 日美国雷曼兄弟银行正式宣布倒闭，第二天，即 9 月 16 日，俄罗斯金融市场就受到了影响，俄罗斯银行和企业的股票市值大幅度缩水，外国投资者纷纷从俄罗斯证券市场撤离，抛售股票和债券，外资撤离使卢布汇率一路下滑。国际石油价格的下降更是使俄罗斯经济雪上加霜，财政收入和外汇收入都大幅度下降。如图 2 - 2 所示，在这两方面因素的影响下，2009 年卢布汇率已经贬值到了 44.21∶1。2010 年开始，随着俄罗斯经济逐渐从低谷中走出，卢布汇率再次升值，按照国际权威部门预测，2011 年卢布汇率仍然会保持升值的态势。

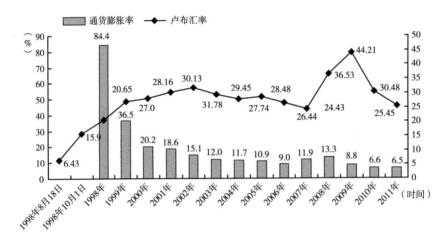

图 2 - 2　1998 年金融危机后卢布汇率走势（1998～2011 年）

资料来源：1998～2007 年汇率数据来自：А. С. Кудаков，Регулирование валютного курса в Российской Федерации，2008г. 2008～2010 年卢布汇率数据来自：Economist Intelligence Unit Limited：2010，June，P36，其中 2010 年、2011 年为预测值；通货膨胀数据，1995～2000 年数据来自 Российский статистический ежегодник（2001）. cc37，2001～2002 年数据来自 Российский статистический ежегодник（2003）. cc32，2003～2009 年数据来自 Российский статистический ежегодник（2010）. cc34，2010～2011 年通货膨胀数据为 EIU 预测值。

基于以上分析，可以发现在历次金融危机的冲击中，外资的撤离和金融市场的振荡都会促使卢布大幅度贬值。但从长期卢布汇率走势看，主要受俄罗斯整体经济发展态势影响，在经济增长势头良好的条件下，卢布汇率基本呈现出升值的态势。如果按照这一思路对未来卢布走势进行分析，可以认为随着俄罗斯经济在金融危机后的逐渐好转，在国际石油价格逐步走高的背景下，外汇市场上美元数量将会增多，卢布兑美元汇率也必然会保持小幅度升值的态势。从十年来卢布汇率的走势分析，卢布汇率升值的高点将会是 30∶1 左右，因为这一幅度是 2008 年危机前俄罗斯保持了相当长时间的汇率水平，基本能够反映卢布兑美元汇率的均衡水平。

如果考虑到俄罗斯中央银行对汇率的干预，则俄罗斯中央银行将在维持卢布汇率和防范通货膨胀之间进行权衡。如前文所述，这种两难的选择在很多时候都直接影响了中央银行货币政策的目标。当俄罗斯通货膨胀问题严重时，即使卢布过快升值，中央银行也很难依靠增加卢布供应量来干预汇率。在当前卢布小幅度升值的情况下，考虑到俄罗斯国内通货膨胀率虽然仍有 6.5%，但已经是近十年来的最低水平，因此俄罗斯中央银行仍然有干预汇率的操作空间。即如果卢布汇率升值过大，甚至影响到俄罗斯对外贸易的发展，那么中央银行很有可能用手中的卢布在外汇市场上购买美元，以此来维持卢布汇率的稳定。

（二）人民币汇率制度演进与汇率决定机制

中国在改革开放进程中，人民币汇率也曾经一度被高估，1993 年为 5.76 元人民币兑 1 美元。1994 年，中国启动外汇管理体制改革，并开始着手建立外汇市场，金融机构、企业和居民可以自由地在外汇市场上买卖外汇。此后，坐落在上海外滩路的中国外汇交易中心正式挂牌成立，并由每天人民币兑美元的交易价格确定汇率水平。此时中国宣布的汇率制度为有管理的浮动汇率制度，之所以这一时期的汇率制度被认为是一种固定汇率制度，是因为在中国外汇交易市场上，有一个最大的外汇买家——中国人民银行。在中国外汇市场上，中央银行作为外汇储备的管理者，一直在以人民币购买美元，以此保持人民币兑美元汇率稳定。因此，中国宣布的汇率制度是以市场供求为基础、单一的、有管理的浮动汇率制度，在国际货币基金组织对汇率制度的定义中，这是典型的固定汇率制度。表现最为明显的就是 1997 年东南亚金融危机之后，尽管亚洲国家货币汇率都受到了一定程度的冲击，但人民币仍然能够保持稳定。

在中国的外汇市场上，一直存在着美元流入的情况：一方面是经常项目下连续多年的贸易顺差所形成的以外汇形式存在的企业利润的积累；另一方面是因资本项目下各种渠道的外资进入而形成的外汇流入。由于世界经济发展不平衡的局面以及中国劳动密集型产品在国际竞争中的比较优势，中国这种外资、外贸"双顺差"的现象也随之持续，中国外汇市场上必然出现美元供大于求的局面。如果中国人民银行不干预外汇供求，则人民币兑美元汇率会迅速升值，这种情况明显不利于中国对外贸易的健康发展。因此，中国人民银行不断在外汇市场上以人民币购买美元，由此形成了规模空前的外汇储备，并且增长速度十分迅猛。高额外汇储备这枚硬币的另外一面是中国人民银行为购买外汇而使用的基础货币过多，这些外汇占款事实上形成了中国基础货币供应的巨大压力。中国人民银行不得不一面以人民币购买美元，稳定汇率水平，一面又以发行央行票据的方式来对冲基础货币，防止货币供应量大幅度提高。因此在 1994 年汇率制度改革后，人民币兑美元汇率一直稳定在 8.28∶1 的水平上，这与中国人民银行的干预密切相关，也正是基于此，国际社会对中国改革汇率制度的压力也越来越大。2007 年 IMF 对货币联盟中各个国家的货币制度进行修订。此次改革，还修订了爬行盯住汇率制度的标准，按照汇率波动的事实依据，无论一国货币当局是否宣布本国汇率波动幅度，只要一国汇率连续六个月在中心汇率上下 1% 的范围内波动，就可以被认为属于爬行盯住汇率制度，在这一年人民币被列为爬行盯住汇率制度范围。因此，中国的汇率制度在国际社会上经常被认为是固定汇率制度（人民币汇率走势见图 2-3）。

2005 年人民币汇率制度改革后，开始真正实行"有管理的浮动汇率制度"，并且人民币不再单一盯住美元，而是盯住"一篮子"货币，在规

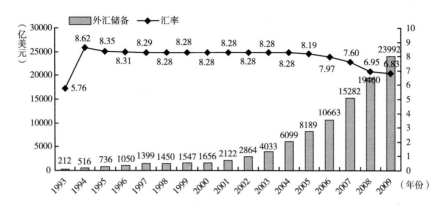

图 2 - 3 汇率改革以来人民币走势（1993~2009）

资料来源：《中国统计年鉴》（2010），人民币汇率来自《中国统计年鉴》中的表 6 - 2，19 - 10；外汇储备来自表 19 - 10。

定的浮动空间内，人民币开始小幅度升值，但是人民币升值的压力并没有减少，中国劳动力优势足以弥补人民币升值带来的影响，而且随着国外对人民币升值的预期，"热钱"开始大规模涌入中国，这又带来了大量的外汇进入。这种外资、外贸的双顺差给中国带来了巨大的外汇收入，也给人民币升值造成了强大的市场压力，为了维持人民币缓慢的贬值速度，中央银行不得不被动地发行货币来回收外汇资产，这种情况下的货币供应量增大已经不再是内部因素的原因了，而是外部因素的作用。虽然形成的机制与从前的通货膨胀不同，但是产生物价指数快速上升的直接因素是共同的，就是中国货币供应量持续增长。在物价指数上升之前，增加的货币量主要对证券市场、房地产市场的价格产生影响，并且直接推高了资产价格，但是这时的货币并没有直接推高物价指数，因此也没有表现出通货膨胀的货币现象。在国际油价和粮食价格攀升后，各种商品价格开始上涨，而正是由于经济中存在大量的货币，价格上涨才能够真正实现，这种货币量增长的累积已经持续了几年，仅仅单纯依靠一段时间的紧缩货币政策来调节很难奏效，并且紧缩的货币政策也不得不考虑到经济的承受能力，如资金稀少的中小企业当前普遍面临贷款困境。

近年来，国际社会要求人民币升值的呼声甚嚣尘上。美国认为人民币汇率严重低估，并造成了中美之间的大规模贸易顺差，因此人民币汇率被认为是美国高失业率、经济增长乏力的根本原因。以一大批美国经济学家和政客为代表的国际舆论不断对人民币汇率问题施加压力，认为中国一直在"操纵"人民币汇率，并严重低估人民币汇率，以此换取对外贸易中的价格优势。但中国稳定人民币汇率的内在原因绝非如此简单，人民币汇率的稳定不仅有利于对外贸易的发展，也有利于整个金融体系的稳定，因为在相当长的时间里，由于外汇的稀缺，如 1994 年中国仅有 516 亿美元的外汇储备，中国干预汇率的能力十分有限。2005 年，中国的外汇储备已经达到 8189 亿美元，中国人民银行具备了灵活调控外汇市场的能力，因此启动了第二次汇率制度改革。2005 年 7 月 21 日，中国人民银行宣布，人民币不再单一盯住美元，而是选择参考"一篮子"货币进行调节，实行更加有弹性的汇率制度。此后，人民币兑美元汇率开始走上不断小幅度升值的发展态势。但人民币汇率问题从未脱离过美国的视线，美国认为中美贸易顺差的根本原因在于人民币汇率低估，因此"中国制造"的商品才会在美国具有极大的竞争力，美国甚至还鼓动国际货币基金组织等机构对人民币汇率施加压力。2005 年中国启动了具有标志性意义的汇率改革，人民币汇率的目标货币不再是单一的美元，而是参考"一篮子"货币进行调节，汇率波动幅度也适当放宽。从 2005 年汇率改革起，人民币一直保持着渐进性的波动态势，累计升值幅度已经达到 30%。但对于中国这样一个外贸依存度较高的发展中国家，维持汇率的稳定仍然是非常重要的任务，因此中央银行仍然对外汇市场进行有效的干预。这意味着如果人民币当日升值或贬值幅度过大，中央银行就会动用外汇储备或人民币进行逆向操作，以保持汇率的稳定性。因而这次汇改之后，也正是由于中央银行对外汇市场的经常性干预，中国的汇率制度仍然被国际社会认为是相对固定的汇率制度。

2008 年国际金融危机爆发之后，由于美国失业率居高不下，制造业陷入困境，贸易逆差愈发扩大，人民币汇率问题再次被推到风口浪尖。

2010 年 3 月 14 日，美国经济学家克鲁格曼在《纽约时报》撰文，提出人民币低估问题。3 月 15 日美国 130 名众议员联名致信奥巴马，呼吁奥巴马政府将中国定为汇率操纵国，并对中国出口产品征收反补贴税。美国的逻辑是，如果人民币升值，中国出口产品将在美国变得更加昂贵，美国贸易失衡的现象就能够改观，国内高失业问题将会得到一定程度的缓解。人民币汇率问题再次在世界范围内引起广泛讨论，美国坚决认为中国故意低估人民币汇率，并提议对操纵货币汇率的国家加收关税。

事实上，人民币自 2005 年启动汇率制度改革以来，已经对美元升值了 30% 以上，但是在 2005～2008 年，中国对美国的出口非但没有减少，反而有所增加。2008 年金融危机爆发后，人民币汇率改为盯住美元，汇率仍然表现出小幅度的升值，但是中国的出口商品在美国仍然具有极大的竞争力。即使按照升值抑制进口、促进出口的理论，那么也必须满足进出口商品价格弹性的绝对值之和大于 1，即必须满足马歇尔－勒纳条件。这意味着，美国认为人民币汇率是中美两国贸易逆差的根本原因，这一观点是难以成立的。并且，近年来中国更多地承担着亚洲各国向美国出口的中转站角色，中国对美国贸易顺差中相当部分来自东盟国家，即使人民币大幅度升值，美国也仍然无法改变贸易逆差的局面，仅仅是其进口国由中国换成东盟国家而已。然而，人民币大幅度升值对于中国经济的影响无疑是巨大的，在当前国内消费需求尚未大规模启动、投资需求相对饱和的情况下，出口仍然是拉动经济增长"三驾马车"中的重要环节。因此，中国并不具备让人民币大幅度升值的客观条件，维持人民币兑美元汇率的大体稳定，仍然是中国人民银行的必然选择。并且，中国在后金融危机时期，国内房地产风险日益积累、通货膨胀持续，即使在经济高速发展的情况下，仍然需要防范汇率升值所带来的风险。中国当前的宏观经济情况已经与 20 世纪 80 年代日本"广场协议"签署之前有些类似，就是在经济高速增长的过程中，金融领域的风险不断积累，当日元升值、出口萎缩时，日本经济陷入了长达十年的衰退期。从这种相似的方面看，即使中国想选择让人民币大幅度升值，当前也不具备条件，应当是在宏观经济较为稳定，国内扩大内需战略得到充分实施，房地产、金融等领域抗风险能力明显增强之后，中国才有可能作出新的汇率制度改革。

（三）卢布与人民币汇率的比较与联动

卢布与人民币之间的汇率需要通过美元进行换算，因此中俄两国货币兑美元的汇率共同决定了卢布兑人民币汇率的均衡水平。虽然中俄两国货币的短期均衡汇率主要取决于外汇市场上的供求关系以及中央银行对外汇市场的干预，但两国货币的长期均衡汇率的决定因素明显不同：人民币兑美元汇率主要取决于劳动力成本方面的比较优势；卢布兑美元汇率则与近年来油气产品的大量出口密切相关。

购买力平价被认为是决定长期均衡汇率的理论，尽管现实中实际汇率经常与购买力平价发生偏离，但是巴拉萨（1964）和萨缪尔森（1964）的研究表明[1]，这种偏离并非随机的，而是按照一定规律所发生的系统性波动，这种现象被称为巴拉萨－萨缪尔森效应（B－S）。（B－S）认为，如果存在贸易部门和非贸易部门，则在不考虑贸易限制和运输成本的情况下，由于国际贸易的作用，两国可贸易商品价格将通过汇率达到一致，即汇率由两国货币对可贸易商品的购买力决定。考虑到国家之间的开放属于半开放特征，即除了劳动力以外的其他生产要素价格基本一致，因此两国商品的成本差异主要由劳动力成本决定。如果两国货币汇率取决于可贸易商品的相对价格，则当一国工资水平相对于劳动生产率上升时，该国货币将贬值，而当劳动生产率相对于工资水平上升时，该国货币将升值。按照这种长期汇率决定理论，由于中国劳动力比较优势仍然非常明显，在工资水平没有大幅度提高的情况下，人民币兑美元汇率无疑将处于一个升值的

---

[1]　Balassa. 1964. "The Purchasing Power Parity Doctrine: A Reappraisal. " *Journal of Political Economy*, 72. Samuelson. , 1964. "Theoretical Note on Trade Problems. " *Review of Economics and Statistics* , 56.

态势。如前文所述，在人民币汇率决定机制方面，中国人民银行更倾向于尽量保持人民币汇率的稳定，因此稳中有升将是人民币汇率的主要特征。

但是，由于俄罗斯出口的商品中主要是资源型产品，因此劳动力成本决定汇率水平的（B–S）模型无法解释卢布汇率的长期走势。卢布汇率更多是由外汇市场的供求关系来决定。俄罗斯已经放开了资本项目的管制，油气出口又带来了大量的外汇收入，因此在经济发展态势较好的情况下，卢布兑美元汇率具有升值的态势。但也正是由于俄罗斯外汇市场的开放性，在受到内外部冲击的情况下，容易发生外资抽逃，卢布汇率也往往会因此发生大幅度贬值。尽管俄罗斯中央银行一直以稳定汇率为其重要的货币政策目标，但是近年来卢布汇率仍然发生了很大的波动幅度。

人民币汇率与卢布汇率之间的决定机制不同，这两种货币之间的汇率却是关系双边贸易发展的关键。如前文所述，人民币兑美元汇率相对稳定，但卢布兑美元汇率却表现出大幅度的波动。因此，在中俄两国贸易中，人民币兑卢布的汇率也时常波动，这明显不利于对外贸易的健康发展。这种情况在中俄两国边境贸易中表现得尤为突出。由于两种货币兑美元汇率的波动，人民币和卢布之间的汇率也随之不断变动，导致对外贸易中的汇率风险难以把握。[①] 因此，中俄两国都希望卢布和人民币汇率保持稳定状态。就在国际社会对人民币升值施加最为强大的压力时，俄罗斯却表现出与欧美国家截然不同的态度。2010 年 3 月 24 日，俄罗斯联邦中央银行副行长梅尔尼科夫表示，俄方坚定支持中国的人民币汇率政策，认为这符合中国利益，也有利于中俄双边经贸关系的健康发展。此外，为了避免对外贸易中的汇率风险，中俄两国还提出本币国际化的发展战略。在 2008 年国际金融危机中，美元作为世界货币的一些弊端暴露无遗，引起中国、俄罗斯、巴西、印度等国家对改革国际货币体系的集体呼吁，在这种背景下推行本国货币的国际化战略也是渐进式改革国际货币体系的重要环节。

---

① 王志远：《关于中俄边境贸易的几点思考》，《俄罗斯中亚东欧市场》2009 年第 9 期。

俄罗斯启动卢布国际化战略较早，在普京任总统时期，他就认为俄罗斯的卢布应当具有国际化特征，为此俄罗斯开始推行卢布在经常项目和资本项目下的可自由兑换。普京在2003年国情咨文中提出："另一个重要的任务是实现卢布的可完全自由兑换。不仅在国内，而且在国外能自由兑换。不仅是经常性项目的自由兑换，而且是资本项目的自由兑换。俄罗斯过去曾拥有世界上最坚挺的最受尊敬的货币'金卢布'。'金卢布'的价值与其大国的地位是相符的。俄罗斯需要能够在世界市场上自由流通的卢布，需要与世界经济体系有坚强而可靠的联系。"① 普京在2006年的国情咨文中再次强调："卢布实际上的可兑换在很大程度上取决于卢布作为结算和储蓄手段的吸引力。我们在这方面还有很多事情要做，例如，卢布应该成为使用范围更广的国际结算手段，应该逐渐扩大自己的影响范围。"②2006年7月，比原计划提前了一年，卢布成为可自由兑换货币，卢布可自由兑换意味着届时政府将取消对俄罗斯境内所有资本出入的限制，企业家可以把自己的任何收益自由转到国外并兑换，外国资本也可以兑换卢布在俄罗斯证券市场上投资。与俄罗斯相比，中国在人民币可自由兑换方面则显得进展缓慢，为了维护国内金融市场的稳定，中国仅放开了经常项目下的货币自由兑换，意味着对外贸易中的结算货币可以兑换成人民币，但如果兑换人民币进行证券投资，则需要进行严格的监管。正是由于不具备证券投资功能，其他国家的金融机构和企业并不愿意大规模储备人民币，人民币在国际化方面仍然局限于对外贸易结算。因此，尽管中俄两国都重视货币的国际化发展，但在中国对俄出口贸易中，如果以人民币结算，就需要俄罗斯存储大量人民币，但缺少投资渠道却成为这一方案的最大阻碍。如果中国进口俄罗斯产品，也需要积累大规模卢布，尽管俄罗斯已经

---

① 〔俄〕普京：《2003年致联邦会议的国情咨文》，载《普京文集》，中国社会科学出版社，2008，第29页。

② 〔俄〕普京：《2006年致联邦会议的国情咨文》，载《普京文集》，中国社会科学出版社，2008，第287页。

放开资本项目下的货币兑换约束，但是俄罗斯证券市场的不稳定性对外国投资的制约作用非常明显。在这种情况下，中国与俄罗斯之间推行本币结算，只能通过中俄两国中央银行以签署货币互换协议的方式推动，缺乏内生的驱动机制，很难在对外贸易中大规模实施。

通过以上分析可以发现，尽管两国均希望在对外贸易中以本国货币代替美元，但大规模推行本币结算的制度性障碍仍然存在。俄罗斯需要进一步完善证券市场的监管，维护外国投资者的利益，才能使资本项目下卢布可自由兑换更具实际意义和可操作性。而中国则需要逐步放开资本项目下货币的自由兑换，以中国金融改革的现状看，资本项目的开放将是渐进式的改革。这说明，卢布与人民币之间通过美元形成的汇率仍然是当前对外贸易中极其重要的因素，短期内两国更应当共同维护这一汇率水平的稳定，避免汇率风险冲击外贸企业，影响中俄双边贸易向纵深发展。

（四）小结

中国和俄罗斯两国对外贸易中本币结算存在制度性约束，因此卢布与人民币之间的汇率水平仍然是当前双边贸易中需要密切关注的重要变量。通过比较中俄两国汇率决定机制，可以发现这两种货币兑美元汇率的主要变化规律和发展趋势，但通过美元形成的卢布兑人民币汇率仍然表现出不稳定的特征，这明显不利于对外贸易发展。在这种情况下，既需要中俄两国共同稳定各自货币的汇率水平，也需要两国提高远期交易、外汇期权等金融服务水平，还需要中俄两国中央银行通过货币互换的方式推动本币结算，尽管这种方式无法制度化和常态化，但却是防范汇率风险的最有效方法。

三 中国外汇储备的形成与管理

在中国改革开放进程中，外汇短缺曾经困扰着经济发展，一些国内短缺和需要进口的技术、管理经验和生产资料都显得极为稀缺和匮乏。

近年来中国外汇储备连年增长，已经超过日本成为世界第一大外汇储备国。高额的外汇储备代表着中国综合国力的增强，这不仅为继续扩大对外开放、在更深层次上参与国际分工奠定了坚实的基础，也为中国金融体制继续深化转型提供了强大的资金保证。但是，中国作为世界上最大的发展中国家，外汇储备的规模并非经济发展所追求的唯一目标，如何运用好如此规模的外汇储备，一直是摆在金融决策部门面前的重要课题。因此，深入研究我国外汇储备形成、影响以及相应的对策无疑具有很大的理论和现实意义。

（一）高额外汇储备的形成与影响

外汇储备是经济发展的必要条件，一定规模的外汇储备是提高国际支付能力、稳定货币汇率的重要保证，但外汇储备的规模过高也会对货币金融体系产生一定的不利影响。因此，衡量外汇储备的合理规模，并以此来作为讨论中国外汇储备是否过高的标准，是分析这一问题的首要条件。

在发达的市场经济国家，一般认为外汇储备如果作为国际支付手段，至少要有足够三个月到半年左右的进口额度，如果按照这一标准来衡量中国的外汇储备，那么其规模已经远远超过国际支付的需要了。国际货币基金组织曾经为发展中国家设立了另外一个外汇储备标准，由于一些发展中国家曾经发生过外债到期无法偿还的被动局面，甚至还出现过"拉美债务危机"这样的恶性事件，因此国际货币基金组织建议以需要偿还的外债规模来衡量外汇储备的多与少。当前，中国所面临的情况是，无论以进口支付来衡量，还是以外债规模来衡量，三万多亿美元的外汇储备都已经远远超过经济发展的需要，因此问题的所在并非外汇储备规模是否合理，而是外汇储备规模是否过高。

从稳定货币汇率角度看，考虑到当前人民币存在的压力主要表现在升值方面，中央银行干预外汇市场形成的是外汇储备的累积，而并非消耗。即使未来需要防止人民币贬值而消耗外汇储备，那么三万多亿美元的规模也足够发挥稳定汇率的功能了。但是，如果从货币危机的角度看，中国作为发展中国家，的确需要相当规模的外汇储备来作为安全阀和稳定器。在这方面，外汇储备的稳定汇率功能主要表现在当本国货币汇率受到冲击时，中央银行动用外汇储备对外汇市场进行干预，以保证本国货币的汇率稳定。众所周知的东南亚金融危机，爆发原因是索罗斯等国际投机资金连续抛售泰铢，导致泰铢汇率大幅度下挫，引发货币的大幅度贬值，进而爆发金融危机。当时泰国外汇储备规模只有 300 亿美元，使其在维护泰铢兑美元汇率方面力不从心，而国际游资看中的也正是这一点。1998 年，俄罗斯金融危机后，俄罗斯中央银行同样由于缺少外汇储备而放弃了对卢布汇率的干预，导致卢布大幅度贬值，众多投资者蒙受损失，极大地恶化了当时的经济环境。从这个角度看，外汇储备并不存在合理的规模，应当是越多越好。

需要特别强调的是，在泰国和俄罗斯汇率出现大幅度下挫之前，泰国和俄罗斯两国实行的都是相对固定的汇率制度。从以上货币危机和金融危机发生的经验来看，外汇储备的稳定汇率功能不仅是发挥干预外汇市场的作用，还要为本国货币发行和防止国际资本冲击提供强大的信用保证。东南亚金融危机的主要原因是国际资本对固定汇率制度的冲击，东南亚金融危机发生之后，亚洲国家普遍改革自身的汇率制度，由固定汇率制向浮动汇率制转变。这次金融危机的经验表明，在汇率浮动的条件下，国际资本对一国汇率的影响将大大弱化。同时，在浮动汇率制下外汇储备对于本国货币的干预作用也随之发生转变，其主要功能除了干预外汇市场以外，还具有为本国的货币发行和汇率稳定提供信心的功能。虽然随着我国人民币汇率形成机制改革稳步推进，汇率弹性不断增强、人民币汇率浮动空间将越来越大，抵御外来资本冲击的能力也不断增大，但仍然需要一定规模的外汇储备来维持人民币汇率的稳定。外汇储备对于国际资本具有一定的威慑力，并且能够对本国货币的发行信用起到很好的保障作用。从这个意义上看，合理规模的外汇储备对于人民币汇率的稳定、保证人民币发行信用、预防国际资本的冲击具有重要作用。

但是，如果从高额外汇储备形成的过程看，这仍然会对中国宏观经济产生一些负面影响，外汇储备已经成为了一把"双刃剑"。在中国国际收支平衡表中，外汇储备的形成主要有两个渠道：经常项目和资本金融项目的"双顺差"。一方面是外贸出口不断增大形成的创汇收入，其中扣除进口商品和服务所形成的外汇支付后，仍然存在巨大的外贸顺差；另一方面则表现为外资的进入，虽然中国还没有开放资本项目，但外商直接投资以及一些国际"热钱"的涌入，仍然使资本和金融项目下存在着外汇流入大于流出的顺差状态。由于世界经济发展不平衡的局面和我国的经济结构难以在短期内发生根本性转变，因此我国这种外资、外贸"双顺差"的现象也将随之持续，我国外汇储备的规模也必将继续增大。

因此，即使不需要对外汇储备规模做过多的探讨，其在形成过程中所出现的特殊经济现象也非常值得关注。中国曾经实行较为严格的外汇管制，当外汇不再稀缺后，虽然外汇管制逐渐放松，但都需要在中国外汇交易中心进行换汇。作为中国官方的外汇管理机构，中国人民银行以人民币购买美元形成外汇储备，同时外汇占款也成为中国货币投放的一个重要渠道。中国实行以市场供求为基础、有管理的浮动汇率制度，如果进入外汇市场的美元持续增多，那么人民币升值的幅度和速度都会空前的增大。显然，以中国目前的经济形势看，无论美国等西方国家怎样看待中国的汇率制度，都不能因为外在压力而放任人民币过快升值，中国人民银行只能以人民币不断在外汇市场购买超量的美元，这也使外汇市场成为了货币投放的主要阵地。因此，"双顺差"的经济特征直接造就了货币投放量持续增大，这种特征在最近几年表现得尤为明显。为此，中国人民银行不得不采取非常特殊的政策措施，一边在外汇市场上以人民币购买美元，一边又运用公开市场业务出售国债，对冲超量的货币投放。在这种对冲的货币政策操作中，曾经面临过"无券可卖"的尴尬境地，即央行所持有的国债都已经被用于对冲外汇占款。为此，在中国的货币政策操作中，央行票据也经常被用作应对货币超发，可以说这种相对被动的货币政策根源就在于"双顺差"的经济特征。

在汇率方面，中国自 2005 年 7 月 21 日实行人民币汇率制度改革以来，不再盯住美元一种货币，而是改为盯住"一篮子"货币，实行有管理的浮动汇率制度。由于我国外贸顺差的不断加大以及外资的持续流入，形成了外汇市场上的外汇超量供给，虽然中央银行在外汇市场上经常性地进行对冲操作以回笼人民币，但人民币兑美元的汇率仍然持续走高，人民币升值的压力不断增大。虽然中央银行对外汇市场的管理保证了人民币的稳定性，但并没有改变人民币的升值预期，近年来国际"热钱"通过各种渠道涌入中国，看中的就是人民币的升值潜力，希望通过汇差和利差获得投机收益。为了防范"热钱"流动对中国造成更大的影响，中国人民银行必须合理引导国际"热钱"的流入与流出，因此在货币政策操作中也存在一定的被动性。利率作为中国货币政策中的重要中介目标，是引导储蓄和投资的重要变量，并且由于利率市场化进程较慢，利率也被当做货币政策操作工具来使用。但在现实中，中国的利率水平的波动方向，经常与美联储利率运动保持大体上的近似，事实上这是在主动维护中美两国的货币收益基本相同，防止由于利差扩大而导致的国际"热钱"流动。这也是在人民币存在升值预期的情况下，中国为了促进外汇市场的供求平衡，而不得不做出的被动选择。即在人民币已经存在升值的预期下，由于汇率差额的存在，会吸引国际"热钱"，必须保证利息差额尽量的缩小，才能有效降低"热钱"涌入的规模和速度。这既给中国货币调控增加了难度，也使货币政策的灵活性和主动性大大降低。可见，过多的外汇涌入中国外汇市场，客观上也会给中国带来一定的不利影响。

尽管这样，中国仍然在相当一段时间里，存在着流动性过剩的现象，虽然外汇占款没有直接形成通货膨胀，但资产价格却呈现出逐年上涨的情况。曾经困扰中国的资金和外汇"两缺口"已经被充分弥补，并且影响经济平稳、健康发展的问题已经不再是短缺问题，而是由于快速增长的外汇所带来的流动性过剩问题。[①]

　　由于整体上的流动性过剩，商业银行普遍存在超额存款准备金，考虑到中国是世界上少有的给存款准备金发放利息的国家，商业银行存款准备金的快速增长虽然可以得到充分的解释，但这种较为特殊的现象既给中央银行调控货币增加了难度，也使商业银行贷款倾向减弱，大量的资金以存款准备金的形式滞留在金融体系中，还会产生隐性的通货膨胀压力。同时，商业银行还持有大量的央行票据，这意味着中国商业银行体系中有相当规模的资产处于低收益状态，虽然资产安全性相对较高，但无疑会降低整个金融体系的收益性，也直接导致中国商业银行的盈利能力弱化。另一方面，银行体系中的流动性过剩也产生了信贷扩张的内在冲动，中国曾经出现由于信贷资金快速增长所引起的固定资产投资过热的现象。当某一领域出现投资热潮时，在银行信贷的推动下，容易形成产能过剩，如钢铁、水泥、电解铝等行业所发生的产能过热，几乎都是在流动性过剩的背景下出现的，这种投资过热不仅会降低金融资源的使用效率，还会引发过度的能源消耗、环境污染，使经济结构调整面临更大的压力。

　　流动性过剩还促进了股票、房地产等资产价格快速上升，无论是股票市场，还是房地产市场，其背后都有货币超发的力量支撑。2006～2007年中国股票市场曾经迎来空前的投资热潮，股票总市值、价格指数、成交量等指标以惊人的速度上涨，而这期间恰好是中国外汇占款导致流动性过剩最为明显的时期。除了股票，过剩的货币资金也开始向房地产领域蔓延，开发商以土地作为抵押获得银行贷款，购房者再以按揭贷款的方式填补资金缺口，过量的信贷投放是住房价格持续上涨的重要推动力量之一。此后，尽管政府一再加大对房地产市场的调控，但由于流动性的过剩，住房价格始终难以控制，直到重点城市运用"限购、限贷"等综合措施后，房价上涨幅度才得到初步控制。

---

① 王志远、石薇：《我国流动性过剩问题探析》，《长白学刊》2007年第6期。

可见，高额的外汇储备尽管具有非常重要的功能和作用，但在其形成过程中毕竟是中国人民银行以人民币购买而来，同时所形成的外汇占款已经成为近年来中国基础货币投放的主要渠道，所引起的流动性过剩问题也给货币政策操作、商业银行经营、固定资产投资、股票和房地产价格产生了一些负面的影响，使中国经济结构调整、经济发展方式转变的难度空前增大。

（二）中国外汇储备的管理体制创新与改革

中国高额的外汇储备给管理体制提出了新的课题，也对确保国家外汇资产保值增值提出了新的挑战。一般来看，评价外汇储备的管理体制是否合理，主要基于储备资产的安全性、流动性和收益性三个方面。中国外汇储备一直以来的管理理念都侧重于安全性和流动性，对外汇储备的收益性要求并不高。中国中央银行持有外汇储备的资产结构具有以下几个方面的特点：相对于债权投资而言，外汇储备的股权投资规模较少；而在债券投资方面，主要集中在政府债务，很少投资于企业债券；即使在债券投资中，也基本投资于长期国债，流动性和收益性较好的短期国债很少问津。显然，随着中国外汇储备数量的上升，在保证外汇储备整体上的安全性和流动性的同时，应调整外汇储备的资产结构，增大股权投资、短期投资等高收益性投资项目的比重，以提高外汇储备投资的收益性。这是因为在制定外汇管理体制时，中国外汇储备还没有达到如此高的额度，为了确保外汇的国际支付功能和稳定汇率功能，必须确保外汇储备的安全性，也必须保证外汇储备的流动性。但是，在外汇储备已经达到如此空前的规模时，过度考虑安全性和流动性显然已经不符合现实要求了，如果从外汇储备结构安排看，只需要保留一部分外汇储备以安全性和流动性为标准，其余部分应当更侧重于流动性。

中国外汇储备中主要资产是美元和美国国债，如此单一的资产结构不仅增大了外汇储备所面临的汇率风险，随着美元的走弱，外汇储备的购买力会显著下降。但这里需要澄清一个问题，有很多人认为由于人民币兑美元持续升值，因此中国外汇储备存在着严重的缩水，即如果人民币兑美元汇率升值了20%，那么外汇储备就损失了20%。显然，这是一个严重的误解，外汇储备并不具备国内的购买能力，如前文所述，都是中国人民银行以人民币购买来的外汇，无法在国内直接用于消费或投资，因此不能以人民币与美元汇率来衡量外汇储备的汇率风险。外汇储备可用的途径在于国外，因此考察以美元和美元资产状态存在的外汇，需要以海外市场的购买力和投资能力衡量，即以美元在世界市场上的走势来衡量外汇储备的收益性和风险性。尽管这样，中国外汇储备单一的结构仍然亟待改善，从世界上发展中国家的外汇储备币种结构看，美元资产的比重已经从70%下降到60%，欧元资产的比重已经从20%上升到30%。[1] 可见大多数发展中国家已经调整了外汇储备的货币种类，适当增加了欧元在外汇储备资产的比重。而中国持有美元资产和美国国债的比重则早已超过了这一标准，仅美国国债一项在外汇储备中所占比重就在50%左右，再加上其他金融债券和企业债券等资产，中国事实上成为了美国在世界上最大的债权国。考虑到中国外汇储备中的主要货币种类是美元，大规模的外汇储备以美元或美元资产形态存在会增加外汇储备的汇率风险，如果美元出现持续贬值，或者美国债券投资收益下降，外汇储备资产也将面临着发生损失的风险。近年来，世界上大多数发展中国家已经调整了外汇储备的货币种类，适当增加欧元在外汇储备资产中的比重，但由于中国持有美元资产规模较大，如果中国用其他货币资产大规模替代美元资产会造成美元的大幅度贬值，而美元贬值反过来又会造成中国外汇储备的资产损失，因此中国只有通过微调的方法逐步增加外汇储备中的其他货币资产的比重，以达到优化储备资产结构的目标。

2008年金融危机爆发后，中国外汇储备面临着资产调整的空前难题：

---

① 张明、何帆：《美元贬值背景下外汇储备的结构调整》，《中国金融》2006年第20期。

一方面美国资本市场出现振荡，继续持有美国国债意味着风险加剧；另一方面，如果抛售美国国债同样也会影响到中国外汇储备的资产价值。作为美国最大的国债持有国，中国的外汇投资策略对于美国极其重要，为此美国财长屡次通过外交途径与中国协商，其目的就在于劝说中国继续持有美国国债。从资产投资角度看，如果中国继续持有美国国债，综合考虑投资回报和风险水平，都不是最为理想的选择。但从中美关系看，如果中国大规模出售美国国债，那么在中美两国经济外交关系上无疑将会发生非常严重的分歧，因此中国选择了继续持有美国国债，事实上为美国缓解金融危机困境提供了强大的支持。从短期看，这种储备资产投资选择具有合理性，但也提醒中国必须建立更加长效的外汇储备资产管理体制，以确保如此大规模的外汇资产能够发挥更加重要的作用。

在外汇储备投资管理方面，国际上已经具有较为成熟的管理模式和经验。例如，新加坡、韩国、挪威等国都对外汇储备进行积极管理，在确保安全性和流动性的条件下，尽量提高资产收益水平。这些国家都专门成立了由外汇储备投资形成的主权财富基金，并由专门的投资公司管理，拓展储备资产的投资渠道，合理规划投资周期，以提高外汇储备的投资收益水平。新加坡和韩国的外汇管理经验表明，组建由中央银行和外汇管理部门共同负责的主权财富基金（新加坡的 GIC 和韩国的 KIG），可以将外汇储备从中央银行的资产负债表中转移出来，既能够避免外汇占款引起货币超发，又可以提高中央银行货币政策的独立性和针对性。

为此，中国专门成立了中国投资有限责任公司（简称中投公司），专门运用外汇储备进行海外投资运行，以提高储备资产的收益性和影响力。但外汇储备不能用于财政上的无偿划拨，这种方法相当于直接减少了中央银行的资产规模，而由于购买外汇而发行的人民币并没有减少，其结果与中央银行直接向财政投资一样，这是《中国人民银行法》中严格禁止的行为。中国的做法是，由财政部发行特种国债，筹集人民币资金，然后向中央银行购买外汇，再以此来组建中投公司。财政部发行的国债对冲了国内的人民币规模，再通过购汇渠道将这部分货币回流到中央银行资产负债表中，从而起到配合中央银行管理外汇占款的作用。这样，外汇储备就被划分为两个部分：留在中央银行的，用于国际支付、维护汇率等传统功能；转移到中投公司的，则可以经营一些风险相对较高、收益性较好的海外投资产品。这种双层的外汇储备管理体制既能够发挥外汇储备的基本功能，又能够解决我国外汇储备投资收益偏低的问题。中投公司的成立，还为中国金融改革提供了强有力的支持，在合并了中央汇金有限责任公司后，中投公司已经成为中国国有商业银行的注资者，以外汇储备充实商业银行的资本金规模，并行使国有银行的出资人职责，为商业银行的进一步改革奠定基础。

此外，在中国如此大规模的外汇储备中，主要是由官方负责管理和运营，因而实施"藏汇于民"的措施就变得更加必要和重要。应当逐步放宽外汇储备的使用限制，扩大居民购汇和换汇的权限与额度，通过市场化的方式来消化中央银行持有的超额外汇，由国内企业、居民、金融机构等共同参与外汇市场的经营决策，既可以分散单一投资结构的风险，又可以活跃国内金融市场。但以中国目前的情况，外汇的投资渠道仍显得过于单一，缺少外汇资产和金融衍生产品，在人民币具有升值预期情况下，居民持有外汇的意愿并不高，这是影响"藏汇于民"政策实施的主要制约。以中国当前的情况看，短期内提高美元投资渠道难度较大，但可以加快另外一种储备资产在民间的持有规模，那就是黄金。中国外汇储备中，黄金所占的比重远远低于发达国家水平，美国、德国、法国都将黄金视为外汇储备中最为重要的资产，中国外汇储备的黄金比重亟待提高。以 2004 年为例，中国黄金储备为 1929 万盎司，价值总和仅占当年外汇储备总规模的 1.16%。[①] 但是官方持有的黄金储备很难在短期内迅速提升，因为过量的购买不仅会拉高世界黄金市场价格，而且也很难找到如此大规模的供应

---

① 《2005 年中国统计年鉴》，中国统计出版社，第 677 页。

商。因此，在"藏汇于民"政策无法大规模推行、黄金储备规模较小的情况下，实施"藏金于民"的方法无疑是最为直接的方案，也是改善中国外汇储备资产结构最为有效的方法。近年来，随着国内投资热情的逐步升温，中国民间购买黄金的热情持续高涨。2008年金融危机后，美国的量化宽松政策使美元汇率走弱，黄金价格也逐步攀升，在国际市场具有升值的预期下，中国黄金销售规模屡创新高。显然，黄金热潮的背后是强大的购买力，正是由于中国具有世界第一规模的外汇储备，中国在黄金市场上的购买能力才显著提高。无论是"藏金于民"，还是官方外汇储备增长，都有利于调整中国外汇储备的资产结构，改善外汇投资渠道，提升外汇管理水平和经验。

（三）高额外汇储备引发的深层次思考

从中国高额外汇储备所产生的原因看，经济发展长期依赖出口，国内消费需求显得不足，外资的过量涌入也给中国经济发展带来一定的负担，同时也暴露出中国企业海外投资热情不高等问题。这些问题不仅使外汇管理面临着较大的难度，因为外汇占款增多提高了货币政策操作的复杂性，而且也制约着中国经济结构调整、经济增长方式转变等发展战略的全面实施。

消费、投资和出口构成了拉动总需求、促进经济增长的"三驾马车"，但长期以来中国存在着内需不足的问题，尤其是消费需求规模亟待扩大和提高。由于中国社会保障覆盖面较小，教育费用、医疗费用、养老费用等因素促使居民消费行为过于谨慎，造成了中国特有的高储蓄现象，经济增长主要依靠投资和出口拉动。高额的外汇储备既是扩大对外开放战略的重要成果，同时也预示着存在过度依赖出口所带来的隐患。显然，牢牢抓住扩大内需这一战略措施，不仅有利于中国经济健康、可持续发展，而且也能够缓解外汇储备过快增长这一问题。同时，还需要鼓励国内居民和企业的进口，将外汇储备合理地用于购置生产资料、生活资料，提高中国经济发展和居民生活的整体水平，也是积极运用高额外汇储备的一项重要举措。

中国鼓励外商直接投资的优惠政策已经持续多年，其中包括的税收优惠政策，事实上造成了国内投资和外商投资之间的差别性，对于内资企业而言无疑具有一定的不公平性。吸引外资有利于填补国内短缺的技术，提高国内管理经验，并为中国产品拓展海外市场发挥良好作用。当前，中国已经成为世界上吸引外资第二多的国家，仅次于美国，在资本和外汇已经不再短缺的情况下，外资的进入已经不像改革开放初期那样重要和关键，而且一些外资企业进入中国主要考虑的是低劳动力成本，一些污染较为严重、能源消耗较大的产业也随之向中国转移，这显然不利于整体经济发展水平的提升。

在鼓励出口和利用外资方面，现有的高额外汇储备意味着当前的政策已经不应着眼于积累外汇，当由创造外汇转变为利用外汇之时，对国内企业应该提出新的要求，那就是立足于海外投资的"走出去"战略。中国企业大量从海外融资，再加上外资企业对中国的投资，正是这种资金流动方向造成了国内资金富余的状态。在国内储蓄相对过剩的情况下，如果外汇储备不足，那么多余的资金显然只能停留在国内，但是当外汇储备已经积累到一定规模后，国内过剩的资金可以通过换购外汇来进行海外投资，这种方式既能够缓解储蓄过剩所带来的负面影响，也是积极运用外汇储备的有效途径。因此，鼓励国内企业以外汇资本向海外投资，不仅有利于继续扩大国内企业的国际影响力，对于中国全方位、多层次、宽领域地参与全球分工也具有非常重要的促进作用。这种外汇使用方式不受资金规模的限制，而且能够带动中国企业扩大全球市场份额，事实上是未来中国外汇储备使用的最佳用途和方向。

（四）小结

中国已经积累了世界第一位的外汇储备，高额外汇储备是综合国力提高的具体体现，对于中国参与全球分工，扩大对外开放具有非常重要的作用。但外汇储备也给中国经济带来一定的负面影响，尤其表现在外汇管理难度增大、外汇占款增多等方面。为此，必须创新外汇管理体制，合理使用外汇储备资产，确保流动性、安全性和收益性的全面提升。高额的外汇储备也使中国进入了"藏汇于民"和"藏金于民"的全新发展阶段，企业在实施"走出去"战略时，也拥有了更加主动和多元的投资渠道，显然这些经济现象的背后是以高额外汇储备为支撑的，同时也是合理利用外汇的有效途径和手段，只有这样才能更加充分地发挥外汇资产的作用，尽量降低其负面影响，为中国经济发展提供强有力的外汇保障和资金支持。

四　俄罗斯能源发展战略与主权财富基金

能源产业是俄罗斯经济复苏的重要动力，进入 21 世纪后，在国际能源价格高企的背景下，依靠石油天然气出口，俄罗斯成功实现了经济的连续增长，重回世界强国行列。与此同时，经济发展对能源产业的过度依赖也引起了俄罗斯高层和学界的充分注意，力图防止俄罗斯陷入"荷兰病"的恶性循环之中。普京和梅德韦杰夫担任总统期间，都曾经针对这一问题提出俄罗斯能源发展战略。那么，俄罗斯究竟会不会陷入"荷兰病"的恶性发展模式？究竟怎样才能既发挥好能源的优势，又能有效克服其对其他经济产业所带来的负面影响？本文希望在回顾已有文献的基础上，对俄罗斯能源发展战略从全新的层面进行阐述和论证。

（一）文献的回顾与问题的提出

俄罗斯能源挑战的调整与变化，对于世界能源市场，特别是石油和天然气市场的走势，都会产生重大影响，能源不仅是俄罗斯经济腾飞的"金钥匙"，更是俄罗斯大国崛起的"利器"。[①] 也有观点认为，虽然能源

[①]　张红侠：《俄罗斯能源状况与能源战略探微》，《俄罗斯中亚东欧研究》2007 年第 5 期。

价格上涨是俄罗斯经济好转的条件，但更为关键的是俄罗斯实行了一系列"能源政策"和"经济干预"，实行与能源价格挂钩的出口关税和矿产开采税两项税种使财政收入显著增加，使俄罗斯经济自进入 21 世纪以来迅速增长。① 显然，能源在俄罗斯经济增长中的作用已经毋庸置疑，不仅如此，能源还具有提高俄罗斯国际战略地位的显著作用。有学者认为，俄罗斯的能源不仅具有经济功能，依靠能源基础开展能源外交已经成为俄罗斯能源战略中的重要组成部分。② 梅德韦杰夫担任总统时，对能源外交赋予了鲜明的特征，形成了俄罗斯能源外交学说，利用能源优势，俄罗斯已经在全球事务中显著提高了国际影响力。③

同时，俄罗斯依靠能源促进经济增长的"单引擎"模式也受到广泛关注。有研究指出，国际能源价格的持续走高，既为俄罗斯提供了走出"休克疗法"困境的途径，也给俄罗斯制造了非常隐蔽的"能源陷阱"。④ 还有学者对俄罗斯经济发展模式存在一定的质疑，认为产业结构畸形、过度依赖能源等问题使俄罗斯经济陷入原材料化的恶性模式中。⑤ 针对这一观点的反论则认为，俄罗斯"原材料化"主要原因在于近年来世界能源市场的价格飞涨，俄罗斯产业结构已经出现了积极的变化，关于"荷兰病"的论断并没有得到实际数据的有力支持。⑥ 另外一项实证研究同样证明，虽然俄罗斯无法摆脱对能源原材料部门的依赖，但无法找到确切的证据表明俄罗斯存在明显的"荷兰病"现象，该研究还提出了令人深省的观点：丰裕的自然资源到底会成为经济长期发展的福祉还是弊端，最终还是取决于政策，或者说取决于"人"的因素。⑦

---

① 殷红：《试析俄罗斯能源政策及其经济影响》，《俄罗斯中亚东欧研究》2007 年第 5 期。
② 黄河：《从国际政治经济学的视角看俄罗斯的能源外交》，《俄罗斯研究》2007 年第 5 期。
③ 高淑琴、贾庆国：《俄罗斯能源外交：理论学说的形成及发展趋势》，《东北亚论坛》2011 年第 2 期。
④ 陶海东：《基于俄罗斯能源经济下的"能源陷阱"分析》，《东北亚论坛》2011 年第 6 期。
⑤ 庄起善：《论俄罗斯经济增长的制约因素》，《世界经济研究》2003 年第 3 期。
⑥ 曲文轶：《资源禀赋、产业结构与俄罗斯经济增长》，《俄罗斯研究》2007 年第 1 期。
⑦ 韩爽、徐坡岭：《自然资源是俄罗斯的诅咒还是福祉？》，《东北亚论坛》2012 年第 1 期。

显然，对于俄罗斯这样一个资源丰裕的国家，利用好能源产业是其重要的经济发展战略。为此，俄罗斯以石油天然气出口收入创建了"稳定基金"，之后又拆分为"储备基金"和"国家福利基金"，以充分发挥好能源优势，支持经济健康、可持续发展。关于油气出口收入与财政收入之间的关系，俄罗斯学者曾经予以极大的关注，认为财政过度依赖能源产业不利于保持中长期预算平衡。[①] 因此，在国际能源价格高企时期，将油气出口的超额收入积累起来，对于保持政府财政收支长期稳定具有非常重要的作用。不仅如此，"稳定基金"还为俄罗斯抵御金融危机起到了"安全气囊"的作用，储备充沛的主权财富基金有效地发挥了平抑经济波动、减缓经济衰退、加速经济复苏、保障国家预算平衡、防范财政危机的积极功效。

鉴于已有的研究主要关注能源产业是否有利于俄罗斯长期经济发展，对于以油气收入创办主权财富基金的研究则更多基于财政平衡视角。但是仍然存在一个非常重要的问题，既然俄罗斯必须依靠能源产业带动经济发展是不争的事实，那么如何实现能源产业的可持续发展以及如何利用能源优势来提升整个俄罗斯的国家竞争能力，就成为一个极为现实和关键的问题，为此俄罗斯当局对主权财富基金赋予了非常重要的内涵和功能，但这点却令人遗憾地被现有的研究忽略了。为此，本文拟构建一个较为新颖的研究框架，对俄罗斯能源发展战略与主权财富基金之间的关系进行全新的解读，以便能更好地阐述俄罗斯能源战略的科学性与可行性。

（二）俄罗斯能源产业的"弱可持续发展"

关于能源产业的可持续发展问题，早在 1987 年布伦特兰向联合国提交的《我们共同的未来》报告中，就已经得到全面的阐释。按照报告的

---

① E. Шарирова, Что дает рента федеральному бюджету? —Анализ зависимости доходов российского бюджета от "нефтедолларов" //Вопросы экономики. 2004. №7. C. 50 – 60.

阐释，可持续发展的理念就是"既要满足当代人的需要，又不对后代人满足其需要的能力构成危害的发展"。① 那么，能源产业的可持续发展的关键问题自然是确保代际之间的公平使用。但是，对于石油天然气等不可再生能源而言，保持物理形态的代际之间平衡显然是无法实现的。不仅如此，在工业化时代，甚至在使用能源方面，还具有明显的挥霍特征。在人口发展历史中，世界已经进入了能源高消耗时期。"不能替代的能源是煤、石油和天然气，它们是生物有机体中的二氧化碳和水受太阳辐射而形成的，是'储藏起来的阳光'……现在我们正在大肆挥霍这些财富，当今人类在一年中所消耗的煤比在一万年左右碳化过程中形成的煤还多。"② 这说明，传统可持续发展理论上的能源发展战略是很难在现实中存在的，因为任何一个资源丰裕的国家都不可能放弃对能源的开发和利用，而这种利用本身就违背了"代际公平"的标准。

既然能源不可能维持物理形态的可持续发展，那么如果能够在经济价值上维持可持续利用，同样符合"代际公平"的标准，只不过这种公平更多是体现在经济意义上，而并非能源存储量。这种相对更加切实可行的发展路径，由于接近可持续发展的内涵，因此也被称之为"弱可持续发展"。按照这种能源利用的标准，寻找一种能够保持能源价值平衡的路径非常重要，也就是在"弱可持续发展"的约束下，如何确定能源开采节奏和频率，以确保当代人和后代人都能在经济意义上享受到资源所带来的效用。对于不可再生资源的可持续利用问题，从经济学视角看，最为著名的论著当属哈罗德·霍特林在美国《政治经济学杂志》上发表的《可耗竭资源的经济学》一文。他认为，在完全竞争条件下，如果资源的开采成本不变，那么只需要保证不可再生资源的租金能够随时间推移不断提高，就可以实现资源产业的"弱可持续发展"。此时，能源已经不再是有

---

① 世界环境与发展委员会：《我们共同的未来》，王之佳、柯金良等译，吉林人民出版社，1997，第52页。

② 〔意〕卡洛·M. 奇波拉：《世界人口经济史》，商务印书馆，1993，第42页。

形的物资，而是作为一种经济意义上的资产，当这种资产的单位产出不断增加，就意味着，即使能源总量在减少，能源总体价值也能够保持不变或增长，这样，经济意义上的"代际公平"就能实现，这种发展路径也被称为霍特林规则。

如果将霍特林规则进一步数学化，单位能源的当前价格为 P_0，未来第 t 年的价格为 P_t，年贴现率用利率 i 表示，则在霍特林规则下，两者之间的关系应当是 $P_t = P_0 (1 + i)^t$。此时，再将时间无限细分，那么 $P_t = P_0 (1 + i/n)^m$，对 n 取极限后可得 $P_t = P_0 e^{ti}$，取对数、再求导后可得能源价格增长率 $P = i$。这样，我们就可以获得霍特林规则下理论上的能源发展战略的最优增长路径。可以这样认为，即能源价格如果能以利率的速度增长，那么资源作为一种经济资产的总体价值就可以保持，也就能够保证能源在代际之间的经济平衡。虽然霍特林规则的假设条件过于苛刻，很难在现实中完全成立，例如需要保证能源在各个时期的贴现率相同，能源开采成本保持不变，并且成本相对于能源价格而言，可以忽略不计，等等。但是，这却为能源产业发展提供了一条重要的思路，即将能源产业的收入投入到技术、人力资本、设备等方面，保证能源的使用效率不断提高，进而提高单位能源的经济价值，那么能源战略应当就是成功的。

按照这样的思路，对于俄罗斯这种资源丰裕的国家，尽管石油和天然气储量均位居世界前列，但能源产业的可持续发展问题仍然受到了俄罗斯高层和学界的高度重视。按照霍特林规则，我们可以从更深的层面讨论俄罗斯是否会陷入"荷兰病"模式。20 世纪 80 年代由科登和尼瑞提出的"荷兰病"模型给所有过度依赖资源出口的国家敲响了警钟。[1] 其中的逻辑在于，资源型国家如果单纯依靠能源出口，那么汇率上升会给其他制造业出口带来影响，同时资源所带来的收入水平提高又使劳动力成本大幅度

---

[1] Corden, W. M., and J. P. Neary. 1982. "Booming Sector and De-industrialization in a Small Open Economy", *Economic Journal December*, December 1982.

上涨，这样资源产业往往会对其他产业造成挤压，使经济陷入不得不更加依赖能源产业的恶性循环。俄罗斯经济发展模式确实与"荷兰病"有些相似之处，石油和天然气出口给俄罗斯带来了大量的税收和外汇收入，但也提高了卢布的汇率，卢布的升值给非能源产业的出口带来了更大的困难，尤其是可贸易的制造业。而且汇率的上升使进口商品更具有竞争力，从而压制了俄罗斯实施进口替代的可能性。受能源部门高工资的影响，其他产业劳动力成本也逐渐提高，这无疑降低了俄罗斯非能源部门的发展能力。但是如果从"弱可持续发展"角度看，这些过程中的关键问题在于俄罗斯能否提高制造业的生产效率，以抵消汇率升值和劳动力成本上涨所带来的负面影响。那么，霍特林规则所诠释的发展路径就应当是俄罗斯所必须选择的战略，俄罗斯必须依靠能源产业带动全社会技术水平、人力资本和生产效率的全面提升。

俄罗斯并非没有注意到能源产业发展的负面效应，在俄罗斯能源发展战略中，已经包含了如何利用能源促进其他产业竞争能力提高的内容。这样看来，普京和梅德韦杰夫担任总统期间所提出的发展战略，已经包括了能源产业"弱可持续发展"的思路，只不过提法还没有这般明确而已。普京早在刚担任代总统时，在他发表的《千年之交的俄罗斯》中就已经对俄罗斯整体国家竞争能力表示出忧患，他认为提高经济效益的办法在于利用知识、科学和技术潜力。[①] 此后，普京又更加明确地提出应当发展创新经济战略，而此时已经是俄罗斯能源产业发展最为迅速的时期。虽然很多学者认为创新经济是针对于经济过度依赖能源产业而提出的，但事实上能源产业恰恰能为创新经济提供有效的支撑，并且这种发展战略能够在最大限度上避免"荷兰病"。再通俗些讲，就是能源发展到一定阶段后，俄罗斯才具备了"弱可持续发展"的条件，也正是在这样的时间节点上，普京提出了"创新经济"发展战略。梅德韦杰夫担任总统期间，在他那

---

① Россия на рубеже тысячелетий，http：//www.ng.ru/politics/1999－12－30/4_ millenium. html.

篇影响非常广泛的文章《前进！俄罗斯》中，提出了俄罗斯"现代化"发展战略，他认为："我们出售的产品并不是我们自己生产的，如原材料或进口产品，俄罗斯的制成品之所以不受欢迎主要是因为竞争力极差……应该由非原料交易来确认俄罗斯人的命运。"[①] 显然，俄罗斯的创新经济发展战略与"现代化"发展战略都提到了应该重视国家整体经济能力的提高，这种发展模式虽然旨在改善资源型经济发展模式，但需要能源产业的发展予以支撑。事实上就是以能源收入为基础，加大技术和人力资本投资，提高国家竞争能力，这样既可以提高能源开采效率，也可以保证能源使用效率的提高，如果能够保证能源价值与社会平均利率以同样的速度增长，那么地下储藏的能源总价值就能够得以保持，确保代际之间公平的"弱可持续发展"路径就能够实现。

如图 2-4 所示，俄罗斯能源产业的发展尽管会给其他产业造成一定的负面影响，甚至会出现初期的"荷兰病"特征，但其中的关键在于能否实现全社会人力资本水平的提高以及国家整体竞争能力的提升。因此，"创新经济"和"现代化"发展战略都离不开能源产业的支撑，必须将资源型财政收入善加利用，才能实现普京和梅德韦杰夫的战略设想。这既符合理论上的"弱可持续发展"理念，也是当前俄罗斯的主要发展战略。只有按照这一思路进行解读，俄罗斯能源发展趋势才能更加清晰地展现在我们面前。而俄罗斯的主权财富基金将在其中发挥非常重要的作用，这也是下面我们将要着重分析的内容。事实上，"荷兰病"的发生，与资金的错误配置有着很大的关系，如果能源收入中的很大部分被用于补贴低效率产业，这实质上是对落后产业的保护，资金错配不仅会影响经济发展，而且会对教育、科学、技术等领域产生挤压，导致经济创新受阻。[②] 因此，必须有一个能够引导资金从能源领域向其他领域转移的专门基金，这也是

---

① Дмитрия Медведева, Россия, вперёд! 10 сентября 2009 года.

② 程志强：《资源诅咒传导机制的研究述评》，《经济理论与经济管理》2010 年第 2 期。

"弱可持续发展"中的操作环节，这样能源产业的发展非但不会影响其他产业，反而会成为整个国家经济发展的基石。我们可以按照这样的思路来分析俄罗斯能源战略与主权财富基金的关系，油气出口给俄罗斯带来了高额的外汇收入，这部分收入中又有相当部分以资源税的形式进入了财政渠道，而主权财富基金正是依靠这些具有财政性质的外汇收入建成的，主权财富基金就是俄罗斯能源战略贯彻落实中的一个重要"抓手"。

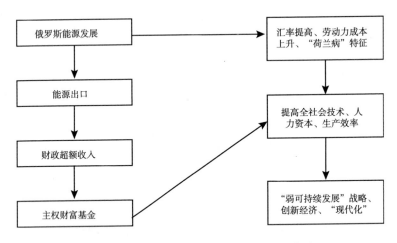

图 2－4　俄罗斯能源"弱可持续发展"战略

（三）俄罗斯主权财富基金的功能与作用

俄罗斯主权财富基金创建于 2004 年，最初的目标是将石油高额收入储蓄起来，即对布伦特原油价格超过 20 美元（后调整为 27 美元）的部分征收超额税，防止国际油价下降给俄罗斯财政稳定带来风险。此后，由于国际油价持续上涨，"稳定基金"很快就超过了最初 5000 亿卢布的设定规模，俄罗斯开始拓展稳定基金的功能，用于补充养老金、偿还外债等。尽管这样，此时稳定基金的作用仍然局限于财政和预算领域，仅仅是稳定基金的规模超出了预期，所发挥的作用也随之有所扩大了。

俄罗斯能源税收的增长速度超出了决策层的预料，制定正确的能源发展战略也自然成为了首要的任务。一直以来，对于俄罗斯能源发展存在着一个误解，很多人认为正是由于能源产业的快速发展，才引起了理论界和决策者的高度关注，进而开始改变能源产业的发展轨迹。但正如前文所述，其实早在普京担任代总统期间，俄罗斯的国家竞争能力问题就已经得到了充分的重视，这显然不是在能源产业高速发展后才出现的关注。事实上，正是能源产业的快速发展，才给俄罗斯带来了提高国家竞争能力的前提。2001～2005 年，来自矿物原料的包括关税的税收（原油出口关税在 2005 年已经提高到每吨 179.9 美元）从 2001 年的 497 亿卢布增加到 2005 年的 21811 亿卢布。① 经过这段时间的资金积累，俄罗斯经济发展开始从被动转向主动，在经济发展战略上，自然也就出现了更多的选择。而此时利用能源所积累的资金，促进整个国家竞争能力的提高，才具备了基本的先决条件。

此时，俄罗斯已经具备了实行全新能源发展战略的资金条件，随之而来的就是重新定位主权财富基金的功能和作用。2007 年，就在"稳定基金"如日中天的时候，普京在当年的国情咨文中提出要拆分主权财富基金，分为"储备基金"和"未来基金"，前者仍然执行稳定财政收入的功能，采取稳健的投资办法，后者则可以实行高风险、高收益的投资策略，目的是为了保证能源收入的代际公平。2008 年，普京的设想得以实现，运作了四年的"稳定基金"被拆分为"储备基金"和"国家福利基金"。拆分后的"储备基金"主要目标在于：跨期平滑国家财政收入、帮助中央银行分流外汇储备、预防国家社会危机、支持国家发展战略。② 虽然在内涵上较之前的"稳定基金"有所扩大，但"储备基金"并没有改变其根本的性质，仍然属于世界上较为普遍的主权财富基金运作模式。

"国家福利基金"就是普京在国情咨文中提出的"未来基金"，其含

---

① С. Кимельман, Проблема нефтегазовой ориентации экономики России, //Вопросы экономики. 2006 №4. C. 56.

② 童伟：《抵御经济危机的国家安全气囊——俄罗斯财政预算稳定机制分析》，《俄罗斯中亚东欧研究》2010 年第 4 期。

义在于依靠基金改善后代和当代人的福利。这种主权财富基金模式并非俄罗斯首创，世界上很多具有资源型财政的国家都设立了以资源收入为主要来源的主权财富基金。按照基金的使用方法划分主要有两类：一类主要是保持政府预算的长期稳定，另一类则属于储蓄型后代基金，是为了保障子孙后代的经济利益。[①] 显然，俄罗斯拆分后的主权财富基金，就是按照这两种模式分别设立的，也是希望主权基金拆分后能够更加准确的定位，发挥更加强大的功能。根据 2007 年 12 月 17 日颁布的关于石油天然气收入支付和使用规定，所有的石油天然气收入分为三个部分：收入首先纳入联邦财政的"石油天然气转移支付"，2008 年确定的额度为 GDP 估计值的6.1%；此后再将多余收入转到"储备基金"，预计规模为当年 GDP 估计值的 10%；剩余部分则纳入"国家福利基金"。[②] 从这种能源收入分配方案可以看出，"国家福利基金"实质上是超额收入中的超额部分，因此在投资方面可以追求高收益。而从另外一个角度看，这种收入事实上也是能源收入中可以用来维持代际公平的超额利润。这也印证了本文提出的观点，俄罗斯并非不想改变能源发展战略，只是早些年能源产业刚刚得到发展时，不具备如此有利的资金条件而已。"国家福利基金"建立之初主要用于填补养老金缺口，这项看似仍然保证当代人福利的措施，实质上是在为后代人减轻负担。而且，普京已经明确表示要用"国家福利基金"进行大型社会性投资，"国家福利基金"也开始尝试向政策性的金融机构和投资机构注入资金，这些将作为提高人力资本、技术水平的重要经费。当"国家福利基金"达到一定规模后，养老金缺口基本填充完成，那么必然会有更多的资金投向社会性投资，这也是未来"国家福利基金"的主要发展趋势。

但 2008 年国际金融危机的爆发，打乱了俄罗斯主权财富基金的原有计划。"储备基金"在应对金融危机方面发挥了非常重要的作用，对于稳

---

① 傅志华：《资源型财政及其预算稳定基金：国际经验与启示》，《财政研究》2005 年第 9 期。

② 殷红：《俄罗斯"国家福利基金"的建立及启示》，《俄罗斯中亚东欧研究》2008 年第 3 期。

定金融市场、防止汇率波动、控制财政风险起到了至关重要的作用。但另一方面，由于国际油价下降，"国家福利基金"受到了很大的影响，作为石油天然气收入的"最超额"部分，"国家福利基金"的功能明显受到了抑制。在这种情况下，"弱可持续发展"中的社会性投资自然也就无暇顾及了。从后危机时代俄罗斯经济发展形势看，"国家福利基金"长期发展目标不会改变，仍然是维持代际公平的稳定器，也是确保俄罗斯能源战略能够健康可持续发展的重要保证。如果能源收入增长缓慢，那么"国家福利基金"只能将有限的资金用于填补养老金等社会福利；如果俄罗斯能迎来新一轮的能源发展高峰，那么"国家福利基金"收入必然会大幅度增长。那时，用于保证能源经济价值平衡的发展模式将更加清晰地展现在俄罗斯经济发展的蓝图中。从主权财富基金如此重要的功能看，俄罗斯不会放松对能源企业的管理和干预，因为能源已经不再是单纯追求收入和利润的产业，而是整个俄罗斯经济发展战略中的关键环节。普京曾经以非常强硬的态度对待尤斯科石油公司事件，甚至引起了俄罗斯关于产权保护的广泛讨论，其中缘由就在于，能源不仅是维持俄罗斯经济增长的命脉，而且也是维系俄罗斯国家竞争能力、社会生产效率、人力资本水平全面提升的基础。因此，当时在风口浪尖上的普京仍然非常明确地表示："俄罗斯不会放松国家对国有能源企业的控制。"① 毕竟，能源产业是主权财富基金的收入来源，如果失去了国家对能源企业的干预和控制，俄罗斯将会失去改变经济发展模式的"抓手"，能源发展就很难走到科学性和可操作性的良性轨道上来。

（四）结论

近年来，主权财富基金在全世界兴起，很多新兴经济体国家都创建了主权财富基金。尽管最受好评的当属新加坡的淡马锡控股公司，由于其在

① 〔俄〕普京：《把能源掌控在自己手中》，《经济参考报》2006 年 7 月 20 日。

全球范围内进行多元化的投资组合，促进国家外汇储备的保值和增值，成为了主权财富基金的典范，但这种模式也并非被所有国家所采纳，其中最为关键的因素在于主权财富基金的收入来源有所不同。

从主权财富基金的来源看，俄罗斯是利用资源出口收入创建的"储备基金"和"国家福利基金"，因此除了国际上较为普遍的功能外，还肩负着能源发展战略的重要使命，使其能够沿着"弱可持续发展"的路径前进。中国、韩国、新加坡等国家的主权财富基金主要源自国内的高储蓄，因此产出扣除消费和投资后，必然会出现大幅度的贸易顺差，如此所形成的主权财富基金更多的意义在于如何保证国家外汇储备保值增值。而俄罗斯的主权财富基金却不仅具有以上功能，虽然最初设立"稳定基金"的目的在于平抑国际油价波动所造成的影响，但由于油气出口收入的大幅度增长，"稳定基金"的功能与作用也随之发生了拓展和延伸。在将"稳定基金"拆分为"储备基金"与"国家福利基金"后，能源发展战略与主权财富基金的关系已经非常清晰地呈现出来。"储备基金"代替了原"稳定基金"的职能，而"国家福利基金"则用于改善居民福利、维护代际公平、纠正能源产业所带来的负面影响，以社会性投资的方式提高国家整体竞争能力。国际金融危机爆发后，俄罗斯能源外汇收入受到了很大影响，"国家福利基金"作为能源超额收入中的一部分，其功能也受到了限制。当前，"国家福利基金"最主要的作用仍然是填补养老金缺口，但当这一任务完成后，更具战略性特征的投资将会成为其主要任务，这既是主权财富基金的未来发展趋势，也是俄罗斯能源战略中的重要组成部分。

从俄罗斯主权财富基金的改革看，对于中国来说，并没有直接的借鉴和启示意义。近年来，中国外贸、外资的双顺差为中国积累了世界第一位的外汇储备。为此，中国也成立了中国投资有限责任公司，专门以外汇储备进行海外投资，发挥着主权财富基金最为主要的功能。但中国设立主权财富基金的基本根据在于提高外汇储备的收益性，减缓外汇储备造成的中央银行超量货币发行。有研究表明，中国持有美国国债的收益率仅为5%左右，而这笔资金回流到美国后，如果以外商直接投资的形式再进入中国，则平均收益率可以达到22%。[①] 显然，长期持有美国国债，即使不考虑美元贬值因素，也存在着很大的机会成本。因此，中国借鉴了新加坡和韩国的经验，专门成立了中投公司，以提高外汇储备的收益性，这是中国主权财富基金设立的根本原因。

综上所述，我们可以得出这样的结论，那就是主权财富基金的资金来源，决定了主权财富基金的使用方向，资源型的外汇收入决定了俄罗斯主权财富基金的投资方向必须为能源发展战略提供支撑，而中国则更多地考虑外汇的收益性以及货币政策的主动性。

[①] 张明：《主权财富基金与中投公司》，《经济社会体制比较》2008年第2期。

第三章
转型国家应对金融危机

  2008 年国际金融危机爆发后，俄罗斯和中东欧国家成为了受冲击较为严重的地区，这种现象与其金融体制有着深刻的关系，虽然金融危机的表现形式有所不同，但从中却可以总结出转型国家在应对金融危机方面的特征和启示。中国在这次金融危机中显得与众不同，金融体系并没有受到太大的冲击，挽救实体经济成为了宏观调控的主旋律。但是对于中国而言，应当更多注意到世界经济格局与国际经济秩序变迁的大局，在日益复杂的大国博弈中占据主动，提升国际话语权，为参与全球化竞争创造更加理想的外部条件。

一　俄罗斯两次金融危机的比较分析

  国际金融危机使俄罗斯经济遭到了巨大的冲击，在不到一年的时间里，经济从增长迅速转为衰退。2007 年是俄罗斯经济连续增长的高峰，经济总量等指标都出现了大幅度提升，2008 年上半年俄罗斯经济也保持着增长，在石油、天然气等能源出口的带动下，俄罗斯经济发展势头强劲。2008 年美国金融危机引发了全球性的国际金融危机，俄罗斯金融部门和实体经济都遭受了极大的冲击，金融市场从动荡走向危机，实体经济出现了大幅度衰退。为了应对金融危机，俄罗斯连续出台了一系列反危机措施，以挽救金融市场和实体经济，但是从俄罗斯宏观经济政策的效果看，作用并不明显，金融危机将会对俄罗斯产生更为深远的影响。因此，有必要对金融危机中的俄罗斯经济进行系统的分析，并回顾 1998 年俄罗斯金融危机的演变历程与发展特征，以寻找俄罗斯这样一个转型国家经济发展中的深层次矛盾，为理论研究提供借鉴和启示。

（一）国际金融危机对俄罗斯的影响

美国金融危机爆发之后，起初对俄罗斯的影响仅限于证券市场的范围内，尽管当时商业银行和大型能源企业有需要偿还的外债，但并没有形成真正的外汇资金短缺现象，普遍认为俄罗斯的外汇储备和能源出口创汇能力能够给经济提供足够的支撑，确保俄罗斯在这次国际金融危机中的经济安全。因此，俄罗斯当局也没有立即采取调控金融市场的有效措施。但是随着美国雷曼兄弟银行的破产清算，引起国际金融市场的恐慌，这种情况很快就蔓延到俄罗斯金融市场上，有价证券价格开始出现大幅度缩水。更严重的是，商业银行和大型能源企业普遍面临偿还外债的问题，金融危机后卢布汇率大幅度贬值，原本处于安全状态的外债变成了严重影响俄罗斯经济安全的潜在因素。2008 年 9 月，在短短几天的时间里，俄罗斯银行间同业贷款利率上升了 100 个基点，银行间货币市场基本处于瘫痪状态，股票市场在 9 月也出现了大规模的抛售，直到当年 11 月股票指数才在政府的干预下出现小幅度回升。[①]

俄罗斯在 2008 年前三个季度仍然保持着 7.5% 的经济增长速度，但是金融危机爆发之后，俄罗斯经济持续下滑，经济衰退迹象异常明显。按照俄罗斯经济发展部的统计数据，2009 年第一季度经济衰退幅度高达 9.5%，预计全年经济都将处于衰退状态中。[②] 这次金融危机使俄罗斯出

---

① 郭连成、米军：《俄罗斯金融危机的演变与发展特点》，《国外社会科学》2009 年第 6 期。
② 俄罗斯经济发展部网站：http://www.economy.gov..ru/。

现了自 20 世纪 90 年代以来最大的经济衰退，我国学者认为俄罗斯 2009 年全年经济衰退的实际幅度应当在 5% 左右。[①]

俄罗斯金融危机还引发了严重的社会危机，随着危机在实体经济中不断蔓延，居民购买力低下、失业增加、贫困等问题更加突出，国内需求出现了萎缩。尽管俄罗斯也相继出台了促进劳动力就业、提高失业补贴等临时性的社会救助措施，但是这些措施在危机面前并没有取得显著的效果，仅仅是在一定程度上缓解了金融危机对俄罗斯居民生活的影响而已。

（二）1998 年俄罗斯金融危机的回顾

全球金融危机全面爆发以来，作为"金砖四国"之一的俄罗斯一直饱受金融危机的影响，失业人员猛增、卢布汇率大幅度下跌。这不由得让人想起十年前俄罗斯爆发的金融危机。而俄罗斯从 1998 年金融危机的阴影中走出后，在普京的领导下实现了经济的快速发展，似乎表明对于俄罗斯来说，金融危机不仅仅是重大的挑战，还是经济调整的重要机遇。显然，历史不可能重演，1998 年金融危机的经验并不意味着今天的俄罗斯也能够轻易地从危机走向繁荣。但是，有必要对这两次金融危机进行比较，以正确评价俄罗斯应对危机的政策措施，总结俄罗斯金融危机爆发的深层次原因。从 1998 年 8 月爆发的金融危机的根源上看，俄罗斯的财政状况是这次金融危机爆发的根本原因，当时正是由于大规模的财政赤字，俄罗斯金融市场才出现危机。

1998 年金融危机爆发之前，由于"休克疗法"所带来的负面影响，俄罗斯国家财政赤字严重。为了弥补财政赤字，俄罗斯联邦不得不通过发新债、还旧债的方式维持政府支出。1995 年 5 月俄罗斯财政部和中央银行开始发行政府短期国债，为了在通货膨胀中提高国债的吸引力，国家给

[①] 田春生：《国际金融危机对俄罗斯经济影响程度的判断》，《贵州财经学院学报》2010 年第 1 期。

予投资者很高的回报率，1995 年为 168%，1996 年为 86.1%（扣除通货膨胀后实际利率为 37% 和 64%）。[①] 之所以制定如此高的国债利率，是为了激励商业银行和外资等金融机构持有国债。但是，发行国债并没有改善俄罗斯的财政状况，不断恶化的财政状况使国债在金融市场上被抛售，金融机构对购买国债所要求的利率水平也不断提高。在这种情况下，俄罗斯政府陷入了难以逆转的两难境地，如果继续发行短期国债必然要提高利率，财政状况无力承担；如果停止国债发行，则原来发行的国债就没有资金偿还，国债在金融市场必然会继续被抛售。俄罗斯在无奈之中选择了后一种方法，在"8·17 联合声明"中宣布停止兑现 1999 年以前到期的国债，将 1999 年 12 月 31 日前到期的国债转换为 3~5 年的中期债券，金融市场上持有国债的金融机构都陷入了困境，国内金融市场开始出现危机。

俄罗斯在以国债的高利率在证券市场上吸引投资的同时，阻碍了企业获得融资的渠道，使俄罗斯"金融脱媒"的现象非常严重。在间接融资方面，国内形成的储蓄资金没有通过银行机构配置到企业部门，企业普遍面临资金短缺的问题。在直接融资方面，由于大量的国债发行，使俄罗斯金融市场成为了联邦政府融资的场所。金融危机爆发之后，商业银行的亏损又进一步加剧了企业的融资困境，企业贷款的难度大大提高，对俄罗斯实体经济的影响十分巨大，这种情况对于资本金不足的中小企业影响尤为严重。这种"金融脱媒"的现象使金融危机逐步由金融层面传导到实体经济，大量企业因为资金短缺而破产，失业和通货膨胀也随之而来。

金融市场的危机还影响到俄罗斯的外汇市场。俄罗斯引进了大量的外国投资，在俄罗斯证券市场中占据了重要地位。1998 年，外资在俄罗斯股票市场所占的比重达到 60%~70%[②]，甚至电力、石油、天然气、电信等自然垄断行业的公司股票也转让到外国投资者手中。1998 年 1 月 1 日

---

① 陈新明：《俄罗斯经济转型与国际货币基金组织》，《当代世界与社会主义》2002 年第 2 期。

② 刘军梅：《从产权结构与金融相关比率看俄罗斯金融发展》，《复旦学报（社会科学版）》2006 年第 4 期。

俄罗斯对外资开放国债市场之后，受高额利息的吸引，外资大量投资国债，占整个国债投资总额的30%。财政危机引起金融市场崩溃，外资大量抛售资产后撤离，外资流出对卢布的汇率形成了很大的压力。当时俄罗斯的外汇储备无法给外汇市场提供足够的支持，被迫放弃卢布的"外汇走廊"制度①，卢布汇率随之开始大幅度下跌。在不到一个月的时间里，卢布兑美元的官方牌价由6.43∶1贬值到20.825∶1（1998年9月8日），1998年底卢布兑美元汇率仍然维持在20.65∶1。②尽管汇率在1998年下半年得到了一定控制，但这使俄罗斯付出了巨大的代价，金融危机使俄罗斯对外债务猛增。俄罗斯外债在1998年增长了220亿美元，总额达到550亿美元，如果再加上苏联时期尚未偿还的950亿美元外债，1998年底俄罗斯外债总额达到1500亿美元，相当于当年俄罗斯GDP的64%。③

（三）俄罗斯两次金融危机的差异性分析

2008年下半年，受美国金融危机的影响，俄罗斯银行体系受到了严重的影响，企业破产和失业与日俱增，似乎十年前的金融危机再一次光顾了俄罗斯。但是从两次危机的形成、发展来看，2008年的金融危机更具有世界性特征，对实体经济的影响更大、持续时间更长，俄罗斯政府在金融危机中所扮演的角色也完全不同。

外部经济环境的恶化是俄罗斯2008年金融危机爆发的根源。十年前，亚洲金融危机爆发在一定程度上影响了俄罗斯的经济，但并不是俄罗斯金融危机的根本原因，亚洲金融危机仅仅是俄罗斯爆发危机的一个导火索。2008年俄罗斯金融危机的根本原因是由美国次贷危机所引发的世界金融

①　"外汇走廊"：俄罗斯1995年宣布的汇率制度，1998年1月1日改用新卢布（以1∶1000兑换旧卢布）之后，与美元汇率定为6.1∶1，并规定卢布汇率上下波动幅度不得超过1.5%，尽管卢布上下浮动仍然由市场决定，但目标汇率区域由中央银行决定，"外汇走廊"制度实质上更接近于固定汇率制度。

②　王联：《1998年俄罗斯金融银行业危机回顾及前景展望》，《国际金融研究》1999年第2期。

③　李中海：《俄罗斯外债：经济增长背景下的隐忧》，《东欧中亚研究》2002年第4期。

危机。2008 年 9 月 15 日美国雷曼兄弟银行正式宣布倒闭，随后的 9 月 16 日俄罗斯金融市场就受到了影响，俄罗斯银行和企业的股票市值大幅度缩水，外国投资者纷纷从俄罗斯证券市场撤离，抛售股票和债券。外资撤离使卢布汇率一路下滑，这更是加剧了俄罗斯金融危机的严重性。由于卢布贬值，进口商品变得更为昂贵，引起了国内生产资料和消费品价格的结构性上涨。之所以认为价格是结构性上涨，是因为石油和石油产品的价格一直处于下降的趋势。与 2008 年俄罗斯的通货膨胀相比，1998 年的通货膨胀明显产生于内部原因，当国债无法按期偿还时，中央银行发行了过多的卢布，货币供应量的增长引发了通货膨胀。

十年前，金融危机表现为金融体系的崩溃，对企业的影响是通过银行传导的，企业由于无法获得贷款而被迫停产。而 2008 年这次金融危机则同时对金融部门和实体经济产生了影响，尤其是对大型的能源生产企业。在 2008 年俄罗斯金融危机爆发后的一周，9 月 24 日俄罗斯天然气工业公司、卢克石油公司、俄罗斯石油公司和 HK-BP 石油公司负责人联名致信俄罗斯总理普京，请求政府提供贷款，用于向西方银行偿还贷款，还希望普京责成财政部和中央银行建立战略性注资的机制。[①] 这些大型企业之所以这么快受到金融危机的影响，是因为从西方银行获得的大量贷款是以企业股权作为抵押的。金融危机爆发之后，受能源价格下降的影响，这些能源型企业的偿债能力明显弱化。这就意味着，如果不能按时偿还贷款，就必须以股权偿还贷款，企业股票价格大幅度下跌又为西方银行收购俄罗斯企业股份提供了最好的机会。值得注意的是，这些公司在俄罗斯能源领域的影响举足轻重，俄罗斯 91% 的天然气和 70% 的石油是由上述四家公司生产的。俄罗斯的银行体系在这次危机中同样受到重创，大量的贷款无法收回，形成坏账，并且普遍面临流动性不足的困难。

俄罗斯在这次世界金融危机中处于被动的地位，只能寄希望于世界经

---

① 张光政：《金融危机冲击俄罗斯》，《人民日报》2008 年 10 月 13 日。

济的整体好转，这也决定了俄罗斯应对金融危机的长期性和艰巨性。十年前的金融危机引发了卢布的大幅度贬值、国内的通货膨胀。但卢布的贬值促进了俄罗斯产品的出口竞争能力，能源出口更是成为了俄罗斯经济的主要增长点，在国际能源价格一路上涨的情况下，俄罗斯经济很快从危机中走出，并取得了连续的经济增长。2008 年金融危机使俄罗斯能源产业遭受了重创，俄罗斯彻底摆脱金融危机仍然要依靠石油和天然气出口价格的提高，而这又取决于世界经济的发展状况。这次金融危机对俄罗斯的影响将是长期的，只有世界经济形势得到恢复，能源价格才能回升，因此俄罗斯摆脱金融危机的时间要长于其他发达国家。俄罗斯国民经济对能源出口的过度依赖是造成这一被动局面的根本原因。

十年前，严重的财政赤字是金融危机的罪魁祸首，但在这次危机中，国家则完全扮演着救市者的角色。虽然俄罗斯联邦仍然有外债需要偿还，但是国家债务在俄罗斯对外债务中所占比重并不高，其中更多的是企业外债。俄罗斯多年来积累的外汇储备更是被寄予厚望，在危机爆发之初，俄罗斯国内的学者甚至认为以俄罗斯的外汇储备，完全有能力应对这次金融危机。但是，这种看法显然是过于乐观了，尽管这次金融危机不是由国家财政问题引发的，俄罗斯政府一直积极主动地采取措施拯救银行和企业，但在应对危机方面俄罗斯并没有足够的实力。据俄罗斯《经济学家》信息部计算，截至 2009 年 1 月底，俄罗斯共背负外债 4650 亿美元，企业和银行是俄罗斯的负债主体，企业和银行仅 2009 年所需要偿还的本金和利息就达到 1400 亿美元。[①] 而 2009 年 2 月俄罗斯的外汇储备仅为 3869 亿美元[②]，与高额的外债相比，俄罗斯的外汇储备并不是充裕的，反而显得不足。

---

① 新华网：《俄罗斯否认有外债重组计划》，http：//news. xinhuanet. com/world/2009 – 02/10/ content_ 10796817. htm。

② 俄罗斯中央银行网站：Международные резервы Российской Федерации，http：//www. cbr. ru/。

（四）俄罗斯的反危机措施

2008 年金融危机爆发之后，俄罗斯政府一直在努力寻求克服金融危机的办法，实施货币、财政、税收等政策，以挽救危机中的俄罗斯经济。2008 年 10 月，俄罗斯总统梅德韦杰夫宣布成立直属于总统的金融市场发展委员会，由第一副总理舒瓦洛夫牵头，专门制订反危机计划。俄罗斯在金融危机爆发之初的救市计划主要是稳定金融体系，第二阶段则更注重实体经济的发展以及居民生活的保障。

第一阶段，挽救金融体系。受国际金融危机的影响，俄罗斯金融业陷入了困境。因此，在 2008 年 10 月俄罗斯开始以各种方式向商业银行注资，以保证商业银行的流动性。中央银行通过购买有价证券等方式向商业银行提供资金支持，财政部也把国家预算盈余作为短期存款注入商业银行。这种方式在很大程度上挽救了中等规模的商业银行，避免其由于流动性短缺而发生破产危机。为了提高本国居民对商业银行的信任程度，俄罗斯还修改了存款保险法，并向存款保险公司注入了资金，使存款保险公司有能力在商业银行发生危机之初就开始救助，而不是在破产时再采取补救性的措施。

第二阶段，救助实体经济部门。俄罗斯当局认为在经济危机的状态下，必须降低企业税收负担，以支持实体经济部门的生产经营，确保国内消费需求能够得到满足，防止企业倒闭所带来的一系列问题。因此，俄罗斯改变了所得税的支付方式，从原有的按照账面利润征收，改为按照企业实际所得征收，并将企业所得税从 24% 降低到 20%。[①] 在促进实体经济发展方面，由于金融危机引起国家能源价格大幅度下降，俄罗斯石油和天然气出口均受到了较大的影响。为此，俄罗斯当局大幅度削减出口关税，以

[①]　徐向梅：《国际危机背景下的俄罗斯经济与金融：危机与治理》，《当代世界与社会主义》2009 年第 4 期。

促进能源部门出口，并且还多方面筹集资金向大型能源企业提供支持，以确保这些企业能够按时偿还金融危机爆发之前的外债。

从 2008 年 9 月俄罗斯金融危机爆发之后，广义货币 M_2 持续下降，2009 年 2 月下降速度更快，M_2 比 1 月下降了 11%，基础货币 M_0 同样出现了下降。[①] 金融危机爆发后，俄罗斯金融体系面临严重的流动性不足的问题。为了防止流动性不足给本来就处于困境的商业银行造成更大的打击，俄罗斯在 2008 年 9 月 18 日开始下调存款准备金率，10 月 15 日俄罗斯更是把各种金融机构的存款准备金统一降到 0.5% 的最低点，并且规定 0.5% 的存款准备金率将一直执行到 2009 年 5 月 1 日，到时将提高到 1.5%，6 月 1 日再提高到 2.5%。[②] 在货币政策方面，俄罗斯已经积累了应对危机的经验，1998 年金融危机爆发之后，俄罗斯中央银行同样调低了存款准备金率，以帮助商业银行摆脱流动性不足的困境。而随后再提高存款准备金率意味着俄罗斯政府预计商业银行将在 2009 年 5 月摆脱流动性短缺的问题，因此开始逐步提高存款准备金水平。中央银行发出这样一个时间表也有利于促进商业银行尽快根据情况调整资产和负债。

但是俄罗斯的货币政策操作也存在一定的矛盾性。近年来，俄罗斯中央银行的目标越来越重视稳定物价，通货膨胀的治理是中央银行最为关注的问题，为此俄罗斯明确指出货币政策的目标模式是稳定物价，适度兼顾汇率稳定。由于治理通货膨胀和稳定汇率之间经常存在着难以调和的矛盾，在正常状态下俄罗斯中央银行是调控货币供应量，不会为维护卢布不贬值而进行买入卢布、卖出美元的操作。但是在金融危机爆发之后，卢布汇率大幅度贬值，这客观上要求俄罗斯中央银行在外汇市场上提供足够的美元资产，供商业银行和国内企业购买，以偿还外债或用于商品进口。这样不

[①] 俄罗斯中央银行网站：Денежная масса М2（национальное определение），http://www.cbr.ru/。

[②] 俄罗斯中央银行网站：Нормативы обязательных резервов кредитных организаций，http://www.cbr.ru/。

仅对俄罗斯外汇储备提出了很高的要求，而且中央银行购买卢布的行为本身就造成国内货币市场流动性的紧缩。因此，在维护国内流动性充足、稳定物价和汇率稳定之间，俄罗斯中央银行陷入了无法摆脱的操作困境。

俄罗斯中央银行在 2009 年 2 月开始上调利率，把货币市场的隔夜回购利率从 9% 提高到 10%。俄罗斯中央银行提高利率的目的非常明确，就是要维护卢布汇率的稳定，控制通货膨胀。2008 年金融危机爆发之后，俄罗斯国内物价指数已经持续攀升，除了能源产品以外，几乎所有商品价格都大幅度上涨。与俄罗斯以往的通货膨胀不同，这一轮通货膨胀并没有太多的货币因素，根源在于进口商品价格的大幅度上涨，而这又是由于卢布持续贬值造成的。在危机爆发初期，俄罗斯曾经以外汇储备干预卢布汇率，外汇储备规模迅速下降，从 2008 年 9 月的 5822 亿美元下降到 2009 年 2 月的 3869 亿美元。[①] 以外汇储备干预卢布汇率显然已经受到了储备规模的限制，俄罗斯只能寄希望外资流入来改善外汇市场的供求状态。俄罗斯中央银行在世界各国纷纷降息的时候提高利率，这种政策在短期内作用是非常明显的，有利于吸引外资进入，而外资的流入又会促进卢布汇率的回升。但是从长期来看，这种逆市加息的做法并不是十分完美，因为俄罗斯国内金融市场状况并没有好转，提高利息只能吸引短期资本流入，而这种套利行为又加剧了卢布汇率进一步下滑的可能性。俄罗斯两次金融危机都充分证明，靠高利率水平吸引来的外资是俄罗斯金融市场最大的隐患，这些外资随时都有撤离的可能。而且利率的提高增大了融资成本，也明显不利于俄罗斯企业的复苏。

俄罗斯已经意识到商业银行体系的脆弱性，希望在金融危机的调整过程中实现商业银行的重组。俄罗斯议会通过了提高商业银行注册资本的法案，标志着俄罗斯已经开始推进商业银行重组。2010 年 1 月起俄罗斯银行的注册资本必须达到 9000 亿卢布，到 2012 年注册资本需达到 18000 亿

---

① 俄罗斯中央银行网站：Международные резервы Российской Федерации，http：//www.cbr.ru/。

卢布。提高注册资本的方式固然可以推动商业银行的重组，但是在当前金融危机后续发展不明朗的情况下，银行系统的承受能力是政策是否有效的关键。如果到 2010 年俄罗斯仍然没有摆脱金融危机，则银行的重组必然会伴随着大量的银行破产，反而会加剧国内金融市场的不稳定性。

俄罗斯财政部门通过注资和贷款的方式援助金融危机中的银行和企业，这种救市的方式带有很大的风险性，要取决于俄罗斯财政的承受能力。1998 年的金融危机证明，过高的财政风险会转化为金融风险。因此，俄罗斯在这次救市计划中应当更加注重财政平衡，如果在外部环境恶化的情况下，再出现大规模财政赤字，则俄罗斯非但不能从这次危机中走出，反而会重蹈 1998 年的覆辙，危机将会更加难以治愈。从当前的发展情况看，俄罗斯的财政收入已经受到了很大的影响。2008 年 11 月 20 日，在俄罗斯统一党第十次代表大会上，普京表示政府将尽一切可能避免 1998 年那样的经济危机在俄罗斯重演，指出无论世界石油价格高低，俄罗斯所建立的储备都能保障俄罗斯预算体系的稳定性，并承诺尽最大可能保护俄罗斯民众在银行的存款，保持宏观经济稳定，抑制物价上涨。① 但是，在世界性的金融危机面前，普京的态度显得有些过于乐观。在普京担任总统的八年时间里，油气出口给俄罗斯财政带来的总收入高达一万亿美元，2007 年能源出口给财政带来的收入高达 2200 亿美元。② 但自美国金融危机全面爆发之后，俄罗斯生产的乌拉尔原油价格已经从每桶 140 美元下降到 2008 年 12 月的每桶 35 美元。据俄罗斯《生意人报》报道，俄罗斯每桶石油的开采成本为 10 美元，运输费用约为 7 美元。③ 出口价格下降使俄罗斯能源企业的利润空间大大缩减。俄罗斯政府仍然非常依赖原油出口所带来的税收，石油公司利润下降给联邦财政带来了极大的挑战。以石油部门的利润所得税为例，俄罗斯对石油公司征收 5% 的利润所得税，油价从

---

① 张光政：《俄罗斯合力应对经济危机》，《人民日报》2008 年 11 月 23 日。
② 于宏建：《俄罗斯经济喜中有忧》，《人民日报》2008 年 1 月 7 日。
③ 赵嘉麟：《俄罗斯"经济列车"前行乏力》，《人民日报》2008 年 12 月 29 日。

140 美元/桶下降到 35 美元/桶，意味着每桶石油的利润减少了 105 美元，每桶石油的利润所得税也就减少 5.25 美元。如果油价继续在低位徘徊，俄罗斯联邦的财政收入也必然会继续恶化。在这种情况下，必须密切关注财政风险，不能以大规模财政赤字为代价来拯救银行和企业。

2008 年 11 月 1 日俄罗斯对每吨原油的出口关税从一个月前的 372.2 美元下调到 287.3 美元，12 月 1 日，原油出口关税又进一步下降到每吨 192.1 美元；精炼成品油和初炼石油的出口关税也大幅度下调，此外俄罗斯还大幅度提高了进口车辆的关税。① 俄罗斯规定每个月对关税进行一次调整，尽量提高出口能力，以增加外汇收入，减少进口外汇支出。在外汇储备不断缩水、能源企业面临困境的情况下，执行灵活的关税政策对于俄罗斯是非常必要的，这既能避免外汇继续下滑，也能减轻能源出口的税负。而且进出口状况的改善对于稳定卢布汇率也具有重要意义，如果经常项目持续恶化，外汇市场上对卢布汇率的预期将会更低。

俄罗斯所遭受的金融危机是国际金融危机的持续蔓延，在经济全球化条件下，俄罗斯很难单独摆脱金融危机的影响，因此俄罗斯能否顺利从危机中走出，主要取决于国际市场环境的好转，如果世界经济环境好转，能源价格回升，俄罗斯经济状况也会随之改善。如果从俄罗斯国内发展情况看，能否应对金融危机的冲击，还取决于宏观经济政策，尤其是货币政策的有效性。俄罗斯当局的反危机计划覆盖面相当大，从金融部门到实体经济，从企业生产到居民生活，但是金融危机并没有得到有效遏制，俄罗斯国内的民众抗议游行时有发生，这说明俄罗斯的反危机道路仍然需要持续相当一段时间，并且应当进一步加强经济政策的有效性。

（五）俄罗斯两次金融危机的借鉴与启示

俄罗斯一直遵循金融自由化的改革道路，推进商业银行的私有化，开

---

① 《俄罗斯 2008 年第四季度宏观经济政策回顾》，《世界经济研究数据库》，http://www.stats-iwep.org.cn/。

放经常项目和资本项目，实行卢布的自由浮动。金融自由化具有双重性，一方面能够提高金融资源的配置效率，促进经济增长；另一方面，金融自由化也会加剧金融体系的脆弱性，增加金融风险。从两次金融危机来看，俄罗斯金融自由化改革为金融危机埋下了隐患，使金融体系成为经济中最脆弱的部门。此外，经济发展过度依赖能源产业也是俄罗斯在这次金融危机中陷入被动的重要原因。

俄罗斯过早开放资本项目是其金融体系脆弱的重要原因。1998年，俄罗斯金融市场上外资的撤离使卢布大幅度贬值。但在1998年金融危机之后，俄罗斯仍然对金融体制进行了大幅度的自由化改革。2006年俄罗斯取消了资本项目下外汇兑换的各种限制，非居民购买和出售金融资产不再受到约束。资本项目自由化改革必然要牵动汇率制度的变革。按照蒙代尔的"不可能三角"理论，当资本自由流动时实行固定汇率制度，汇率一旦受到国际游资的冲击，中央银行对外汇市场的对冲操作是无效的，最终只能导致固定汇率制度的崩溃。克鲁格曼在亚洲金融危机之后又提出了"三元悖论"，即在资本自由流动的情况下，固定汇率制度与中央银行的独立性不可能同时存在。为了保持中央银行的独立性，俄罗斯在资本项目开放之后很快就宣布卢布自由浮动，从原来有管理的浮动汇率制度过渡为自由浮动汇率制度，这比俄罗斯预计实行自由浮动汇率制度的时间提前了半年。过早开放资本项目使国际资本的短期流动更加频繁，这给自由浮动的卢布汇率造成了很大的压力。俄罗斯国内储蓄率不高，吸引外资弥补储蓄与投资之间的缺口就成为俄罗斯的必然选择。但是开放资本项目只能吸引短期外资流入，由于俄罗斯所吸引的外资中外商直接投资（FDI）的比重很低，大多数外资是通过俄罗斯的资本项目进入金融市场，这些外资流入的动机非常简单，就是获取境内外的利息差额。俄罗斯的实际利率水平一直处于较高的水平，但高利息率并没有提高国内居民储蓄，却明显促进了外资的流入。证券市场的短期外资成为俄罗斯两次金融危机中的"堰塞湖"。这些具有投机性的外资在金融危机爆发后，由于预期卢布贬值，境内外的利息差额将被卢布的贬值所抵消，纷纷选择从俄罗斯撤出。因此，每次金融市场出现振荡，外资撤离就必然导致卢布贬值。1998年卢布贬值固然与国家外汇短缺有关，但2008年当俄罗斯外汇储备已经达到一定规模时，卢布仍然难以摆脱持续贬值的困境。

　　银行体系的脆弱性是1998年金融危机从金融市场向实体经济传导的重要因素，在2008年金融危机中，俄罗斯的商业银行同样成为薄弱环节，这充分说明了俄罗斯商业银行体系的脆弱性。有学者指出，金融制度变迁目标模式的选择以及其投融资效率的高低，是俄罗斯经济转型成功与否的关键。① 俄罗斯的金融体系事实上长期处于"脱媒"的状态，金融危机更是加剧了企业的资金困难。尽管俄罗斯一直执行较高的利率水平，希望提高储蓄率，但是受到居民储蓄观念、消费习惯的制约，高利率并没有提高国内的储蓄率，反而刺激了证券市场的投资，有限的储蓄资金被吸引到证券市场上，而生产企业普遍面临融资难的困境。1998年金融危机爆发之后，俄罗斯金融体系的脆弱性得到了证实，但是在俄罗斯金融体制改革中，并没有给予商业银行充分的重视。俄罗斯商业银行大多形成于激进的"休克疗法"期间，是在私有化浪潮中成长起来的，大多数银行靠投资外汇和国债以获取收益。俄罗斯商业银行经营业务单一，主要业务不是给企业提供贷款，而是以吸收的存款投资各种有价证券。1998年金融危机使接近一半的银行破产，但这并没有改变商业银行的运作模式，商业银行仍然以证券投资为其主要的资产业务。在2008年美国金融危机爆发后，证券资产大幅度缩水，居民在银行的存款也面临着化为乌有的风险。由于俄罗斯商业银行经营规模有限，大多数分布在莫斯科和圣彼得堡等大城市，地域上的限制使银行无法建立分支行结构，其吸收存款的来源也相对单一，抗风险能力弱，当居民普遍对危机持有悲观预期时，

---

① 向祖文：《见解独到分析精辟——读俄罗斯金融制度研究》，《俄罗斯中亚东欧研究》2006年第2期。

银行就陷入了危机。尽管俄罗斯已经建立了存款保险制度，但是存款保险制度最重要的功能是稳定存款者的信心，当存款者不再信任银行时，存款保险的基本功能也就弱化了，这种情况在频繁爆发金融危机的俄罗斯尤为明显。

20 世纪 80 年代由科登和尼瑞提出的"荷兰病"模型给所有过度依赖资源出口的国家敲响了警钟。[①] 金融危机爆发后，俄罗斯应当更清楚地认识到，单纯依靠能源出口会降低国家经济的安全性，增加对国际市场的依赖性。俄罗斯连续多年的能源出口使其经济结构严重畸形，俄罗斯联邦政府也承认，俄罗斯具有罹患"荷兰病"的可能性。俄罗斯经济中的很多特征都与"荷兰病"类似，石油和天然气出口给俄罗斯带来了大量的税收和外汇收入，但也提高了卢布的汇率，卢布的升值给非能源产业的出口带来了更大的困难，尤其是对可进行出口贸易的制造业而言。而且汇率的上升使进口商品更具有竞争力，从而压制了俄罗斯实施进口替代的可能性。受能源部门高工资的影响，其他产业劳动力成本也逐渐提高，这无疑降低了俄罗斯非能源部门的发展能力。尽管俄罗斯联邦认识到这些问题的严重性，但从目前的情况看，产业结构调整的效果并不理想。事实上，在应对这次危机的过程中，俄罗斯不仅仅是应该增加忧患意识，还应当把这次危机当成调整国内经济结构的契机。当国际能源价格在高位时，能源部门的高速发展不可避免。当前能源价格在低位徘徊，从世界市场的发展态势来看，这种能源的低价格还会持续相当长的时间，这就给俄罗斯经济结构提供了难得的调整机会。目前俄罗斯除了石油产品以外，其他商品和服务都出现了不同水平的提高。卢布的贬值还给俄罗斯提供了发展出口导向和进口替代的良好条件，进口商品将大幅度涨价，这将刺激俄罗斯非能源产业的发展。

---

① Corden, W. M. , and J. P. Neary. 1982. Booming Sector and De-industrialization in a Small Open Economy , *December*.

二　国际金融危机对中东欧国家的冲击与影响

2009 年是中东欧国家经济政治转型 20 周年，经历了重重困难的中东欧国家，已经实现了既定的转型目标，大部分国家成功加入欧盟，顺利回归"欧洲大家庭"。但由于国际金融危机的冲击和影响，2009 年却成为中东欧国家最为艰难的一年，经济陷入困境的同时，政治领域的转型也遭遇到前所未有的挑战，匈牙利等国甚至出现了政治领域的动荡，政府更迭频繁。在这种背景下，分析金融危机对中东欧国家的深层次影响，探索中东欧国家转型前景，讨论这些国家深化与欧盟的合作，无疑具有非常重要的理论和现实意义。

（一）金融危机对中东欧国家的经济冲击

2008 年国际金融危机爆发时，中东欧国家已经基本完成了从计划向市场经济的过渡，财政、金融、对外贸易等领域已经逐渐融入全球化浪潮。更为关键的是，经济转型中的"欧洲化"任务已经取得重要进展，2004 年、2007 年欧盟两轮东扩，使经济发展势头较好的部分中东欧国家实现了"入盟"的愿望。尽管这种顺应全球化浪潮、深度融入欧洲的状态给中东欧国家带来了难得的发展机遇，但这也为国际金融危机对中东欧国家形成强烈冲击埋下了隐患。在国际金融危机的冲击下，中东欧国家经济发展模式的弊端暴露无遗，也为经济转型提供了相当沉痛的教训。

美国次贷危机爆发后，引发了金融市场的振荡，之后演变为一场严重的金融危机，全球金融体系都受到了其严重的冲击和影响。在危机初期，西欧国家遭受的冲击非常明显，中东欧国家的经济状况要明显好于西欧，金融机构和金融市场表现得相对平稳。但令人意想不到的是，西欧的危机却成为国际金融危机向中东欧国家蔓延和传导的桥梁，这是中东欧国家融入欧洲所带来的负面效应的集中体现。在中东欧国家 20 年的转型进程中，西欧国家既是投资者，又是非常重要的贸易伙伴。但无论是吸引外资，还是发展对外贸易，中东欧国家都存在着过度依赖欧洲的问题，这成为金融危机从西向东逐渐传导的根本原因。在吸引外资方面，中东欧国家吸引了大量的西欧资本，产业资本投资到中东欧国家，有利于为西欧国家开拓新的生产基地和销售市场。不仅如此，西欧国家的金融资本也大量涌入中东欧国家，在经济转型进程中，这些金融资本的确为中东欧国家的经济发展起到了不可替代的作用。但是当金融危机爆发后，西欧国家发达的金融体系开始面临严重的系统性风险，金融机构开始收缩资金，金融市场开始呈现去"杠杆化"的现象，原本投资在中东欧国家的金融资本也开始出现撤离。同时，由于受金融危机冲击，对中东欧国家的外商直接投资也出现萎缩的现象。可见，无论是外商直接投资，还是投资到中东欧国家的金融资本，都是在金融危机冲击到西欧国家之后，开始出现从中东欧国家的大规模撤离，这能够证明中东欧国家遭受的冲击属于国际金融危机间接性的影响。在对外贸易方面，中东欧国家的进出口主要集中在欧洲，尤其是与西欧国家保持着紧密的贸易关系。金融危机影响到西欧国家后，由于消费和投资的萎缩，直接导致进口减少，从而对中东欧国家的出口产生影响。正是由于对外贸易链条式的传导过程，才使得中东欧国家经济增长受阻出现在 2009 年，而不是金融危机爆发初期。这说明中东欧国家在保持与西欧国家紧密贸易关系的同时，也应当继续扩大对外贸易伙伴，实现进出口的多元化发展。

中东欧国家在这次金融危机中遭受的严重冲击，充分暴露出其经济转型进程中所出现的发展模式弊端，使人们开始更加深入地反思中东欧转型模式。在过去的 20 多年里，中东欧国家先后放弃了计划经济体制，以私有化、稳定化、市场化为核心的经济转型全面启动，并取得了极其重要的阶段性成果。其中波兰、匈牙利、捷克等国还被誉为转型"优等生"。但在这次国际金融危机的冲击中，即使是经济发展水平较好的国家，也受到了非常严重的影响，新自由主义所倡导的转型模式以及"华盛顿共识"

中所提及的十个方面，并没有给中东欧国家带来彻底的转型，反而在其经济模式中埋下了巨大的隐患。事实上，早在中东欧国家转型初期，由于普遍存在深度的经济衰退，理论界就已经开始反思新自由主义的种种弊端，以及这种思潮与中东欧国家现实之间的矛盾性。在这次金融危机爆发后，中东欧国家的经济主权和经济安全再次遭到冲击，现实中存在的问题，对于从更深层次上认识新自由主义给中东欧国家带来的负面影响，无疑具有非常重要的意义。总体上看，主要存在三个方面的弊端：一是金融部门的脆弱性；二是国家对经济控制能力弱化；三是国内投资和消费能力不强。

在经济转型进程中，"华盛顿共识"将控制通货膨胀定为经济转型所要解决的主要目标，财政赤字和货币超发被认为是引起通货膨胀的根源。为此，中东欧国家纷纷削减财政支出、控制通货膨胀，但是作为经济中极其重要的金融体系，却被认为应当进行风险较高的金融自由化改革。在这种理念的倡导下，金融自由化改革不仅使国家对金融部门的控制愈发薄弱，还使金融领域的风险不断累积。由于外汇和储蓄的短缺，中东欧国家的金融自由化主要是金融对外开放，引入外部资金确实增加了金融部门的融资能力，但是由于外部资金的流动性不受控制，事实上形成了外部资本对金融体系的绝对控制。这次国际金融危机的冲击，仅仅是将中东欧国家存在多年的金融风险充分暴露出来而已。

中东欧国家经济转型强调市场竞争的作用，市场化是经济转型的重要内容，但是如何厘清政府与市场之间的界限，在市场机制充分发挥作用的前提下，如何提高国家对宏观经济的掌控能力和驾驭能力，却是中东欧国家一直以来难以克服的难题。在对国有企业实行私有化改革后，国家对经济的控制能力已经弱化了，甚至连那些关系到国计民生和经济发展的战略性领域，也被外国资本和私人资本所控制，使得政府在防范和控制危机方面的能力显著降低。转型初期的中东欧国家缺少市场机制运作的环境，"华盛顿共识"照搬到中东欧国家所产生的弊端已经被人们充分认识，但此后中东欧国家的经济复苏和增长，使得经济过度自由化的弊端再次被忽略。事实上，世界上任何国家的经济发展都需要政府与市场之间的协调和配合，单纯依靠市场的力量，很容易使经济陷入混乱和被动。在这次金融危机冲击中，中东欧国家在实施反危机措施时，由于政府对经济调控能力弱化，在降低失业率、稳定金融市场等方面都显得捉襟见肘，这种被动局面充分说明了过度追求市场化，忽略政府功能和作用所带来的严重弊端。

中东欧国家在经济转型中，获得了欧盟和西方国家大量经济援助，外国资本也对中东欧经济发展起到了重要的支撑作用，但是国内的消费能力和投资能力始终没有得到很好的发展。在回归"欧洲大家庭"的利益驱动下，发展与西欧国家的经济联系成为首要目标，而国内的投资能力弱化、消费能力不强等问题并没有引起高度的重视。当金融危机爆发后，由于没有内需作为依托，出口的下降直接导致了经济的衰退，外部市场的不确定性充分显示出来，中东欧国家才开始意识到扩大国内消费需求、提高国内投资能力的重要性。

以上充分说明，中东欧国家在追求私有化、自由化、稳定化的转型目标中，忽略了金融部门的安全性、国家控制经济的能力、国内消费和投资能力等方面，使得经济的主动性和安全性都严重降低。因此，中东欧国家需要对"华盛顿共识"所倡导的转型模式进行更加全面和深入的反思，调整经济发展战略，提高整体经济的抗风险能力，防范外部冲击所带来的负面影响。

（二）国际金融危机对中东欧国家的政治影响

在金融危机冲击下，部分中东欧国家通货膨胀高企、失业率上升、财政赤字居高不下，这些经济转型初期的症状再次出现在中东欧国家。塞尔维亚、匈牙利、罗马尼亚等国通货膨胀较为明显，而波兰、捷克、斯洛文尼亚等国在控制通货膨胀方面较为成功，中东欧国家中呈现出较大的差异性。但是在失业方面，中东欧国家却表现出高度的相似性，波兰、斯洛伐克、斯洛文尼亚、捷克、匈牙利等经济发展态势较好的国家，也都出现了两位数的失业率，经济较为落后的东南欧国家失业率更是高得惊人。这些问题不仅使经济形势陷入困境，国内民众的抗议和示威也对中东欧国家的政治形势产生了强烈的冲击，对于深受国际金融危机冲击的中东欧国家来说，国内的复杂局面直接制约了反危机措施的实施效果，也干扰了政府制定经济政策的主动性和灵活性。

美国学者亨廷顿曾经提出经济发展与政治民主化之间的关系："从长远的观点看，经济发展将为民主政权创造基础，从短期看，迅速的经济增长和经济危机都会瓦解权威政权。"[①] 国际金融危机爆发后，中东欧国家经济形势的变化，使居民生活受到了严重的影响，工人罢工、群众游行等示威活动开始在中东欧国家出现，社会领域的动荡对政治产生了空前的压力，部分国家政权更迭，甚至出现了政治危机。虽然中东欧国家的政治危机没有对宪政体制产生根本性的影响，但民众的抗议和政府的频繁更迭已经给中东欧国家多党议会制民主造成了很大的压力，这是金融危机对中东欧国家政治领域产生的直接影响。在这方面，匈牙利、黑山、罗马尼亚等国表现得最为典型，这些国家受金融危机冲击比较严重，有的由于民众不满导致政府下台，有的由于反危机措施不当，引发了政治动荡，这些都对中东欧国家经济政治转型提出了更加严峻的挑战。

在匈牙利，金融危机给经济造成了强烈的冲击，在任的社会党政府没有针对危机提出行之有效的措施，民众的不满情绪被其他党派利用，匈牙利总理久尔恰尼的支持率持续下降，不得不在 2009 年 3 月社会党大会上提出辞职。匈牙利民众早在金融危机爆发前就已经对社会党产生不满情绪，民众要求久尔恰尼下台的呼声一直存在，但是在金融危机的冲击下，这种不满情绪被充分释放出来，对执政党的压力也达到了最高，为了维护社会党的地位，久尔恰尼主动宣布辞职。可以说，金融危机是匈牙利政府

---

① 〔美〕塞缪尔·P. 亨廷顿：《第三波——20 世纪后期民主化浪潮》，上海三联书店，1998，第3 页。

更迭的直接原因。随着社会党在民众中的地位下降，其在 2010 年匈牙利大选中也没有获得胜利，青年民主主义联盟毫无悬念地获得了执政地位。这个成立于 1988 年的青年民主主义联盟（简称青民盟），在两轮投票选出的 386 名议员中占据了 262 席，社会党仅占 59 席。青民盟的胜利当选并没有减轻国内对政府的压力，国内关于政治体制仍然存在较大的意见和分歧。为了尽快扭转匈牙利国内被动的政治经济局面，青民盟上台后做出了诸多重要举措。由于在议会中占据绝大多数席位，青民盟对宪法进行了修改，不仅把国家名称由"匈牙利共和国"改为"匈牙利"，还改变了选举体制，并对法院权限进行了重新约束。这种过于激进的改革非但没有得到社会的广泛认可，反而成为民众不满的焦点，数以万计的民众上街游行示威，抗议宪法被随意修改。著名经济学家科尔纳在 2011 年初撰文批评政府的政治经济政策，他认为匈牙利的民主、新闻自由、法治已经被严重影响，虽然民主政治以和平交接的方式完成，但青民盟削弱反对党、巩固自身政治实力的做法却使得民主制度受到了前所未有的挑战。[①] 可见，匈牙利仍然存在着对执政党青民盟的质疑，如果新一任政府在反危机过程中的努力没有得到更加广泛的认同，匈牙利的政治动荡仍然有可能继续爆发，金融危机对匈牙利经济政治的影响也将持续存在。

2006 年黑山获得独立，此后一直在为加入欧盟努力调整国内经济政治状况，以达到欧盟的各项标准和要求。2008 年 12 月黑山向欧盟提出申请后，为了入盟的各项准备工作能够顺利进行，黑山将原定于 2009 年底的大选提前到年初举行。虽然这次大选提前具有十分充分的理由，也与整个国家发展战略契合，但反对党派仍然认为，执政联盟提前选举的目的是为了连任，而并非所说的是为了更好地适应欧盟的评估。更为关键的是，在国际金融危机冲击下，黑山的经济形势并不乐观，执政党事实上具有因为经济政策执行不利而导致支持率下降的可能性。在这种复杂的政治经济

---

① 〔匈〕雅诺什·科尔纳：《匈牙利政治经济形势解析》，《国外理论动态》2011 年第 8 期。

形势下，提前大选无疑将巩固执政当局的稳定性，大选的结果与社会各界预测的情况基本相符，社会主义者民主党获得了半数以上的选票，总统武亚诺维奇当选后，提名久卡诺维奇为黑山总理。虽然国际社会以及民众普遍认为这次选举符合黑山民主制度的各项规定，但这也表明国际金融危机对黑山政治已经造成了相当大的压力，虽然没有造成政府更迭和政治动荡，但执政当局确实为之付出了相当多的努力，以应对金融危机对经济政治形势的负面影响。

2009 年是罗马尼亚应对金融危机最为困难的一年，政府提出削减工资水平，以降低财政赤字、改善经济环境，但这一工资法案遭到了民众的强烈抗议。由于就业人员工资降低、部分行业面临失业危险，各种游行示威屡禁不止，而政府却一直坚定地执行这些措施。按照相关法律，如果阻止工资法案生效，只能由反对者向议会提交对政府的不信任案。为此，博克政府在上任不到一年的时间里，就遭到了弹劾，此后罗马尼亚总理一直处于空缺状态，工资法案也因此搁置。虽然伯塞斯库总统大选获胜后，重新提名博克担任政府总理，但执政当局所面临的压力并没有因此而减少，反而引发了民众更大的不满情绪。在金融危机的冲击下，政府处于极端高压的状态中，社会民主党、国家自由党和保守党等在野党派，宣布结成联盟参加下届议会大选，这无疑是金融危机对罗马尼亚政治经济形势影响的最为直接的表现。

中东欧国家政治领域遭受的影响，使这些国家纷纷出台相应的措施，其最主要目的仍然是挽救恶化的经济形势，以稳定国内民众的情绪，巩固执政地位。可以说，面对金融危机给中东欧国家造成的政治影响，中东欧国家只能通过实施合理有效的经济政策，才能稳定政治局面，获得政治和经济的平稳发展。

（三）中东欧国家的反危机措施

在经济全球化背景下，中东欧国家如何应对金融危机、参与全球竞争，已经成为当前最为关键的重要战略。中东欧国家的反危机措施，既包括稳定经济形势等短期任务，也面临着如何实现政治经济长期发展的战略性任务。从中东欧国家当前的政策取向看，短期任务是应对金融危机的冲击，主要表现在调整财政赤字、稳定金融体系、调整经济结构等方面；而长期任务则是继续深化与欧洲的制度融合，在一体化进程中提高国际竞争能力，使中东欧国家经济更加平稳健康的发展，这样政治局面才能获得更加稳定的保障。

在欧债危机的冲击和影响下，中东欧国家主权债务持续上升，偿还债务的能力却明显减弱，这种现象在拉脱维亚、罗马尼亚等国都表现得十分明显。在这种情况下，为了避免主权债务危机的蔓延和扩散，中东欧国家普遍面临着如何削减财政赤字的问题。但是以当前经济政治形势看，削减财政支出并非易事。如果实施紧缩措施，大幅度削减公共支出，必然会冲击到社会福利水平和居民养老金等，民众生活水平的下降将会继续增加不满情绪，甚至会引发新的社会动荡。尽管如此，一些国家仍然顶住国内各种压力，努力削减财政支出，尝试建立缓解财政赤字的长效机制。从另外一个角度看，这种做法也是在后危机时代执政当局的理性选择，因为如果反危机措施执行不利，民众同样会以投票的方式对执政者提出抗议。因此，对于匈牙利、捷克等希望加入欧元区的国家，尽管每次削减公共支出，都会遭到国内抗议，但执政当局还是做出了削减赤字的决定。

金融体系是金融危机向中东欧国家扩散的链条，稳定金融体系、推进金融改革、维护金融稳定是当前中东欧国家亟待解决的重要问题。综观金融危机在中东欧国家的发展情况，各国所受影响也有强弱之分，尽管普遍存在对外债务过高、流动性紧缩等问题，但货币汇率保持稳定的国家，在应对金融危机方面具有明显的优势，对于斯洛伐克、斯洛文尼亚等加入欧元区的国家，这种优势表现得更加突出。这次金融危机并没有从根本上改变外资银行在中东欧金融体系中的主导地位，究其原因在于中东欧国家国内储蓄能力不足，当前也很难一蹴而就地改变这种状态。但中东欧国家已经开始鼓励商业银行吸收国内存款，提高商业银行的资本充足率，在不影响企业融资的情况下，适当限制外币贷款规模，以微调的方式推动金融结构向更加合理的方向转变。在维护金融稳定方面，中东欧国家一边着手降低对西欧银行的依赖，同时也在积极争取西欧国家的贷款援助，以此来实现货币金融领域的安全性和流动性。

在这次金融危机中，中东欧国家充分暴露出其经济结构的不合理性，突出表现为对外贸易过度集中在欧洲市场和投资主要依靠外部资金。经济增长缺乏内在动力，"高投资、高负债"的经济增长模式是经济结构失衡的根本原因。中东欧国家在融入欧洲的进程中，主动放开了商品市场和资本市场，但由于经济发展差距的存在，商品市场和资本市场都被西欧国家的企业和银行占据。西欧国家大量向中东欧国家输出商品，汽车、电子设备、日用品等市场到处充斥着西欧商品，尽管中东欧国家也努力向西欧出口商品，但因竞争能力较弱，中东欧国家对西欧一直处于对外贸易逆差状态。大多数新兴经济体国家都是以对外贸易顺差积累外汇，而中东欧国家不仅没有积累外汇储备，反而使外汇始终处于稀缺状态。为了弥补外汇缺口，吸引外资便成了中东欧国家最为重要的任务，但无论是外商直接投资，还是以债权和股权的方式向西方国家融资，主动权始终没有真正掌握在中东欧国家手中。显然，中东欧国家已经认识到这种内外部经济失衡所带来的负面效应，但想要走出"高投资、高负债"的恶性循环，必须提高国内资金积累和外汇积累的能力，改善内部经济与外部经济之间的结构。这种转变既有利于中东欧国家的经济发展，也有利于其以更加主动的姿态继续"欧洲化"的前进步伐。

这次金融危机的冲击，非但没有阻止中东欧国家回归欧洲的意愿，反而使中东欧国家继续深化与欧洲合作的动力更加强劲，当前对于很多国家而言，最为重要的就是加入欧元区，从而获得货币体系的稳定，并以此稳定国内金融市场和外汇市场。爱沙尼亚作为波罗的海三国之一，在金融危机的冲击下，仍然维护本国货币与欧元之间的汇率稳定，并于2011年成功加入欧元区。由此可见，尽管欧元区面临着严重的债务危机困扰，但作为世界第二大货币，欧元仍然能够发挥稳定区域货币的功能，在维护货币安全和金融安全的内在驱动下，必然有更多的中东欧国家继续着加入欧元区的道路，这也是未来"欧洲化"任务中最为关键的环节。从这个角度看，后危机时代中东欧国家融入欧洲的步伐不但不会减慢，反而会以更快的速度向欧洲靠拢，强化与欧洲的制度融合，从而扩大其在全球范围的影响力和竞争力。

中东欧国家继续与欧盟深化合作，不仅意味着经济政治转型模式向着"欧洲化"的方向前进，而且意味着中东欧国家将以更强的姿态参与全球化竞争。回顾中东欧国家的"欧洲化"历程：第一阶段是申请加入欧盟，按照《哥本哈根入盟标准》推进各国经济政治转型；第二阶段是加入欧盟，逐步实现经济政策和政治体制与欧盟的对接；第三阶段则是在后危机时代继续深化与欧洲的融合，其中包括利用欧盟援助渡过金融危机，积极努力加入欧元区，等等。随着"新欧洲"国际政治经济地位的提升，对于欧盟和中东欧国家而言，欧盟东扩将成为"双赢"的战略举措。在追求经济政治一体化的进程中，除了获得欧盟援助的各项资金以外，中东欧国家也加快了经济技术、人员交流、科技攻关等方面的合作，这些将会对中东欧国家长期的经济发展和适应全球竞争起到至关重要的作用。欧盟内部的地区合作，对于中东欧国家应对全球化挑战、建立比较优势、提高国际竞争能力，都将起到非常关键的作用。西欧国家通过技术推广和产业转移，能够带动中东欧国家整体竞争能力提升，有利于中东欧国家融入全球化，开拓国际市场，推进生产结构升级。在以往的入盟过程中，中东欧国家为了尽快达到入盟标准，忽视了经济安全和国际竞争力的重要性。当前，应对全球化挑战也成为中东欧国家的重要任务，它要求已经加入欧盟的中东欧国家必须调整发展战略，这是金融危机给中东欧国家带来的最为深刻的教训。

（四）中东欧国家的经济政治转型前景

2008年金融危机给中东欧国家带来了严重的冲击，反对过度自由化的呼声愈发高涨，但一直以来对新自由主义持否定态度的中东欧左翼政党并没有因此而获得更多的执政机会。如果从 2008 年国际金融危机爆发开始计算，在中东欧国家进行的几次大选中，左翼政党都没有获得最终的胜利。目前在中东欧只有斯洛文尼亚和黑山的执政党属于左翼，其他国家都是右翼力量占据了上风。① 究其原因，主要在于右翼政党在治理危机方面提出的措施更容易获得选民的支持，在认识中东欧复杂局面方面也积累了相当多的经验。因此，这次中东欧国家对新自由主义的深刻反省，更多的意义在于对转型深化所存在困难的进一步认识，并没有彻底撼动中东欧国家的转型方向，使得中东欧转型变得愈发不可逆转。

从历史上看，早在 20 世纪 90 年代中期，由于右翼政党照搬西方模式进行转型，造成经济衰退、社会福利下降、收入分配不公等问题，社会党等左翼政党在波兰、匈牙利等国上台执政，曾掀起过一波左翼复兴的高潮。这固然反映出中东欧国家中普遍存在的民众诉求，即由于对经济和政治现实不满而产生的怀旧情绪，但并没有引起中东欧国家转型的方向性变化。当时，反对新自由主义思潮是左翼政党的执政理念优势，但除此之外还有右翼政党腐败横行、党派之间争权夺利、内部钩心斗角等问题，致使群众对右翼政党彻底失去了耐心和信心。显然，中东欧民众选择左翼政党执政，并非是为了促使经济政治转型发生逆转，而是希望左翼政党能够克服转型中的各种困难，带领国家走出萧条的经济状态。因此，左翼政党执政依靠的并非是理念优势，而是需要依靠作出实实在在的政绩，正是在这种现实的民众诉求下，左翼政党的上台无法改变多党议会制民主化道路的方向以及市场经济转型的步伐，甚至在其执政纲领方面也出现与新自由主义相类似的政策。此后，大多数民众以民主制度视角来看待这种左翼复兴的现象，认为这是由多党议会制民主所决定的轮流执政的正常现象，虽然此时的民

---

① 孔寒冰、项佐涛：《二十年东欧转型过程中的社会主义理论与实践》，《马克思理论与现实》2010 年第 5 期。

主化道路仍然有相当长的路要走，但至少说明多元的政党、议会制度、群众选举等政治制度已经开始发挥作用，而这恰恰是中东欧国家政治转型所追求的发展方向，不是对原有转型模式的否定，而是进一步的强化。在政治体制发展方向更加明确的情况下，经济转型的模式和方案自然没有发生太多变化的可能。因此左翼复兴并没有给中东欧国家政治经济转型带来逆转，而仅仅是在原有基础上进行了更加全面和深入的完善。此后，在中东欧国家政党执政的优势已经不再是单纯由意识形态决定，而是要取决于执政策略能否真正符合选民的要求，政绩是否达到参加选举时所作出的承诺，并且左翼和右翼政党在经济转型方面更多地表现为一致性，而非对立性。

在这次金融危机的冲击下，尽管新自由主义转型模式给中东欧国家带来了相当沉重的经济负担，甚至直接决定了经济转型所付出的代价。但民众对于经济形势的评价并非是决定政党更迭的唯一原因，这里还包括政党自身建设等重要问题。近年来，随着中东欧政党逐渐走向成熟，右翼政党经过自我更新，不断改善在群众中的形象，既摆脱了高昂转型代价所带来的历史包袱，又提高了在竞选中的策略和方法，从而能够制定出赢得人心的竞选纲领，因此在议会选举中才能够屡屡胜出。在这次国际金融危机的冲击下，民众对于中东欧国家起伏兴衰的认识，直接决定了中东欧国家转型的大方向。尽管在部分国家出现了对经济现实的失望以及反对新自由主义的不满情绪，但在对待右翼政党方面，群众仍然寄希望于在现行体制下减轻金融危机的不利影响，仍然选择现在转型的总体方向和步伐，这是当前中东欧国家民众普遍选择右翼政党的主要原因。以匈牙利、捷克、斯洛伐克为例，尽管选民已经预期到右翼政党上台后会采取紧缩措施，但右翼政党仍然在选举中获胜，甚至形成了中欧国家政治右倾化的趋势。[1] 这说明中欧三国的选民已经对政党政治持有更加理智的选择，毕竟在欧债危机不断蔓延的背景下，即使采取紧缩性质的宏观经济政策，仍然有利于国家

---

① 姜琍：《中欧政治右倾化趋势及其面临的挑战》，《俄罗斯中亚东欧研究》2011 年第 1 期。

经济的长远发展。这意味着在后危机时代，右翼力量的经济政策取向仍然在中东欧占有很大的优势，在其所主导的经济政治转型中，自然不会出现逆历史潮流的主张，中东欧国家的转型仍然会沿着原有的路径继续深化，而不是出现方向性的逆转。

（五）小结

从中东欧国家当前的经济社会发展势头看，进行了 20 多年的市场化、民主化、欧洲化取向的转型方向并没有出现逆转，但中东欧国家已经从更深层面上认识到了转型模式中的种种弊端，必然会对转型进行更加审慎的考量和反思，这次国际金融危机已经给中东欧国家转型提出了新的考验，也必然会对其未来的经济政治转型产生深远的影响。未来中东欧国家仍然会加强与欧盟国家的合作，回归欧洲的势头也不会发生改变，但是会在融入欧洲的进程中更加注重经济主权与金融安全，以不断提高自身的全球竞争能力和抵御外部冲击的能力。

三 欧盟新成员国的货币危机：理论与现实

当前世界金融危机的影响范围仍在不断扩大，已经从金融领域扩散到实体经济，从美国等发达国家蔓延到广大发展中国家。2009 年以来，中东欧地区的一些国家深陷金融危机，关于中东欧是否会爆发区域性货币危机的讨论甚嚣尘上。虽然货币危机与金融危机经常同时发生，但货币危机不同于金融危机，通行的标准认为本币贬值 25% 以上就被视作发生了货币危机[①]。斯洛文尼亚、塞浦路斯、马耳他、斯洛伐克、立陶宛、拉脱维亚、爱沙尼亚、捷克、波兰、匈牙利在 2004 年 5 月 1 日加入欧盟，罗马尼亚和保加利亚在 2007 年 1 月 1 日加入欧盟。对于这 12 个欧盟新成员国

---

① 余永定：《中国应从亚洲金融危机中汲取的教训》，《金融研究》2000 年第 12 期。

而言，由于与欧盟内部各个成员国经济联系紧密，因此本文认为如果其货币兑欧元贬值25%以上，应被视作是发生了货币危机。金融危机在这12个国家加剧，势必会影响到整个欧盟国家的经济发展。在金融危机的影响下，各国货币的汇率都受到很大的冲击，如果金融危机在中东欧国家进一步演变为区域性货币危机，则其影响的程度和广度都会大大增加。因此，在金融危机持续蔓延的情况下，评估欧盟新成员国爆发货币危机的可能性就显得十分必要。

（一）货币危机与汇率制度：理论分析框架

20世纪90年代以来，大多数出口导向型的新兴经济体国家选择了相对固定的汇率制度，中央银行为本国货币汇率提供"名义锚"[①]，以促进国际贸易的发展。但是在这些国家爆发的几次货币危机，究其深层次原因几乎都与汇率缺少弹性相关，这证实了"名义锚"的缺陷。同时，这也引起了理论界对汇率制度和货币危机的广泛关注："蒙代尔－弗莱明模型"为分析汇率制度与国际资本流动提供了良好的分析框架；"三元悖论"则从汇率选择的角度分析了新兴经济体国家可能的汇率选择；"中间制度消失论"则认为汇率制度会逐渐向"超级固定"和"完全自由浮动"的两级方向发展。

"蒙代尔－弗莱明模型"指出，在固定汇率制度下，如果对资本项目实行有效管制，国际资本无法对本币汇率形成冲击，本币汇率处于可控的范围内，即使经常项目出现赤字也不会引发严重的货币危机。但是在资本项目开放时实行固定汇率制度，汇率一旦受到国际资本的冲击，中央银行对外汇市场的干预经常会失败，最终只能导致固定汇率制度的崩溃，1997年东南亚金融危机充分证明了这一观点。在资本项目开放时实行浮动汇率

---

① 名义锚：是指在固定汇率制度下，中央银行规定的汇率水平可以起到一种驻锚的作用，稳定经济主体对汇率的预期。

制度，汇率的自由浮动能消除国际资本的套利空间，汇率也不会因国际资本的冲击而发生大幅度贬值的情况。因此，在资本项目开放的情况下，应当放弃固定汇率制度，实行浮动汇率制度，这样才能避免本国汇率受到国际资本的冲击，防止货币危机发生。

克鲁格曼在1997年东南亚金融危机之后，提出了"三元悖论"，即资本项目开放、货币政策独立性、固定汇率制度三者之间只能选择其中的两个。在资本项目开放的国家，固定汇率制度与中央银行货币政策的独立性不可能同时存在。与"蒙代尔－弗莱明模型"不同，克鲁格曼认为在资本项目开放的情况下，有两种汇率制度可以选择：第一种是选择浮动汇率制度，这样中央银行货币政策的独立性能够保证；第二种是选择严格固定的汇率制度，即货币联盟或货币局制度，但是中央银行将失去货币政策的独立性，无法对货币供应量进行调控。

当前关于资本项目开放条件下汇率制度的两难选择，已经逐渐成为国际学界的"新共识"——"中间制度消失论"。[①] 这种理论认为固定汇率制度容易引起本币实际汇率的升值，汇率的"名义锚"容易受国际资本流动的冲击，进而引发严重的货币危机。正是由于货币联盟和货币局以外的固定汇率制度"名义锚"无法保持稳定，在汇率安排上出现了"中间制度消失论"。即在容易爆发货币危机的国家，只能在浮动汇率制度和汇率超级固定（货币局和货币联盟制度）之间做出选择，而介于两者之间的中间性汇率制度[②]都应当消失，因此这种理论又被称为两极汇率制度论。当前两极汇率制度并没有被所有国家采用，而且向两极汇率制度转变

---

① 张志超：《汇率政策新共识与"中间制度消失论"》，《世界经济》2002年第12期。

② 按照汇率自由浮动程度的高低，汇率制度分为八种：①货币联盟；②货币局；③传统固定汇率制度；④"外汇走廊"；⑤爬行盯住汇率制度；⑥爬行盯住的"外汇走廊"；⑦不宣布汇率波动轨迹的有管理浮动汇率制度；⑧单独浮动汇率制度。这里的中间汇率制度是指第3～7种，但这种划分方法并不绝对，有些国家尽管不实行单独浮动汇率制度，但波动空间较大，例如，浮动范围较宽的"外汇走廊"和有管理浮动汇率制度，其汇率的弹性仍然很大，因此本文中认为这种汇率制度更接近浮动汇率制度。

的国家，大多数经济规模也比较小，经济规模较大的国家仍然有很多实行中间性的汇率制度，"中间制度消失论"也因此备受争议。但不可否认的是，大多数发生货币危机的国家都调整了汇率制度，实行更具有弹性的汇率制度。从这个意义上看，在汇率制度的动态演变过程中，"中间制度消失论"仍然能够反映汇率制度的发展趋势，这一理论对于分析货币危机仍然具有较强的解释力。

综上所述，"蒙代尔 – 弗莱明模型""三元悖论"和"中间制度消失论"都认为固定汇率制度无法抵御国际资本流动的冲击，实行固定汇率制度的国家容易爆发货币危机，而具有较大弹性的汇率制度能够有效预防货币危机。如果实行固定汇率制度，则只能选择货币联盟和货币局制度，才能有效预防货币危机，但是在这种情况下中央银行将失去调控本国货币的独立性。

（二）货币危机与金融危机的区别：20 世纪 90 年代以来的经验分析

货币危机与金融危机存在根本性的区别，金融危机容易引发货币危机，货币危机也容易引发金融危机，但二者之间并没有必然的直接联系。20 世纪 90 年代以来，在新兴经济体国家发生了几次具有重大影响的金融危机和货币危机，系统回顾这几次货币危机和金融危机，对分析当前欧盟新成员国的货币危机具有重要的借鉴意义。

第一，20 世纪 90 年代初日本金融危机。1985 年日本签订"广场协议"①之后，受日元升值的影响，日本出口产业受到了一定的影响，为了保证经济增长，日本开始实施宽松的货币政策，较低的利率使房地产、股票市场的泡沫迅速增长。受日元升值预期的影响，国际资本大量进入日本，又进一步增大了房地产和股票市场的泡沫。20 世纪 90 年代之后，日

---

① 1985 年美国为了改变长期赤字的经常项目，与德国、法国、日本、英国在广场饭店签订协议，要求这些国家共同干预外汇市场，约定日元和马克对美元大幅度升值。

本不得不转而实行紧缩的货币政策，金融市场的泡沫迅速消除，国际资本也纷纷撤离，企业经营效益下降引发了大量呆坏账，金融机构破产的现象时有发生，金融危机在日本全面爆发，日本由此陷入了长达十余年的经济衰退。日本的金融危机与国际资本进入、国内资产泡沫有关。但是由于"广场协议"之后，日本实行浮动汇率制度，日元在20世纪90年代没有出现大幅度贬值的现象，也没有发生货币危机。日本金融危机说明，在浮动汇率制度下，由于汇率存在较大的弹性，能够调节国际资本流动，金融危机一般不会引发货币危机。

第二，1992年欧洲货币危机。1979年欧洲货币体系建立之后，欧洲货币体系实行对内固定、对外联合浮动的汇率制度。当时德国马克是外汇市场上最主要的交易货币，因此欧共体各个成员国对马克汇率的波动幅度，就成为中央银行干预汇率的标志。如果欧共体成员国货币兑马克汇率上下波动超过2.5%，各国中央银行就要联合干预外汇市场，保持欧洲货币体系的内部稳定。德国统一后，由于巨额的财政赤字，政府被迫提高利率防止通货膨胀。德国的高利率吸引了国际资本购买德国马克。而在本来经济不景气的英国和意大利，由于国内的低利息率，引发了资本的大量外流。由此产生了外汇市场上对马克的过度需求以及英镑和里拉的过度供给，最终在英国和意大利爆发货币危机。1992年9月欧洲货币市场上出现大量抛售里拉、英镑，抢购德国马克的风潮，英国和意大利对外汇市场的干预无法阻止本国货币的贬值，无奈之下宣布退出欧洲货币体系，开始实行英镑和里拉的单独自由浮动。英国和意大利实行单独浮动汇率制度之后，英镑和里拉汇率的贬值压缩了国际游资的套利空间，汇率逐渐得以恢复稳定。这次欧洲货币危机说明，在资本自由流动的情况下，固定汇率制度难以抵御资本外流的冲击。

第三，1994年墨西哥货币危机。1994年美国为了抑制国内的通货膨胀，美联储连续提高利率，引起墨西哥资本外流，使外汇市场上比索汇率面临很大的贬值压力，尽管墨西哥以外汇储备来干预汇率，但是由于其外汇储备规模有限，最终被迫放弃固定汇率制度，转而实行浮动汇率制度。1994 年 12 月墨西哥宣布比索兑美元贬值，决定比索兑美元贬值 15%，并开始实行比索兑美元的浮动汇率制度。这标志着中央银行不再干预外汇市场，引起了国内金融市场的恐慌，比索汇率急剧下降，外资纷纷撤离，国内资本外逃的现象也非常明显。这次货币危机的深层次原因同样在于墨西哥常年实行的固定汇率制度和国际资本流动。

第四，1997 年东南亚金融危机和货币危机。1997 年 7 月泰国爆发金融危机，这次危机的原因同样是国际资本流动对固定汇率制度的冲击。泰国金融危机是由货币危机引发的，进而引起了整个东南亚地区的金融危机和货币危机，这与当时东南亚国家普遍实行固定汇率制度密切相关。以索罗斯的量子基金为首的对冲基金在泰国实行固定汇率制度期间，大量卖出远期泰铢，之后又在现汇市场上抛售泰铢、购买美元，以谋取泰铢贬值后的远期收益。泰国政府在动用外汇储备干预市场失败后，宣布放弃实行了 13 年的固定汇率制度，实行浮动汇率制度。泰铢贬值使泰国的金融市场发生动荡，东南亚国家相互投资关系密切，而泰国金融危机的爆发使东南亚国家海外投资受到了影响，进而使各国金融市场受到影响。当时东南亚国家普遍存在较大规模的外债，因此金融危机迅速传播，进而影响到印度尼西亚、韩国、马来西亚、菲律宾等东南亚国家的金融市场，东南亚地区外资纷纷撤离，整个东南亚地区都爆发了金融危机。由于外汇市场上美元的短缺，各国货币兑美元汇率也都大幅度贬值，由此产生了区域性的货币危机。显然，东南亚国家普遍实行固定汇率制度是这次区域性货币危机爆发的根本原因。

第五，1998 年俄罗斯金融危机和货币危机。1998 年俄罗斯的财政赤字问题非常严重，为了提高国债的吸引力，俄罗斯给予投资者很高的利息回报，高额的利息支出使俄罗斯陷入了"发新债、还旧债"的恶性循环。1998 年 8 月 17 日，俄罗斯宣布延长国债的兑现，金融市场陷入了恐慌，投资国债的商业银行受到严重影响。外资纷纷从俄罗斯资本市场撤离，又引起了外汇市场上对美元的过度需求，在以外汇储备干预外汇市场失败的情况下，俄罗斯不得不放弃"外汇走廊"制度，卢布开始大幅度贬值。这次危机是由金融危机引发的货币危机，而货币危机的爆发和俄罗斯相对固定的汇率制度及国际资本的自由流动密切相关。

第六、1998 年巴西货币危机。1998 年，受亚洲金融危机和俄罗斯金融危机的影响，巴西资本外流开始加速，为了维护雷纳尔的汇率，巴西曾经以外汇储备干预市场，又以高利率来吸引国际资本流入，但是这些措施并没有能够阻止雷纳尔的贬值。在美国的帮助下，巴西的货币危机没有引发金融危机。良好的银行状况和外汇储备，也使巴西的金融体系得到了有效的保护。[①] 受 1998 年亚洲金融危机的启示，巴西主动放弃了爬行盯住汇率制度。1999 年巴西改为实行浮动汇率制度，雷纳尔迅速贬值，但这次危机仅仅是货币危机，并没有出现金融危机。

第七，阿根廷金融危机。1999 ~ 2001 年阿根廷陷入了金融危机，金融危机对阿根廷的比索汇率产生了极大的冲击。1991 年阿根廷开始实施货币局制度，规定比索与美元之间维持固定比率，国内货币发行严格建立在外汇储备的基础之上，即外汇储备每增加 1 美元，就增发 1 美元的本国货币。货币局制度使美元在阿根廷的流通获得了合法化，阿根廷国内美元化趋势日益严重，美元存款增加，美元对阿根廷证券市场的投资也大大增长。但随着阿根廷经常项目的恶化，阿根廷银行体系的对外债务开始出现偿付危机，阿根廷只能依靠提高利率来吸引短期资本流入，形成了"发新债、还旧债"的恶性循环。货币局制度使阿根廷在外汇减少时，不得不降低本国货币供应量，中央银行调控经济的能力受到了制约。金融危机使阿根廷无法维持比索与美元之间的固定比价，汇率大幅度贬值之后，2002 年阿根廷放弃了货币局制度，开始实行浮动汇率制度。

综上所述，金融危机与货币危机并没有必然联系，日本金融危机并

---

① 朱民：《巴西金融动荡：货币危机而非金融危机，经济压力大于金融冲击》，《国际经济评论》1999 年第 2 期。

没有引发货币危机,英国、意大利的货币危机则没有引发金融危机。而墨西哥、巴西的货币危机在外部资金的援助下,货币危机也没有引发区域性的货币危机。尽管阿根体和俄罗斯在金融危机过程中都发生了货币危机,但是同样没有形成区域性的货币、金融危机。从区域性货币危机的角度看,日本、英国、意大利、俄罗斯、墨西哥、巴西、阿根廷等国家的金融危机或货币危机没有引发区域性的货币危机,其中的主要原因是周边国家的汇率制度具有较大的弹性,汇率的浮动抑制了国际资本的大规模撤离。真正爆发区域性货币危机的是东南亚金融危机,这次危机由泰国货币危机引发,作为一个经济小国,泰国货币危机引起整个东南亚地区的金融危机和货币危机,其深层次原因与当时东南亚国家的汇率制度密切相关。东南亚地区出现货币危机的根本原因是汇率制度缺乏弹性,1997 年泰国、韩国、马来西亚、印度尼西亚、菲律宾都实行固定汇率制度,泰国金融危机爆发之后,伴随着大规模的资本撤离,各国货币都纷纷贬值;当政府挽救本币汇率政策失败之后,出于对货币贬值的预期,国际资本撤离的动机更加强烈,这又促进了各国货币汇率进一步下降,从而爆发了区域性的货币危机。从发生过货币危机的国家来看,固定汇率制度是其爆发货币危机的重要因素。如表 3-1 所示,发生货币危机的国家大多实行固定汇率制度,而货币危机爆发之后往往将固定汇率制度转为浮动汇率制度,例如,1992 年英国和意大利爆发货币危机之后,两国宣布汇率开始单独自由浮动,不再与欧共体成员国保持固定汇率;1994 年墨西哥货币危机爆发之后,墨西哥开始实行浮动汇率制度;1998 年俄罗斯发生货币危机之后,汇率制度由"外汇走廊"转为浮动汇率制度;1998 年的货币危机使巴西放弃了爬行盯住汇率制度;东南亚金融危机之后,泰国、韩国、菲律宾、印度尼西亚都调整了汇率制度,使汇率更具有弹性,只有马来西亚把有管理的浮动汇率制度改为固定汇率制度,但马来西亚不得不于 1998 年 9 月 1 日重新开始对资本项目进行管制,以保护其汇率的稳定。

表 3 - 1 历次金融危机和货币危机前后的汇率制度比较

国 家	危机类型	危机前的汇率制度	危机后的汇率制度
日本	金融危机	浮动汇率制度	浮动汇率制度
英国、意大利	货币危机	欧共体内部固定汇率	浮动汇率制度
墨西哥	货币危机	固定汇率制度	浮动汇率制度
泰国	货币、金融危机	一定幅度内的盯住汇率制度	有管理的浮动汇率制度
马来西亚	货币、金融危机	不宣布汇率波动轨迹的有管理的浮动汇率制度	盯住美元的固定汇率制度（限制资本流动）
印度尼西亚	货币、金融危机	一定幅度内的盯住汇率制度	自由浮动汇率制度
韩国	货币、金融危机	一定幅度内的盯住汇率制度	自由浮动汇率制度
菲律宾	货币、金融危机	一定幅度内的盯住汇率制度	扩大汇率波动的上下限
俄罗斯	货币、金融危机	"外汇走廊"	浮动汇率制度
巴西	货币危机	爬行盯住汇率制度	浮动汇率制度
阿根廷	货币、金融危机	货币局制度	浮动汇率制度

（三）货币危机：基于欧盟新成员国汇率制度的分析

在欧盟第五轮、第六轮东扩后加入欧盟的中东欧国家共有 12 个，当前这 12 个欧盟新成员国已经深受金融危机的影响。考虑到这 12 个国家的资本项目都已经开放，汇率制度的选择就成为其防范和预防货币危机的重要因素。如果以各国汇率制度的实际情况来评估 12 个欧盟新成员国，可以发现，尽管金融危机在中东欧地区持续蔓延，各国都出现了外国资本撤离、汇率贬值的现象，但在这些国家发生货币危机的可能性并不相同。

斯洛文尼亚、塞浦路斯、马耳他、斯洛伐克、爱沙尼亚已经加入欧元区。在当前世界金融危机中，尽管欧元区受到了较大的影响，欧元兑美元汇率也出现了一定程度的贬值，但作为世界第二大货币，欧元区显然不会发生货币危机。因此，已经加入欧元区的斯洛文尼亚、塞浦路斯、马耳他、斯洛伐克、爱沙尼亚不会爆发货币危机。

波兰、捷克、罗马尼亚三个中欧国家的汇率制度相对自由。波兰在

2000 年开始实行单独浮动汇率制度。捷克的汇率制度本身就是为了防范货币危机而建立的，捷克在 1997 年 5 月发生货币危机之后，为了降低国际资本套利空间，捷克开始实行有管理的浮动汇率制度。① 罗马尼亚实行不事先规定汇率轨迹的有管理的浮动汇率制度，其汇率弹性比较接近于单独浮动汇率制度。从这三个国家的汇率制度来看，尽管当前各国货币兑美元的贬值幅度较大，但这其中有欧元兑美元贬值的因素，这些国家的货币兑欧元并没有出现大幅度贬值。由于其汇率波动本身能够抑制外国资本的持续撤离，汇率的弹性也有利于提高外资对这些国家货币的信心，这几个国家货币兑欧元并不会出现大幅度的贬值。考虑到这些国家的外国资本主要来源于欧盟国家，对外贸易的伙伴国也主要集中在欧洲，只要各国货币能够相对欧元保持稳定，就不会发生货币危机。

立陶宛和保加利亚实行货币局制度。在资本项目开放条件下，实行货币局制度符合"三元悖论"原则，也是"中间制度消失论"所倡导的汇率制度。1997 年东南亚金融危机之后，以索罗斯为首的国际资本在冲击中国香港外汇市场时，香港的货币局制度就较好地抵御了外部冲击。当然，货币局制度并不是防范货币危机的充分条件，香港完善的金融体系为香港防范货币贬值奠定了基础，为防止资本外流，香港在 1998 年隔夜拆借利率曾经达到 300%。② 而 1999 年同样执行货币局制度的阿根廷则陷入了货币危机，这与其金融体系的脆弱性有很大关系。立陶宛、保加利亚两国的金融体系显然无法与香港相比，具有爆发货币危机的可能性。但是作为欧盟的成员国，这两个国家的货币局都以欧元为盯住对象，欧盟能够给予强大的货币援助计划。尽管发生了金融危机，但为了加入欧元区，立陶宛、保加利亚这两个国家不会轻易改变其汇率制度，而是会极力维护汇率的稳定，在欧盟的帮助下，立陶宛、保加利亚实现

---

① 龚方乐：《捷克、丹麦的货币政策与金融监管》，《浙江金融》2003 年第 5 期。
② 欧阳宏建：《从亚洲金融危机看港币联系汇率制的前景》，《亚太经济》1999 年第 3 期。

这一目标并不难。

匈牙利实行"外汇走廊"制度，福林兑欧元汇率上下波动幅度不超过15%，尽管大多数国家的"外汇走廊"制度更接近固定汇率制度，但与其他国家的"外汇走廊"制度相比①，匈牙利设定的波动幅度较宽，因此其汇率弹性较大。在当前的金融危机面前，福林兑美元出现了一定幅度的贬值，因此匈牙利不得不向国际货币基金组织申请美元贷款，以维持其国内外汇市场对美元的需求。尽管与浮动汇率制度相比，匈牙利在克服货币危机方面处于较为不利的地位，匈牙利爆发货币危机的可能性处于较高水平，但匈牙利一直希望尽快加入欧元区，因此匈牙利不会放弃福林兑欧元汇率的相对固定。

拉脱维亚实行的是传统的盯住汇率制度，汇率的固定使拉脱维亚在金融危机中处境被动，以自有的外汇储备来维持汇率固定的难度较大，而中央银行一旦宣布放弃对汇率的干预，又很容易引起外资的进一步撤离，引发货币更大幅度的贬值。因此从汇率的弹性方面看，拉脱维亚在应对货币危机方面相对被动，发生货币危机的可能性高。作为波罗的海三国之一的拉脱维亚，与爱沙尼亚、立陶宛经济联系密切，如果货币危机在拉脱维亚爆发，则必然会对波罗的海三国产生很大的影响，甚至对整个中东欧地区的影响都会很大。

如表3-2所示，从汇率制度的角度来看，中东欧的12个欧盟新成员国发生货币危机的可能性不尽相同，其中最为安全的是斯洛文尼亚、塞浦路斯、马耳他、斯洛伐克、爱沙尼亚这五个欧元区国家；波兰、捷克、罗马尼亚发生货币危机的可能性很低；立陶宛、保加利亚发生货币危机的可能性处于中等水平；匈牙利发生货币危机的可能性较高；拉脱维亚发生货币危机的可能性最高。

---

① 例如，俄罗斯在1995年设定的"外汇走廊"制度规定的波动幅度仅有1.5%，这种"外汇走廊"制度更接近固定汇率制度，而匈牙利的"外汇走廊"制度波动幅度相当于俄罗斯的十倍。

表 3 – 2　欧盟新成员国的汇率制度与货币危机的可能性

国　家	当前汇率制度	开始实施时间	货币危机可能性
斯洛文尼亚	货币联盟（欧元区）	2007 年 1 月	无
塞浦路斯	货币联盟（欧元区）	2008 年 1 月	无
马耳他	货币联盟（欧元区）	2008 年 1 月	无
斯洛伐克	货币联盟（欧元区）	2009 年 1 月	无
爱沙尼亚	货币联盟（欧元区）	2011 年 1 月	无
捷克	不宣布汇率轨迹的有管理的浮动汇率制度	1997 年	低
波兰	浮动汇率制度	2000 年	低
罗马尼亚	浮动汇率制度	1998 年	低
立陶宛	货币局	1994 年	中
保加利亚	货币局	1997 年	中
匈牙利	"外汇走廊"	1995 年	较高
拉脱维亚	传统盯住汇率制度	1994 年	高

（四）小结

综上所述，尽管货币危机与金融危机经常同时发生，但二者之间没有必然的联系。基于货币危机的理论与现实的分析，一国爆发货币危机的可能性与汇率制度密切相关。从汇率制度的角度看，在 12 个欧盟新成员国中，大多数国家的汇率制度能够有效防范货币危机，部分国家具有发生货币危机的可能性，这就意味着需要欧盟给予提供强有力的外部援助。从20 世纪 90 年代以来发生的货币危机来看，外部援助对于一国摆脱货币危机具有重要的作用，1994 年墨西哥在美国、国际货币基金组织的援助下，很快摆脱了货币危机的影响；而 1999 年阿根廷爆发货币危机之后，由于缺少外部援助，货币危机持续了多年，并引发了金融危机。作为欧盟的新成员国，欧盟提供的外部援助是这些国家避免货币危机发生的有利因素。但是，对于这 12 个欧盟成员国来说，也有一些不利的外部因素存在。1997 年东南亚国家发生的货币危机是由泰国引发的，泰国的货币危机引发了韩国、马来西亚、印度尼西亚、菲律宾等国的货币危机，因此货币危机在一定区域内的传导同样值得关注。在中东欧地区，除了 12 个欧盟新成员国以外，俄罗斯、乌克兰、摩尔多瓦、白俄罗斯等国也深受世界金融危机的影响。与欧盟国家不同，这些非欧盟国家的货币汇率与美元关系更为密切，在世界金融危机的背景下，如果这些国家爆发货币危机，也有可能会影响到欧盟的中东欧新成员国。

四　后危机时代世界经济形势变化与中国的应对

2008 年国际金融危机爆发后，这场由发达国家引发，进而影响整个世界经济体系的金融危机，已经从局部发展到全球，从发达国家蔓延到发展中国家，从金融领域延伸到实体经济。当前，世界主要经济体国家已经意识到相互合作、增进互信的重要性，但是由于国际经济地位、经济发展水平等方面的差异，世界各国在利益取向方面也存在一定的分歧，大国之间的博弈日益复杂，世界经济秩序也呈现出不断变革的新特征。[①] 新兴经济体国家希望借助外部力量推动其经济发展，同时也努力改变由发达国家所主导的国际规则和经济秩序，试图改变由欧美国家掌控世界形势的局面。中国作为世界上最大的发展中国家，既要面对金融危机对经济增长造成的冲击，又要针对世界经济形势的变化提出行之有效的策略，才能在后危机时代提升国际地位、维护经济发展、增强竞争能力。

（一）国际金融危机后的大国博弈

美国金融危机起源于次贷危机，其根本原因在于银行向低信用等级的居民发放过量住房按揭贷款，对于这些次级抵押贷款而言，如果房屋价格不发生变化，或是沿着升值的态势发展，那么即使贷款不能按期归还，银

---

① 吕健华、王志远：《刍议全球金融危机对国际经济秩序的影响》，《新远见》2011 年第 12 期。

行也可以将房屋拍卖，补偿不良贷款。由于美国一直以来的宽松货币政策，在低利率条件下，资产价格始终处于上涨渠道，在这种情况下次级抵押贷款也始终处于安全状态。为了鼓励银行发放住房抵押贷款，美国还有两家专门从事住房抵押贷款证券化业务的公司，联邦住房抵押贷款协会和联邦住房抵押贷款公司，这两家具有一定官方背景的公司，专门将商业银行的信贷资产从事打包经营。例如，将一组期限、规模、客户类似的抵押资产，通过资产证券化的方式，向美国华尔街投资银行兜售，既帮助商业银行回流了资金，又扩大了金融市场的投资工具。在这种情况下，资金源源不断地从金融市场筹集，商业银行在住房抵押贷款协会和住房抵押贷款公司的帮助下，将资本市场融通的资金贷放给需要购买房屋的居民，尽管这些居民偿还贷款的能力较弱。

2007 年，美国房地产市场出现了萧条，房屋价值的下降，使得一些低信用等级的贷款客户放弃房屋。此时，对于商业银行而言，一些住房抵押贷款已经无法收回本息，如果将房屋拍卖，在美国萧条的房地产市场上，也很难偿还原本的贷款。甚至是一些拍卖的房屋，由于抵押债务额度已经超过房屋市场价值，只能以"一美元"的价格拍卖，但购得房屋的客户需要偿还房屋所背负的抵押贷款。一时间，原本被金融市场热捧的住房抵押贷款失去了投资意义，以此作为资产组合的证券也大幅度缩水和贬值。住房抵押贷款协会和住房抵押贷款公司面临着巨大的经营压力，而持有抵押贷款证券化资产的投资银行也面临着严重的困境。2008 年 9 月，大量持有住房抵押贷款证券的雷曼兄弟银行破产清算，这标志着次贷危机转变为金融危机，华尔街的危机推倒了国际金融市场上的第一张多米诺骨牌，一场席卷全球的金融危机开始爆发。

华尔街巨头的破产和重组使金融市场产生了强烈的振荡，美国实体经济受到了巨大的冲击，虽然美国政府投入了巨额资金挽救经济局势，但效果并不明显，反而使联邦财政陷入困境。金融危机在一定程度上撼动了美国的经济霸权，当前新兴经济体国家的发展举世瞩目，对世界经济的影响力日益增强，全球性的危机使美国不得不依赖新兴经济体国家来促使自身的经济复苏，但美国仍在始终防范新兴经济体国家获得更大的发展空间，从而对其霸主地位形成威胁和挑战，因此特别重视对国际话语权和国际规则的掌控。

美国拥有世界货币体系的控制权，为了防止金融危机对美元霸权产生冲击，美国极力维护美元，努力使美元作为世界中心货币的地位更加牢固。欧元作为世界第二大货币，自问世以来就对美元构成了强大的挑战，但是这次国际金融危机爆发后，非但没有削弱美元的地位，反而使欧元陷入困境。2009 年 12 月，穆迪公司、标准普尔、惠誉国际三大国际信用评级机构同时下调了希腊主权债务评级，希腊债务危机瞬间爆发，国际金融对欧洲最大的冲击开始显现。此后，随着越来越多的欧元区国家深陷债务危机困扰，欧元的国际地位陷入了空前的危机。如果说欧洲主权债务危机爆发的根源在于高额的财政赤字，但随着美国经济刺激政策的频繁推出，美国财政赤字占 GDP 的比重也持续上升，为什么美国没有陷入债务危机？尽管无法证实美国对欧元区的打压究竟是蓄谋已久，还是纯属巧合，但自从国际金融危机爆发后，在金融领域欧元与美元的竞争无处不在，对于美元来说最大的竞争对手就是欧元，而美国最不希望看到的就是这次金融危机会影响到美元的地位。欧元区深陷债务危机后，不仅有利于巩固和提升美国货币霸权的地位，欧盟对美国这个强大的竞争对手也逐渐从竞争转向联合，在一些场合甚至公开支持美国的立场和观点。

在金融危机后的 G20 伦敦峰会上，新兴经济体国家对美元的霸权地位提出了新的建议。中国提出改革国际货币金融体系，尤其是改革以美元为核心的国际货币体系，推动国际货币体系多元化。这一观点得到了巴西、俄罗斯等国的赞同，俄罗斯认为应当推动国际储备货币多元化，改革美元主导的国际金融体系格局，巴西则认为有必要讨论新的国际储备货币。美国在第一时间就针对这些问题作出了回应，认为国际金融危机并没有改变美元的"强势"，美元能够完成世界货币的各项职能和作用，完全没有必要建立新的国际货币。美国的观点得到了亲美派的支持，澳大利亚认为美元作为世界货币的地位无可非议，英国也不赞同改变现有的世界货币格局，欧盟更是认为美元作为世界货币是非常安全可靠的。

这次 G20 峰会尽管没能撼动美元作为世界货币的地位，但是在金融危机后，占全球 GDP 约 90% 规模的 20 国集团首脑峰会越来越成为影响世界经济走势的重要会议，大国之间的博弈也多数在这一平台展开。金融危机对全球经济产生了深刻的影响，世界主要国家之间的经济力量对比也发生了变化，近年来国际金融问题越来越成为全世界关注的焦点，这些因素共同决定了当前大国博弈的新特征。

回顾 G20 发展的历程，这一集团恰恰起源于金融危机。1997 年东南亚金融危机爆发后，新兴经济体国家在全球活动中的重要性显得更加突出，各方要求增加国际话语权的呼声也开始增加。1999 年 9 月 25 日，八国集团财长在华盛顿宣布成立 20 国集团（G20）。这个国际论坛由 19 个国家（美国、英国、日本、法国、德国、加拿大、意大利、俄罗斯、澳大利亚、中国、巴西、阿根廷、墨西哥、韩国、印度尼西亚、印度、沙特阿拉伯、南非、土耳其）和欧盟的财长、中央银行行长组成，世界银行、国际货币基金组织等机构也参加这一非正式的对话机制。希望以此来推动发达国家和新兴经济体国家之间的合作与共赢，促进国际金融稳定和全球经济的持续增长。

G20 功能的发挥主要依靠召开 G20 峰会，协调世界各国的反危机政策、金融体制改革等全球性的重大问题。但在 G20 内部已经悄然发生了阵营分化的现象。在世界经济重心逐渐向新兴经济体国家转移的同时，G20 峰会上来自这些国家的声音也逐渐增多，并且影响力日益强大。美国作为这次金融危机的罪魁祸首，其影响力也发生了微妙的变化。因此在 G20 内部逐渐分化为新兴经济体国家、美国以及亲美派、欧洲中心国家三大阵营，G20 开始成为新兴经济体国家与发达国家之间进行磋商的全球治理机制。2008 年国际金融危机后，G20 会议机制立即成为解决全球金融问题的磋商机制及推动国际金融体系改革和国际经济秩序重构的重要平台。为了共同应对金融危机，G20财长会议升级为集团峰会，先后经历了华盛顿峰会、伦敦峰会、匹兹堡峰会、多伦多峰会和伦敦峰会，这使得G20在推动国际经济秩序改革中扮演了重要角色。从当前G20的作用看，尽管峰会是为了共同应对金融危机而召开，并且G20本身就是在发达国家倡议下建立的，但不可否认的是，G20会议机制在当前全球治理中是最有效、最权威的方式，世界主要国家的建设性意见基本都通过G20峰会表达，G20完全有可能成为未来全球治理的核心机构。

G20会议机制的出现对于当前全球治理有非常积极的作用，尤其表现为其为广大发展中国家提供了参与国际磋商的交流平台。在G20内部能够充分体现出世界经济力量的变化，这种变化首先表现为新兴经济体国家话语权的增强，这与欧美等发达国家深陷经济危机无法自拔形成鲜明的对比。G20协调机制逐渐由非正式转为峰会级别，就充分说明新兴经济体国家的影响力在提升，而对于发达国家阵营而言，也迫切需要一个与新兴经济体国家展开对话的平台，期待借助新兴经济体国家的力量实现其经济复兴。这说明G20已经基本取代了八国集团，逐步成为制定国际规则的主要平台。

同时也应当清醒地看到，尽管G20已经成为国际经济协调与合作的重要平台，并且已经成为发展中国家反映国际诉求的主要渠道，但并不能代表G20框架在大国博弈中具有唯一性。因为这一平台对于发达国家而言，仅仅是其处理国际事务诸多平台当中的一个而已。并且发达国家之所以愿意在G20框架内讨论国际问题，主要是希望借助世界上新兴经济体国家和发展中国家的力量，以达到实现其全面经济复苏的目的。西方发达国家在这一多边合作平台中的主导权并没有改变，一旦触及到其根本利益，这些国家仍然具有选择其他博弈平台的主导权。G20峰会所反映出的实质问题，仍然是当前世界主要国家经济力量的对比。

（二）后危机时代国际经济秩序的变革

国际经济秩序是在特定的历史时期和发展阶段，国际社会中的主权国家为了实现共同利益最大化，通过相互竞争与合作，而形成的相对稳定的国际规则和国际力量对比。世界性的国际机构则是按照既定的国际规则，对国际经济秩序进行维护和保障。国际经济秩序反映了世界各国的力量对比，当这种均衡被打破后，往往是建立新的国际经济秩序。2008年金融危机后，随着美国、欧盟等主要发达经济体的衰退，新兴经济体国家越来越成为全球经济舞台上的主角，要求改革国际经济秩序的呼声开始高涨。在国际经济秩序方面，这次金融危机暴露出美元作为世界货币的固有缺陷，作为世界货币的美元成为了金融危机的传导链条。当前世界经济中仍然存在不合理的国际分工格局，少数发达国家控制着国际金融体系，布雷顿森林体系中建立的国际经济机构也处于发达国家的掌控之中，国际货币基金组织、世界银行等国际机构在预防和应对危机方面备受争议。国际社会要求改革现有国际规则和国际机构的呼声越来越高。

大国之间的博弈往往是改变国际经济秩序的前提，世界经济演变的历史规律充分证明，大国博弈对于国际规则的制定、国际组织的改革、国际秩序的变迁具有重要的影响力。国际金融危机爆发后，随着大国之间博弈领域的拓展以及博弈程度的深化，国际经济秩序也随之发生着微妙的变革。传统的国际经济秩序严重受制于发达国家，在国际经济舞台上明显缺乏公平性和有效性，客观上要求发展中国家参与建立一种新型的国际协调机制，重新构建国际经济秩序。

当前，国际经济秩序的不合理因素主要表现在国际贸易和国际金融两个方面。发展中国家在对外贸易中处于不利地位，而外向型的经济发展方式又促使这些国家必须依赖世界市场。贸易条件的恶化使新兴经济体国家和发展中国家必须依靠出口资源型产品和低端劳动密集型产品才能获得贸易顺差，而发达国家则能够以高附加值的技术型产品获得对外贸易中的优势，掌握着国际贸易领域中的主动权。新兴经济体和发展中国家对世界市场的依赖更加强化了发达国家在国际贸易领域中的主动性，发达国家纷纷以各种关税和非关税壁垒为借口，实行贸易保护主义，借以控制全球国际贸易体系，而发展中国家则更加希望建立公平的贸易体制，尤其反对发达国家所主导的贸易保护主义，并且在世界贸易组织中增加话语权。在这种情况下，国际贸易规则的改革就显得尤为重要，但在美国、欧盟等国家主导的 WTO 谈判过程中，发展中国家的诉求始终无法得到根本的体现，多哈回合谈判也一直处于走走停停的状态。

在当前的国际货币体系中，尽管美元已经不再与黄金挂钩，但仍然是最为重要的世界货币。突出表现为美元与石油之间的直接挂钩，在国际贸易领域中美元的核心地位以及世界各国外汇储备都以美元为主，这些因素直接决定了当今世界的美元霸权。美国的货币霸权使其能够源源不断地向世界各国征收铸币税，尤其是在出口导向型的新兴经济体和发展中国家。特别是当这些国家的外贸顺差积累到一定程度时，由于投资渠道的缺乏，只能投资于美国的资本市场，从而使得美国可以获得相当廉价的贷款，并以此来换取其所需要的能源和产品。当美国次贷危机爆发后，由于美元处于世界金融和货币的核心地位，各国都受到了严重的冲击，显然这次危机的大面积扩展，其根本原因在于美元的霸权地位。因此在后危机时期，世界各国不仅要通力合作，共同恢复世界经济，而且要重视国际金融体系的安全性和合理性，努力建立公平、健康、稳定的国际金融体系。

在 2008 年金融危机爆发后，美国、欧盟等发达经济体成为重灾区，全球经济迫切需要借助新兴经济体国家的力量来摆脱危机。金融危机本身反映出发达国家所主导的世界经济秩序具有严重的缺陷。近年来，中国、巴西、印度、俄罗斯、南非等"金砖国家"的经济发展成绩举世瞩目，"金砖国家"会议成为新兴经济体国家联合的代名词，并且其影响力也在日益提高。国际力量在发达国家和新兴经济体国家之间的对比，在金融危机后正悄然发生着变化，世界主要大国之间的博弈也变得愈发复杂和频繁，这种博弈必然会影响到国际经济秩序的变革。因此，2008 年国际金融危机事实上对国际经济秩序的重建起到了推动作用，加快了国际经济组织改革和国际经济规则变迁的步伐。

G20 在促进当前国际经济秩序改革方面具有极大的优势，自成立以来，G20 的历次重要会议均讨论全球性的经济金融问题。尽管在 G20 成立之初，按照西方发达国家的建议，主要强调的是在国际货币基金组织与世界银行框架内的非正式对话，这种运行模式的本意是强调国际组织在 G20 内部的作用，并以此来保障 G20 各项功能的有效发挥，以便其在全球性问题上与国际组织进行合作与协调。但是在 2008 年国际金融危机爆发后，关于国际经济秩序改革的呼声越来越高，G20 内部的一些国家通过峰会的强大影响力，推动国际货币基金组织、世界银行等国际机构的改革。G20会议逐渐开始展开关于国际货币基金组织和世界银行改革的对话。虽然这种对话并没有国际规则性质的约束力，但是历次通过的决议都具有重要的影响力，当这种软影响力作用到国际组织改革上时，就会产生实质性的功能和作用，进而成为新的国际规则和制度。在匹兹堡峰会上，G20 对国际经济秩序的推动作用得到了充分的展示，在众多国家的共同努力下，新兴经济体国家和发展中国家扩大了在国际货币基金组织的份额，在世界银行的投票权也显著提升。至此，可以认为 G20 在国际经济秩序重建方面的功能已经超过了原有 G8 的作用，成为当前和未来世界主要国家处理国际事务的最重要平台。

在当前大国博弈日益复杂的情况下，中国作为世界上最大的发展中国家，又是当前新兴经济体国家中的重要成员，其经济发展正处于加速阶段，同时也面临着大有作为的机会与拓展空间。国际经济秩序的变迁既有利于中国的和平发展，也有利于中国提高自身的国际影响力，增强国际话语权，成为担负重要国际责任的世界大国。因此，中国应该充分利用这一时机，在多变的国际舞台上做出更好的决策，以此为国家的经济发展拓展国际空间，为国际经济秩序的重建贡献力量。

（三）世界经济形势变化对中国的影响及中国的应对

随着全球气候变暖问题日益严峻，碳排放量、碳关税等越来越成为当前国际协商中的焦点问题。哥本哈根会议后，美国、欧盟等发达经济体极力夸大气候变暖的趋势，希望在气候博弈中占据主动，并以此来主导碳排放规则，进而对世界其他国家形成强有力的制约作用。当前在气候谈判中，主要的博弈大国是欧盟、美国和发展中国家。

欧盟是当前低碳经济的倡导者和执行者，其经济发展模式已经尽量降低能耗和碳排放。欧盟积极应对气候变暖不仅有利于增强其国际话语权，而且对发展中国家提供技术、资金等方面的支持，帮助发展中国家实现减排的承诺，也使欧盟在外交工作中又多了一个重要的方法，有利于欧盟在全球范围内建立新的竞争优势。

美国是世界上最大的温室气体排放国，也是世界上少数没有签署《京都协议书》的发达国家之一，因此美国国内缺少节能减排的积极性。在哥本哈根会议上，美国执意要与发展中国家按照相同的日程表和路线图进行节能减排，实质上就是在这一重大国际问题上以发展中国家来抵挡欧盟的压力，并以此来制约发展中国家。

在哥本哈根会议上，气候谈判产生了空前的对立，按照《京都议定书》确定的原则，发展中国家不需要承担减排责任，但美国、欧盟等发达国家希望借哥本哈根会议对中国、印度等发展中国家施加压力。在这种情况下，如果发展中国家全盘否定欧盟、美国提案，那么发达国家有可能推翻《京都议定书》，重新确立减排规则，并以碳消费税和碳关税等方式对发展中国家的商品生产和出口进行制约。但是站在发展中国家的立场上看，碳排放应当按照谁排放、谁治理的原则进行，由于发达国家率先实现工业化，因此当前存量的碳排放自然应当由发达国家负责减排。按照历史责任进行气候谈判是确保这一议题公平的基本前提，如果在当前按照苛刻的标准对发展中国家实现减排，那么必然会影响发展中国家的工业化进程，甚至会引发发展中国家经济增长放慢、失业加剧等经济社会问题，而欧盟、美国等发达国家认为这些问题应当从属于全球节能减排的大局。很明显，这是发达国家借气候问题对广大发展中国家施加压力。

在气候变化问题上，应当积极应对挑战，维护自身权益。作为世界上碳排放量位居前列的大国，中国有必要转变经济发展方式，以此来促进环境友好、资源节约。但是从哥本哈根会议上看，无论是欧盟，还是美国，都在以气候问题为借口，对中国施加压力。中国是世界第二大温室气体排放国，同时国内也深受气候变化的影响，从这方面看，中国本身具有节能减排的内在动力。但是中国正处于工业化、城镇化进程之中，这与早已实现工业化的美国不同，中国需要一个宽松的减排计划。如果按照欧盟的标准、美国的路线图进行节能减排，这种硬指标的约束将会极大地制约中国经济增长，这将给中国发展带来更大的困难。因此，作为世界上最大的发展中国家，中国必须在减排问题上与发达国家进行长期的动态博弈，防止欧盟、美国等以全球气候变化为借口，对中国经济施加负面的影响。

考虑到在气候问题方面，至今国际社会仍然没有一个权威机构硬性地对中国作出要求，任何形式的节能减排都建立在自主、自愿的基础上，因此中国必须用好这一自主权，按照自身经济发展的需要制定节能任务，不能矫枉过正，影响经济发展。应当将国际社会的压力，尽快转变为国内经济发展方式转变的动力。同时在大国博弈中，中国应当积极争取国际技术转让和气候治理基金，通过技术和资金两个渠道与发达国家进行合作，也以技术和资金为筹码与发达国家展开磋商，如果技术和资金不到位，中国完全可以按照自身的路线图进行节能减排，而不必顾忌来自欧盟和美国的压力。作为世界上最大的发展中国家，中国也应当代表广大发展中国家对美国施加压力，毕竟已经实现工业化的国家更应当对当前全球气候问题负责，以更加积极的态度应对全球气候谈判。

在当前世界经济形势中，发达国家一方面致力于国内经济政策，即加强金融监管、积极促进就业、推进新能源产业；另一方面在国际政策方面也开始奉行更加实用的措施，尤其对中国的态度越来越成为大国之间博弈的核心。随着世界贸易的快速增长，国际贸易摩擦不断增加。近年来中国国际地位的不断提升以及出口竞争能力的提高，在当前国际贸易保护主义有所抬头的形势下，中国在对外贸易中遭受的损失越来越大，而且发达国家所使用的手段也越来越多，从最初的反倾销措施扩展到特殊保障措施、反补贴等，严重影响了我国对外开放战略的实施。反倾销作为世界贸易组织允许的保护公平竞争的手段，在保护国内产业发展方面发挥了较大的积极作用，但是近年来由于关税的普遍下调，反倾销措施越来越成为贸易摩擦的焦点问题。中国加入世界贸易组织之后，遭遇的反倾销诉讼持续增加，其中部分诉讼完全是以莫须有的理由提出的，使中国深受反倾销之苦。因此，必须积极应对各种贸易摩擦，减少不必要的贸易争端，其中尤其重要的是应对好中美贸易摩擦和中欧贸易摩擦。

近年来中美贸易摩擦已经从纺织品、家电、家具等行业转向人民币汇率、知识产权等宏观层面，越来越多的制度性摩擦使中美之间的贸易顺差格外引人关注。以知识产权为例，在20世纪90年代，中国与美国之间在知识产权方面曾经有过三次较大的争端，并且都是围绕美国所制定的"特别301条款"。尽管这三次谈判非常激烈，甚至到了剑拔弩张的地步，但最后都签订了和解协议。此后，中国的知识产权状况一直处于美国"特别301条款"的监督之下。中国加入世界贸易组织之后，中美之间的贸易摩擦非但没有减少，反而逐渐增多，并出现了新的变化。为什么近年来知识产权在中美贸易中占据了重要地位？一是中美贸易顺差日益扩大，二是随着中国经济高速增长，美国认为必须采取一些措施，以维护自身的大国利益。因此今后中美在知识产权保护方面仍然会有很多摩擦，但由于两国在经济、政治方面的制衡，这种摩擦不太可能发展到贸易战的地步。在人民币汇率方面，美国一直以汇率作为中美贸易失衡的根本原因，并且鼓动国际社会对我国施加压力，期待以此来改变中美贸易顺差局面。但是诸多学者通过测算表明，汇率问题并非中美贸易顺差的根本原因，即使美国不从中国进口商品，也需要从其他劳动力成本较低的国家进口商品，同样会产生逆差。

20世纪90年代以来，中国与欧盟的经贸关系得到了长足的发展，随着对外贸易的快速发展，中欧之间的贸易摩擦也大量出现，已经成为阻碍经贸发展的重要壁垒。2005 年欧盟对中国的反倾销诉讼有八起，涉及金额高达九亿多美元。在中欧贸易摩擦中，反倾销具有非常典型的重要意义，因此有必要深入了解欧盟对中国反倾销的特点和影响。欧盟对中国反倾销力度不断扩大，在范围上，既有初级产品，又有机电产品；在力度上也有所加强，欧盟规定一旦某种产品成为反倾销对象并且征收反倾销税后，这一税率将至少持续五年。欧盟对中国反倾销调查越来越严格，在调查程序上，要求相关企业审计师必须到场，在申请市场经济地位的调查问卷中要求企业提供十年以内的情况。此外，市场经济地位问题也成为欧盟对中国反倾销摩擦的关键问题。欧盟之所以屡次对中国提起反倾销诉讼，主要原因在于我国出口到欧盟的产品结构不合理、资源消耗高、产品质量较低等。由于我国出口企业大多数规模较小，在反倾销调查中难以发挥合力，很多企业选择非积极措施，即选择不应诉。在这种情况下，我国企业必须扭转观念，积极应诉，并且要联合众多企业共同应诉，聘请专业律师争取在反倾销诉讼中的主动权。

（四）小结

国际金融危机爆发后，世界经济形势变得愈发复杂和多变，在国际经济秩序总体上不利于新兴经济体国家的情况下，积极寻求变革和开拓显得极为重要，只有这样才能在大国博弈中占据主动，推动国际经济秩序向着良好的方向发展。中国在促进国内经济发展的同时，也需要在国际舞台上赢得更多的发展空间，提升自己的国际经济政治地位。近年来"金砖国家"已经成为举世瞩目的世界经济增长极，新兴经济体国家组成的集团正成为影响世界经济格局的重要力量。后危机时代对于中国而言，既是机遇，也是挑战，国际金融危机给中国带来影响的同时，也推动着世界经济发生变化，给中国带来难得的发展机遇。中国迫切需要抓住世界经济格局和国际经济秩序孕育变革的重要机遇，转变经济发展方式，调整经济结构，拓展国际市场。只有这样，才能更好地应对各种挑战。

第四章
转型国家经济联盟化与货币国际化

独联体和中东欧国家在经历了经济转型的历程后，已经出现了联盟化的发展特征，使得原苏东地区向着两个相反的方向整体漂移。欧盟两轮东扩后，已经增加了 12 个新成员国，其中大部分属于中东欧以及波罗的海国家；随着欧元区的扩充，这些国家中又有五个成为了欧元区国家，标志着以经济联盟化为基础的货币国际化之路正式开启。俄罗斯同样具有促进卢布国际化发展的内在动力，普京再次当选总统后，提出的"欧亚联盟"战略将会极大地强化独联体国家内部的区域经济整合，而在未来的"欧亚联盟"中的国家也具有统一货币的强烈愿望，尽管这一过程将会漫长而艰辛，但这种发展趋势非常值得引起理论界的重视和关注。

一 独联体内部区域一体化进程的比较评估

20 世纪 90 年代以来，中亚国家积极参加全球各种区域合作组织。按照中亚国家之间的相对价格构建衡量中亚区域一体化进程的指标体系，可以发现 1996～2007 年中亚国家之间的区域一体化呈现出分化、整合、再分化、再整合的发展态势。从总体上看，进入 21 世纪之后，中亚国家的区域一体化程度明显增强，但是与"四国统一经济空间"的一体化程度相比，仍然存在着一定的差距，这说明中亚国家仍然需要不断提高区域合作的广度和深度。

（一）引言

当前，区域一体化已经成为世界经济的主要发展特征，发达国家和发展中国家都在积极寻求同周边国家的区域合作。美国经济学家贝拉·巴拉萨认为，区域一体化既是一种过程，也是一种状态，就过程而言，它包括旨在消除各国之间差别待遇的种种措施；就状态而言，则表现为各国之间各种差别待遇的消失。[①] 可见，区域一体化是一个动态的发展过程，分析区域一体化既要讨论当前的整合程度，也要考察其发展历程。在现实中，区域一体化一般发生在地理相邻的国家之间，目标是促进商品、资本、技术、劳动的自由流动，以充分利用各个成员国的优势，提高分工和协作的效率，实现区域一体化中的双赢和共赢。按照区域一体化的不同程度，理论界一般把区域一体化分为六个阶段：特惠关税区、自由贸易区、关税同盟、共同市场、经济同盟、完全经济一体化。但有些地区的一体化过程也会出现跨越式发展过程，并不是严格按照这种顺序递增式发展。

20 世纪 90 年代以来，世界经济全球化发展的背景为中亚国家区域一体化提供了难得的机遇，中亚国家积极开展中亚地区的经济合作，还积极开展同周边国家的区域合作，加入不同的区域经济组织。

1994 年，哈萨克斯坦、吉尔吉斯斯坦、乌兹别克斯坦签署《统一经济空间条约》。1998 年塔吉克斯坦加入，并正式成立中亚经济共同体。2002 年中亚经济共同体改为中亚合作组织。

1999 年，俄罗斯、白俄罗斯、哈萨克斯坦、塔吉克斯坦、吉尔吉斯斯坦五国首脑签署了《成立欧亚经济共同体条约》，2000 年欧亚经济共同体正式成立。

2004 年俄罗斯加入中亚合作组织之后，由于欧亚经济共同体和中亚合作组织成员国基本相同，2005 年欧亚经济共同体和中亚合作组织合并。

---

① Balassa, Bela. 1962. *The Theory of Economic Integration*. London: Allen & Unwin.

2001 年 6 月，中国、俄罗斯、哈萨克斯坦、吉尔吉斯斯坦、塔吉克斯坦、乌兹别克斯坦六国成立上海合作组织。2002 年，在亚洲开发银行的建议下，中国、哈萨克斯坦、吉尔吉斯斯坦、塔吉克斯坦、乌兹别克斯坦、阿塞拜疆、蒙古成立亚洲开发银行中亚区域经济合作机制。

2003 年，哈萨克斯坦、俄罗斯、乌克兰、白俄罗斯签署统一经济空间协议，并决定加快区域一体化进程。2009 年，俄罗斯、白俄罗斯、哈萨克斯坦组成关税同盟。

从当前中亚国家的区域一体化发展情况看，中亚国家广泛参加区域合作组织，并且中亚国家之间也采取措施提高其一体化程度，提出向着更高的层次发展中亚地区的区域一体化。但是，从世界上较为成功的区域一体化看，区域经济的整合并非一朝一夕，中亚国家的一体化进程仍然任重而道远。作为当今世界上最紧密的区域一体化经济，欧盟经历了数十年的发展历程，才取得今天的成就。欧洲六国 1957 年签署《罗马条约》，标志着欧共体成立。直到 1992 年签署《马斯特里赫特条约》，欧盟才真正实现了统一的大市场，实现了商品、资本、劳动等要素在各个成员国之间的自由流动；1999 年欧元区的建立标志着欧盟开始向着完全一体化的方向发展。2004 年、2007 年欧盟顺利实现东扩计划，成员国已经达到 27 个。从发展中国家组建的"南方共同市场"发展历程看，1991 年阿根廷、巴西、巴拉圭、乌拉圭签署了《亚松森协定》，宣布建立共同市场的区域一体化，但直到 2006 年才实现了这一发展目标。此后，"南方共同市场"又积极寻求同其他国家的区域合作。可见，区域内部的一体化发展趋势，对于整合区域内国家同外部国家的区域经济合作具有重要意义。因此，有必要分析中亚国家之间的区域一体化进程，并评估中亚国家的区域一体化程度，这对于洞悉中亚国家区域合作的发展方向，无疑具有重要的理论意义和现实意义。

在中亚五国中，除土库曼斯坦以外，其他国家都广泛参与了区域合作机制。因此，本文以哈萨克斯坦、乌兹别克斯坦、吉尔吉斯斯坦、塔吉克斯坦为研究对象，评估中亚国家区域一体化进程。全文结构如下：第一部分为引言；第二部分在研究述评和理论基础上提出本文的研究方法——"相对价格法"；第三部分测算中亚国家的区域一体化进程，并与独联体内较为成熟的"四国统一经济空间"进行比较分析；第四部分为简要的结论。

（二）研究述评、理论基础与研究方法

中亚国家的区域一体化问题引起国内学者的广泛关注，他们从不同视角分析了中亚国家所参加的区域一体化组织。吴宏伟、于树一认为，中亚五国从 2001 年开始积极参与国际合作，与国际接轨的程度越来越高，其整体区域发展特点日益突出，尽管中亚经济规模总量不大，但部分国家和地区与中亚国家的经济关系已日益紧密。[①] 潘广云则认为，在独联体框架内已经形成了多层次的次地区一体化组织，由哈萨克斯坦、俄罗斯、乌克兰、白俄罗斯组成的"四国统一经济空间"有望成为独联体经济一体化的新轴心，四国经济的互补性和依存性是开展区域合作的基础，与"四国统一经济空间"相比，中亚国家之间的区域经济合作仍然处于较低水平。[②] 秦放鸣等分析了中亚五国的经济发展、产业结构、对外贸易、资源储备等指标，认为中亚国家的区域性市场潜力很大，但是市场发育不成熟。[③] 张宁分析了中亚国家参加的区域经济合作组织，认为由于这些合作机制的竞争，既给上海合作组织带来了压力，也为上海合作组织提供了新的机遇。[④] 段秀芳认为，近年来中亚国家一体化进程明显加快，将会给中

---

① 吴宏伟、于树一：《中亚地区经济特点及与世界经济的比较研究》，《新疆师范大学学报（哲学社会科学版）》2009 年 9 月。

② 潘广云：《独联体框架内的次地区经济一体化》，《欧洲研究》2005 年第 1 期。

③ 秦放鸣、李新英：《中亚市场的宏微观分析》，《新疆大学学报（社会科学版）》2004 年第 12 期。

④ 张宁：《中亚一体化合作机制及其对上海合作组织的影响》，《俄罗斯中亚东欧研究》2006 年第 6 期。

国新疆经济发展带来机遇和挑战。[①] 可见，中亚国家区域一体化不仅关系到独联体内部区域合作的发展趋势，而且与中国新疆等地区的经济发展密切相关。在目前衡量中亚国家区域一体化发展历程的众多分析指标中，较多运用的是产业结构、贸易流量以及区域经济组织的发展阶段。但是这些指标在衡量一体化程度方面误差较大，主要原因有如下几点。

第一，从经济互补性和产业结构分析中亚国家区域一体化，只能体现出一体化的内在动力和发展潜力，无法衡量现实中区域一体化的动态发展历程。

第二，如果以中亚国家之间的贸易流量作为一体化程度的指标，则很容易受能源等大宗贸易商品的影响，还会受国际贸易中规模经济的影响，在这种情况下，即使贸易规模增长很大，也不能得出区域一体化程度提高的结论。

第三，由于中亚国家在参与区域一体化组织方面的程度有所不同，也很难按照区域一体化的发展阶段来判断中亚国家的实际区域整合程度。

中亚国家区域一体化是一个动态的发展历程，而关于中亚国家区域一体化进程和发展阶段的实证评价，目前的研究显得有些不足，仍然缺乏相对准确的一致性评价指标。本文希望以国际分工、市场规模和交易成本的关系为理论基础，用"相对价格法"构建区域一体化的评价指标，分析中亚国家区域一体化的动态发展历程。

分析区域一体化的动态发展历程可以从三个方面来看：第一，从区域一体化中各个成员国的动态发展历程看，区域一体化实质就是各个国家参与国际分工的深度不断加强、广度不断拓展的过程；第二，从整个区域看，区域一体化的实质就是区域内国际交换市场范围不断拓展、规模不断扩大的过程；第三，从各个成员国之间经济联系的动态发展看，区域一体

---

① 段秀芳：《中亚与独联体国家经济一体化发展、理论依据及其对新疆贸易的影响》，《新疆大学学报（人文社会科学版）》2005 年第 9 期。

化实质就是国家之间对外贸易的交易成本①不断缩小的过程。而这三个方面又是同时存在、相辅相成的，因此随着区域一体化程度的加深，必然出现国际分工合理化、市场规模扩大、交易成本降低的现象。

区域一体化的核心是发挥各成员国的比较优势，这也就是国际分工不断深化的过程。随着区域一体化的发展，由于各成员国能在国际分工中充分发挥各自的比较优势，区域合作往往呈现出双赢或多赢的局面。但分工的广度和深度则取决于市场容量的拓展，即一定区域内国际交换和国际合作的范围。亚当·斯密在《国富论》中指出："分工起因于交换能力，分工的程度，因此总要受交换能力大小的限制，换言之，要受市场广狭的限制。"② 阿伦·扬格将这一论述称之为"斯密定理"，并在《报酬递增与经济进步》一文中进一步阐述了"斯密定理"，充分强调市场扩大对分工的促进作用。③ 迪克希特和斯蒂格利茨的 D-S 模型同样认为，生产分工程度取决于市场规模的大小。④ 对于消费者而言，多样性的偏好要求产品的种类越多越好，而对于生产者来说，生产的产品品种越单一，越能够获得规模经济，因此在市场规模既定的情况下产生了两难的冲突。随着市场规模的扩大，解决这一冲突的可能性将增大，因为市场规模扩大既有利于发挥规模经济的优势，也有利于产品多样化发展。因此，从国际分工的角度看，一定区域内的市场容量事实上是反映区域分工和合作的重要指标，各个国家开展区域合作的目标就是建立商品、劳动、资本自由流动的区域大

---

① 交易成本概念最初由科斯在 1937 年提出，泛指达成一笔交易所需要的成本，参见罗纳德·科斯：《企业的性质》，载盛洪、陈郁译校的《企业、市场与法律》，上海三联书店，1990；威廉姆斯对交易成本进行了系统化的分析，认为交易成本包括搜寻成本、信息成本、议价成本、监督成本等，并开创了交易成本经济学，参见 E. 威廉姆斯：《资本主义经济制度》，商务印书馆，2004；本文中交易成本除了以上含义外，还包括国际贸易中的各种关税和非关税壁垒以及完成国际贸易所需要的运输成本。

② 亚当·斯密：《国民财富的性质和原因的研究》，郭大力、王亚南译，商务印书馆，1988，第16页。

③ Young, Allyn. 1928. "Increasing Return and Economic Progress". *Economic Journal* 38：527–542.

④ Dixit, A, and J. Stiglitz. 1977. "Monopolistic Competition and Optimum Product Diversity". *American Economic Review* 67（3）.

市场。而在市场规模扩大的这一过程中，必然伴随着国际贸易中交易成本的降低。杨小凯、张永生提出的新古典贸易理论认为："随着交易效率的不断改进，劳动分工的演进也会发生，而经济发展、贸易和市场结构变化现象都是这个演进过程的不同侧面。"[①] 可见，国际贸易中的交易成本和交易效率是决定区域分工和区域合作的重要变量，也是反映市场整合程度的重要指标。区域一体化发展过程，就是各成员国之间交易成本不断降低、商品和要素更加自由流动、市场整合程度持续提高的过程。因此，在国际分工、市场规模和交易成本三者之间，存在着紧密的联系，并且其中每一个变量都能够反映出另外两个变量的发展情况，自然也就反映了一个区域内的一体化进程。考虑到各种变量的动态可测算性，本文选择交易成本作为反映分工程度、市场整合的定量指标。这就是本文以交易费用变化程度作为衡量区域一体化发展历程的理论基础。

由于国际贸易中交易成本的复杂性，很难对其直接进行测算。本文根据萨缪尔森 1954 年创建的"冰川"成本理论[②]，以"相对价格法"来衡量交易成本的变化过程，按照各个成员国之间相对价格的变化轨迹，来评估区域一体化进程。萨缪尔森的"冰川"成本理论实质上是对两地"一价定律"的补充和修正。"一价定律"认为，如果商品贸易中的交易成本为零，则两地之间的可贸易商品价格将趋于一致。这是因为，如果商品能够自由流动，商品价格应当趋于一致，即使两地商品价格发生波动，也会是同升同降的情况；在商品流动受到阻碍的情况下，如果要素能够自由流动，则长期生产成本必然相似，因此长期市场价格也会是同升同降的情况。但是"一价定律"的前提条件是交易成本为零，在现实中交易成本不可能为零。因此，"冰川成本模型"认为，由于交易成本的存在，两地商品价格可以不一致，并且波动方向也不必是同升同降，只要两地商品的

---

① 杨小凯、张永生：《新兴古典经济学和超边际分析》，中国人民大学出版社，2000，第 70 页。

② Samuelson. Paul. 1954. "Theoretical Note on Trade Problem." *Review of Economics and Statistics* 46：36 – 49.

相对价格取值不超过一定的空间，就具备了商品贸易的基本条件。尽管萨缪尔森修正了"一价定律"，但是在"冰川"成本理论中，长期价格发展趋势仍然类似于"一价定律"，即随着贸易规模的扩大，两地商品价格虽然不可能相等，但价格之间的差距将不断趋于收敛，差额即为交易成本。随着交易成本的降低，两地商品价格之间的差距将进一步缩小，也就表示了两地的市场正在趋于整合，区域一体化程度正在提高。

如果将"冰川"成本拓展到国际贸易领域中，仅仅相当于交易成本的概念扩大，即除了一般商品交换所发生的成本以外，还要包括关税和非关税壁垒以及完成国际贸易所必需的交通、信息费用等。按照"冰川"成本理论，在国际贸易中由于受到交易成本的影响，商品在贸易过程中会遭到损失，就像冰川在流动的过程中会融化一样，商品融化的部分相当于交易成本。交易成本越高，商品损失的程度就越大。假设 I 国可贸易商品价格为 P_i，由于交易成本的存在，Q 单位的商品运输到 J 国后，数量将变为 $Q(1-r)$，其中 r 表示由交易成本所造成的损失比例。作为 I 国的出口商，只有当这种商品运送到 J 国的销售额大于国内的市场价格，国际贸易才有利可图。为了以同一货币表示相对价格，I、J 两国的商品价格按照各自货币兑美元的汇率 E 进行换算，即 $P_i Q / E_i < P_j Q(1-r) / E_j$，因此国际贸易产生的条件就是 $P_i E_j / P_j E_i < (1-r)$。如果这种商品的贸易方向是由 J 国出口到 I 国，则相对价格的关系应为 $P_i E_j / P_j E_i > 1/(1-r)$。如果以 $P_{ik} E_j / P_{jk} E_i$（$k = 1, 2, 3 \cdots\cdots n$）表示两国的所有商品之间的相对价格，则符合 $P_{ik} E_j / P_{jk} E_i < (1-r)$ 或 $P_{ik} E_j / P_{jk} E_i > 1/(1-r)$ 条件的商品将会发生国际贸易，两国非贸易商品之间的相对价格 $P_{ik} E_j / P_{jk} E_i$ 将在 $[(1-r), 1/(1-r)]$ 之间波动。在国际竞争机制的作用下，两国发生国际贸易商品相对价格会不断收敛，即按照"一价定律"的发展方向，不断趋近于 $(1-r)$ 或 $1/(1-r)$。如果交易成本降低，随着 r 值的不断缩小，非贸易区间 $[(1-r), 1/(1-r)]$ 也将缩窄。此时两国会有更多种类的商品相对价格符合 $P_{ik} E_j / P_{jk} E_i < (1-r)$ 或 $P_{ik} E_j / P_{jk} E_i > 1/$

$(1-r)$，因此这些商品将陆续进入国际贸易领域，之后再继续趋近于 $(1-r)$ 或 $1/(1-r)$。即使是仍然不符合国际贸易条件的商品，由于 r 值降低，其相对价格的波动幅度也将收窄。因此，交易成本降低的过程，必然是越来越多商品的相对价格趋近于 $(1-r)$ 或 $1/(1-r)$ 的过程。在这一过程中，成员国之间所有可贸易商品的相对价格比值都将会缩小，即成员国之间的整体相对价格数据将会在时间序列上收敛。这种整体相对价格的变化趋势，就反映了区域经济中交易成本的变化情况，也能反映出区域一体化程度的高低。即两国整体商品相对价格的差距逐渐变小，表示两国区域一体化程度提高；反之，则表示出现区域分化的现象。

综上所述，区域一体化的实质是发挥各国在国际分工中的比较优势，而国际分工的深化必然和市场规模扩大、交易成本降低相联系。这也符合区域一体化所追求的目标，即实现要素和产品的自由流动，国际市场交换范围扩大，实现区域内的资源优化配置。因此，交易成本的变化轨迹，就能够反映出国际分工和市场规模的变化趋势。按照"冰川"成本理论，随着成员国之间国际贸易所发生的交易成本降低，也必然出现国家之间整体相对价格趋于一致的现象。这就是本文使用"相对价格法"评估中亚国家区域一体化进程的逻辑。

（三）中亚国家区域一体化进程的评估——基于"相对价格法"

为了评估中亚国家区域一体化进程，必须分析交易成本的变化趋势，即以各国货币兑美元汇率作为相对价格的换算单位，测算各国之间整体商品相对价格的变化趋势。考虑到 $P_i E_j / P_j E_i$ 收敛区间的非对称性，两国之间的整体商品相对价格在数列上无论是从左侧趋近于 $(1-r)$，还是从右侧趋近于 $1/(1-r)$，都表示区域整合程度的提高，仅仅是进出口的方向不同而已。因此同样的区域整合程度将由两个不同的数据表示。为了避免这种困难，以自然对数形式的 $\ln(P_i E_j / P_j E_i)$ 表示相对价格，属于单调变化的对数函数与原函数具有同样性质的收敛性，均能反映交易成本的变化情况。并且 $[\ln(1-r), \ln 1/(1-r)]$ 是以零为中心的对称区间，$\ln(P_i E_j/P_j E_i)$ 趋近于 $\ln(1-r)$ 和趋近于 $\ln 1/(1-r)$，在区域一体化方面具有同样的经济含义，通过取绝对值的方法，就可以避免同样的经济含义由两个数据表示所带来的测算困难。

我们用 $Y_{ij} = \ln(P_i^t E_j^t/P_j^t E_i^t)$ 表示 I、J 两国的整体相对价格，Y_{ij}^t 在 t 年的变化幅度以 ΔY_{ij}^t 表示。如果 Y_{ij}^t 不断缩小，则变化幅度必然不断缩小，即 ΔY_{ij}^t 在时间序列上也必然收敛。Y_{ij}^t 和 ΔY_{ij}^t 的收敛均表示交易成本降低、区域整合程度提高。反之，如果 ΔY_{ij}^t 数列出现发散的特征，则意味着成员国之间相对价格差距在不断扩大，即出现区域分化的现象。因此在衡量区域一体化的整合发展趋势上，这两个数列具有同样的数据特征，是等效的评价指标。

$$\Delta Y_{ij}^t = \ln(P_i^t E_j^t/P_j^t E_i^t) - \ln(P_i^{t-1} E_j^{t-1}/P_j^{t-1} E_i^{t-1}) = \ln\left(\frac{P_i^t}{P_i^{t-1}}\Big/\frac{E_i^t}{E_i^{t-1}}\right) - \ln\left(\frac{P_j^t}{P_j^{t-1}}\Big/\frac{E_j^t}{E_j^{t-1}}\right)$$

上式中 P_i^t/P_i^{t-1} 为 I 国 t 年的商品价格指数，E_i^t/E_i^{t-1} 为 I 国 t 年的汇率变化幅度，这些数据均可以在官方统计数据库中获得。通过方程的转换，就避免了直接测算两国相对价格的困难，将通过比较美元表示的两国整体商品价格指数，来计算 ΔY_{ij}^t 的数值。考虑到衡量两国之间的相对价格变动幅度，ΔY_{ij}^t 与 ΔY_{ji}^t 具有相同的经济含义，并且在上式对数函数中 $\Delta Y_{ij}^t = -\Delta Y_{ji}^t$，因此取 $|\Delta Y_{ij}^t|$ 作为衡量相对价格动态变化的一致性指标。这样，在每两个国家之间，都会有一个 $|\Delta Y_{ij}^t|$ 的值，共有 $C_4^2 = 6$ 个值。

考虑到中亚国家国际贸易中，工业品占相当大的比重，为了使相对价格能更准确地反映区域一体化进程，本文选择 1996～2007 年中亚国家的工业品价格指数[①]，按照这一时期各国货币兑美元的年平均汇率[②]，测算

---

① 各国价格指数来自独联体统计委员会网站，http://www.cisstat.com/rus/，其中乌兹别克斯坦 2002～2007 年数据来自《乌兹别克斯坦统计年鉴（2007）》。

② 各国汇率数据来自《独联体统计年鉴》，1996 年，第 86 页；2001 年，第 101～102 页；2007 年，第 68 页。

各国之间的相对价格变化幅度 $|\Delta Y_{ij}^t|$。选择 1996 ~ 2007 年的数据进行测算的理由是：第一，苏联解体后，1991 ~ 1995 年中亚国家普遍陷入严重的通货膨胀，这一时期各国价格指数的变化不能反映区域一体化程度；第二，2008 年爆发的全球金融危机对中亚各国汇率产生了极大的冲击，因此也无法真实地反映区域一体化进程。计算结果如图 4 - 1 所示。

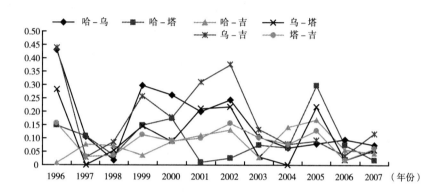

图 4 - 1　中亚国家之间的相对价格变化（1996 ~ 2007 年）

注：哈——哈萨克斯坦，乌——乌兹别克斯坦，塔——塔吉克斯坦，吉——吉尔
吉斯斯坦。

从中亚地区每两个国家之间相对价格变化幅度来看，中亚国家之间的区域一体化进程普遍呈现出先整合、后分化、再整合的波动型发展特征。第一次整合发生在 1997 ~ 1998 年，除了哈萨克斯坦和吉尔吉斯斯坦之间相对价格出现小幅上扬外，这四个国家之间相对价格变化幅度都出现了收敛，表明每两个国家之间的相对价格向着收敛的方向发展。1999 年之后，相对价格的变化幅度又开始升高，说明国家之间的区域合作出现了分化的倾向。进入 21 世纪之后，随着众多区域合作机制的建立，中亚国家区域一体化又呈现出整合的趋势。第二次整合发生在 2003 ~ 2007 年。中亚国家之间的相对价格变化幅度在这五年中呈现出明显的收敛态势，表明每两个国家之间的相对价格比值在缩小，即表示中亚地区市场整合、交易成本降低，区域一体化进程明显加快。在这五年中，例外的情况是 2005 年，

这一年哈－塔、乌－塔、吉－塔、哈－吉（见图＊）四对相对价格都出现了比值扩大的现象。其中主要原因是 2005 年国际能源价格大幅度上涨，但这种情况对中亚不同国家的影响也不同，由于产业结构存在较大差距，工业品价格上涨的幅度不一致，因而中亚国家工业品之间的相对价格也出现了较大幅度的波动。

从单个国家与其他中亚国家的区域整合关系看，一体化程度较高的国家是吉尔吉斯斯坦，其与哈萨克斯坦、塔吉克斯坦之间的相对价格变化幅度都保持在较低水平，这与吉尔吉斯斯坦在 1998 年成功加入世贸组织密不可分。而乌兹别克斯坦与其他中亚国家之间的相对价格波动幅度较大，表明其区域一体化的参与程度并不高。这种情况说明，在中亚国家内部，各个国家的一体化程度并非是平行推进的，率先实现整合的是哈萨克斯坦、塔吉克斯坦和吉尔吉斯斯坦三国。中亚国家的区域一体化必然经历从局部整合扩展到整体一体化的发展过程，其中较为困难的是乌兹别克斯坦与其他国家的区域一体化。

需要说明的是，这种测算两个国家之间相对价格变化幅度的方法，只能表示中亚国家中每两个国家之间的一体化发展趋势，还无法准确反映出整个中亚国家的区域一体化发展历程。主要有两个原因。第一，国家之间的相对价格除了受交易成本变化的影响外，还受各种外部因素的影响。例如某种原材料的国际价格在短期内发生波动，由于各国产业结构的不同，对工业品价格指数的影响自然也不同，但这种相对价格变化幅度的扩大并不能准确反映区域分化的程度。第二，由于测算相对价格时，以各国货币兑美元的年平均汇率进行换算，而汇率也会受到各种因素的影响，这些影响既来自中亚国家内部，也来自中亚区域以外的因素。可见，按照工业品价格指数和各国货币的年平均汇率计算的相对价格变化幅度，除了表示区域内的一体化发展历程以外，还包括各种区域一体化以外的因素。因此，在相对价格变化幅度中，包括两个部分：一是由区域一体化以外影响因素产生的变化，对所有国家的价格指数均会产生影响；二是中亚国家区域内

部分化造成的相对价格变化，对各个国家相对价格的影响则有所不同。$\overline{|\Delta Y^t_{ij}|}$ 表示区域内所有国家相对价格变化的整体趋势，以 $|\Delta Y^t_{ij}| = \eta_{ij} + \varepsilon_{ij}$ 表示外部因素的影响和区域分化的影响，则各个国家之间的 η_{ij} 都相同。因此，只有 ε_{ij} 是由于区域分化而出现的相对价格波动，即衡量区域一体化较为准确的指标。

为了测算 ε_{ij} 的变化情况，必须从 $|\Delta Y^t_{ij}|$ 剔除 η_{ij} 部分，本文选择 $|\Delta Y^t_{ij}|$ 的标准差时间序列作为去除掉外部影响因素后的区域一体化评价指标。

$$\sigma^t = \sqrt{\sum(|\Delta Y^t_{ij}| - \overline{|\Delta Y^t_{ij}|})^2} = \sqrt{\sum(\eta_{ij} + \varepsilon_{ij} - \eta_{ij} - \overline{\varepsilon_{ij}})^2} = \sqrt{\sum(\varepsilon_{ij} - \overline{\varepsilon_{ij}})^2}$$

如果标准差 σ^t 数列随时间变动而收窄，则表示整个中亚地区的 ΔY^t_{ij} 具有共同收敛的特征，即各个国家之间的相对价格波动幅度均呈现出收敛特征。如前文所述，相对价格 Y^t_{ij} 与 ΔY^t_{ij} 的收敛特征，都表示交易成本降低，相对价格波动区间 $[(1-r), 1/(1-r)]$ 收窄。采用标准差的方法从 ΔY^t_{ij} 数列中剔除了区域外因素对相对价格变化的影响。因此，σ^t 所表示就是由于区域分化所引起的相对价格变化幅度的方差变化，实际上就是衡量中亚国家区域一体化进程的动态指标。计算结果如图 4-2 所示。

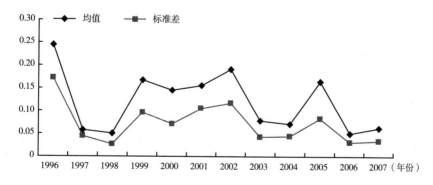

图 4-2　中亚国家相对价格变化的均值和标准差（1996~2007 年）

根据标准差序列，可以发现 1996~2007 年中亚国家的区域整合程度基本经历了两个整合过程。第一次发生在 1997~1998 年，即在 1994 年哈

萨克斯坦、吉尔吉斯斯坦、乌兹别克斯坦签署《统一经济空间条约》的
三年后；第二次发生在 2003～2007 年，即在中亚经济共同体、欧亚经济
共同体以及上海合作组织成立的两三年后。这充分说明中亚国家所开展的
区域经济合作普遍具有滞后性特征，即各种促进区域合作的行动纲领需要
两三年的时间才能在区域一体化中产生实际作用。标准差序列也说明，进
入 21 世纪之后，中亚国家的相对价格波动幅度在收敛，区域一体化进程
在稳步推进，取得了一定的效果。为了更好地反映中亚国家的区域一体化
程度，本文选择独联体框架内的另一个区域合作组织"四国统一经济空
间"作为比较对象，以同样方法计算俄罗斯、乌克兰、白俄罗斯、哈萨
克斯坦四国的相对价格变化的标准差 σ^t，如图 4-3 所示。

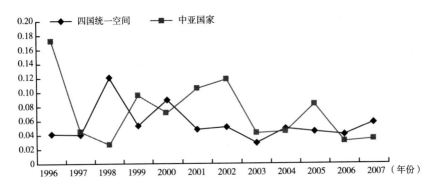

图 4-3　中亚国家和四国统一空间区域一体化进程的比较

俄罗斯、乌克兰、白俄罗斯、哈萨克斯坦组成的"四国统一经济空
间"的区域一体化程度要明显高于中亚国家之间的一体化程度。并且这
四个国家之间的一体化进程，实际上在 2003 年签署"四国统一经济空
间"协议之前就已经开始。1998 年"四国统一经济空间"国家相对价格
变化幅度的标准差放大，这显然与俄罗斯爆发金融危机有关。进入 21 世
纪之后，四国之间的经济联系开始日益紧密。由此也可以得出一个重要观
点，区域一体化协议的签署并不能准确反映区域一体化的实际进程。"四
国统一经济空间"的一体化程度明显超前于协议的签署，而中亚国家的

一体化发展则明显滞后于各种区域合作协议的签署。如果从独联体框架内分析成员国的区域一体化进程，则由于"四国统一经济空间"的成员国一体化程度较高，并且经济总量较大，所以会对中亚国家产生较大的辐射作用，即中亚国家通过提高与俄罗斯、乌克兰、白俄罗斯的一体化程度，实现中亚地区的区域整合，而不是单纯通过开展中亚地区一体化，提高中亚国家之间的经济紧密程度。此外，中亚国家还应当共同与周边国家开展区域合作，如上海合作组织、中亚区域经济合作机制等，这种更加广泛的区域经济合作也必然会促进中亚国家之间的区域整合。因此，中亚国家未来区域一体化将主要通过三个渠道来共同实现：一是向较为成熟的"四国统一经济空间"靠拢，实现更大范围的区域一体化；二是共同与周边大国开展区域合作，即在上海合作组织、中亚区域经济合作机制框架内开展区域合作，以此提高中亚国家之间的区域一体化程度；三是继续削减中亚国家之间的各种关税、非关税壁垒，发展交通基础设施建设，降低中亚区域内部的交易成本，以此促进中亚国家的区域一体化发展。

（四）结论

通过国际分工、市场规模和交易成本的关系，本文构建以"相对价格法"衡量区域一体化进程的研究方法。测算结果表明以下几点。

第一，中亚国家的区域一体化进程与区域合作组织的建立并不同步，存在一定的滞后性。20 世纪 90 年代区域一体化快速发展的时期是 1997～1998 年；进入 21 世纪后中亚国家区域一体化快速发展时期为 2003～2007 年，这两个区域整合时期都明显滞后于各种区域合作协议的签署。

第二，中亚国家之间的一体化程度也不尽相同，哈萨克斯坦、吉尔吉斯斯坦、塔吉克斯坦三国之间的区域整合较好，而乌兹别克斯坦与中亚国家的区域一体化程度相对较低。吉尔吉斯斯坦是世贸组织成员国，由于其履行各种 WTO 规则，因此在中亚国家中，吉尔吉斯斯坦与其他国家的区域一体化程度均较高。

第三，本文将中亚国家区域一体化进程与"四国统一经济空间"的发展历程进行对比，可以发现中亚国家的整体区域一体化进程相对缓慢，"四国统一经济空间"仍然是独联体框架内较为成熟的区域一体化组织，这一观点也印证了潘广云教授的研究结论。[①]

本文的研究结论认为，中亚国家在开展内部区域合作的同时，还应当通过加强同周边国家的区域合作，来提高中亚地区的区域一体化程度。应当积极同独联体国家发展区域一体化经济，哈萨克斯坦已经是"四国统一经济空间"成员国，并与俄罗斯、白俄罗斯组成关税同盟，这对于哈萨克斯坦削减关税具有重要的促进作用，极有可能在独联体内部形成以"四国统一经济空间"为轴心的区域一体化。中亚国家还应当同中国等周边国家建立区域合作机制，共同构建超越独联体范围的区域经济合作机制，以此促进中亚国家之间的区域一体化进程。

二 转型国家联盟化发展趋势分析

苏联解体后，其原加盟共和国组成了独立国家联合体，虽然独联体内国家的经济、政治、外交合作鲜有亮点，但这种联盟化的发展趋势一直延续了下来。2011 年，普京在参加总统大选前夕提出"欧亚联盟"战略，将原苏联地区的经济政治合作提到了空前的高度，此举得到中亚诸多国家的响应，这种合作具有进一步扩大的可能和倾向。显然，普京当选总统后，独联体国家的"再联盟化"也必然迎来全新的发展阶段。与此同时，中东欧国家在经历了经济政治转型后，集团化和联盟化的发展态势也非常明显，"回归欧洲"的发展战略直接决定了联盟化的转型特征。回顾以上历程可以发现，转型国家联盟化发展具有一定的趋势性和规律性，分析这

---

① 潘广云：《独联体框架内的次地区经济一体化》，《欧洲研究》2005 年第 1 期。

种发展趋势，既是对转型理论的补充和夯实，也有助于分析独联体及中东欧国家的长期发展战略，具有一定的理论和现实意义。

（一）独联体与欧亚联盟

苏联解体后，由于产业布局和资源禀赋的差异，原加盟共和国之间的经济联系并没有瞬间断裂，例如俄罗斯工业基础雄厚，但原材料主要来自乌克兰、阿塞拜疆等国；俄罗斯纺织业发达，但棉花、丝绸等原材料主要来自于中亚国家。此时的后苏联空间虽然不存在较为紧密的区域一体化组织，但是对于区域经济合作的需要是非常迫切的。在俄罗斯学界有两种相互对立的观点：一种认为在苏联时期，由于中央计划经济的作用，市场关系并没有真正发挥作用，事实上各个国家之间不存在区域经济一体化；另一种观点认为，尽管苏联时期实行的是计划经济，但是各个国家之间的经济一体化程度非常高，是一种复杂的国民经济分工格局。[①] 我们认为这两种观点并不完全对立，苏联时期的中央计划经济决定了强制性的国民分工格局，使得原加盟共和国之间存在着经济互补性；另一方面，由于计划经济的作用，这种经济互补性并非自发形成，所以需要统一的协调和配制才能运行，苏联解体后需要依靠国际贸易的方式来进行，自然使得区域经济合作的难度大大提高了。综合以上观点，可以发现独联体国家之间开展区域经济合作非常必要，但是在可能性方面有所欠缺，需要一个强大的国家来带动整个地区的经济一体化进程。继承了苏联大部分经济遗产的俄罗斯自然是首选，但由于其自身受经济政治等综合因素的困扰，当时的俄罗斯并没有真正发挥带动区域经济一体化的轴心作用，这使得独联体在区域经济整合方面的功能逐渐弱化，甚至出现"空心化"的特征。

独联体国家最先组建的区域一体化组织非常高级，没有经过贸易、投资和劳动力自由流动等发展阶段，就开始使用共同货币，组建了卢布区，

[①]　李建民：《独联体经济一体化十年评析》，《东欧中亚研究》2001 年第 5 期。

此时的独联体是一个经济联系并不紧密的货币联盟。显然，原加盟共和国之间紧密的产业分工决定了成立经济联盟的必要性，为了贸易的便利化，独联体国家使用同种货币，虽然各国之间经济整合程度并不高，但表面上却已经达到了货币联盟的高度。不过，这种过度超前的一体化组织无法长期存在，卢布区的弊端很快在独联体内部显现出来。在苏联解体之前，各加盟共和国就成立了自己的中央银行，开始与苏联中央银行共同发行货币。苏联解体后，各国中央银行之间不仅缺乏协调，反而为了铸币税收入陷入了盲目超发货币的怪圈，越来越多的国家以超发货币购买进口产品，所带来的后果自然是卢布区货币体系的严重混乱。独立后的俄罗斯不仅深陷国内通货膨胀困境，而且还要维护整个卢布区的货币秩序，但这并非单一国家所能控制的局面。俄罗斯无法关住其他国家货币超发的闸门，超发的货币很大部分都流入了经济规模最大的俄罗斯，卢布区所带来的通货膨胀的溢出效应严重影响了经济秩序，俄罗斯不得不于1993年7月宣布放弃卢布区，开始发行俄罗斯卢布。此后，其他国家也纷纷退出卢布区，这个超越发展阶段、近似于货币联盟的卢布区正式解体。

此后，独联体国家尽管积极开展区域经济合作，但由于转型初期各国普遍深受经济衰退的困扰，实质性的区域一体化进程并没有出现突飞猛进的发展。独联体在其20年的发展历程中也更多地表现为"独立"，而非"联合"。这种区域内经济合作组织处于真空的状态，其深层次的原因主要在于俄罗斯经济增长乏力，不具备拉动整个地区的经济实力。尽管俄罗斯继承了苏联大部分领土，但在转型初期内外交困的局面下，俄罗斯很难成为区域经济中的"火车头"，自然也无法与其他国家形成更加紧密的经济联合。在相当长的时间里，独联体内部真正的区域协作主要依靠几个次区域一体化组织，先后出现中亚合作组织、欧亚经济共同体等区域合作机制，但由于其内部成员国之间经济发展水平差异大，交通基础设施薄弱，这些组织也基本是"说得多、做得少"，深化经济合作的空间仍然很大，独联体框架内经济整合水平亟待提高。

此时的俄罗斯，并非缺乏主导原苏联地区的愿望，只是由于其经济政治内外交困，不得不选择了亲西方的"一边倒"策略，叶利钦政府甚至认为借助西方国家的援助，能够提升俄罗斯在后苏联空间的主导权和控制权。当这一希望落空后，俄罗斯开始奉行欧亚主义的"双头鹰"策略，逐步将注意力转移到联合独联体国家上，并且重视与亚洲国家的合作和交流，但是当时受制于国内经济萎靡、政治混乱等因素，俄罗斯的对外战略并没有真正落到实处。独联体框架内的各种经济、政治、外交合作，也因为俄罗斯的衰落而变得越来越务虚，真正落到实处的纲领和协议并不多见。普京上台后，富国强军的发展战略使得俄罗斯重新回归世界大国行列，欧亚主义的对外政策也再次出现在普京的施政纲领中，俄罗斯开始以更高的姿态和目标重振大国雄风。

进入 21 世纪之后，俄罗斯经济在油气出口带动下逐步走向复兴，经济外交也开始在俄罗斯对外战略中逐渐占据重要位置，除了在能源、贸易、金融等方面与其他国家积极开展合作外，在独联体框架内组建新的更具实质性作用的区域合作组织也成为俄罗斯极力追求的重要目标。2003年，俄罗斯、白俄罗斯、哈萨克斯坦、乌克兰组建了统一经济空间，在此后的六年中，随着各种贸易优惠措施的实施，这四国市场呈现出逐渐整合的趋势。已有的研究证明，"四国统一经济空间"的区域一体化程度要高于中亚合作组织，已经成为独联体内部最具发展潜力的经济联盟。[①] 2009年，俄罗斯、白俄罗斯、哈萨克斯坦正式宣布组建关税同盟，对内实行零关税，对外则实行统一的关税税率，乌克兰由于更加倾向于向欧盟靠拢，而缺席了这次重要的区域合作。俄罗斯如愿以偿地成为关税同盟中的领头羊，在申请加入世界贸易组织的过程中，甚至还提出过关税同盟三国同时入世的设想，虽然没有真正付诸实践，也足可见俄当局对这次区域合作的重视程度。如果说 20 世纪的后十年中，独联体框架内的区域合作逐渐弱

---

① 王志远：《中亚国家区域一体化进程评估》，《俄罗斯中亚东欧研究》2010 年第 5 期。

化的根本原因，在于俄罗斯正处于经济衰退的无力状态，那么这次关税同盟能够将各种经济合作落到实处，则要归功于近年来俄罗斯经济的高速增长，也由此俄罗斯产生了联合独联体国家发展经济联盟的能力和愿望。毫无疑问，这是俄罗斯内政与外交之间联动效应在经济方面的最直接体现，当经济发展较为顺利后，俄罗斯在经济外交方面也更倾向于联合，尤其重视与独联体国家之间的区域合作。

2011 年 7 月 1 日，俄白哈关税同盟顺利实施，普京建议以此为基础，组建新的"欧亚联盟"，在未来"欧亚联盟"中，俄罗斯是处于绝对优势地位的核心国家，掌握各种经济、金融、贸易政策的主导权，这是俄罗斯经济转型阶梯式发展特征的客观要求。2012 年是俄罗斯的总统大选年，"梅普组合"也迎来了轮换的最佳契机，梅德韦杰夫在其总统任期内延长了总统执政年限，这意味着普京当选总统后，俄罗斯新一轮"普梅组合"的合作可能将长达 12 年，一切似乎都在沿着 2008 年"梅普组合"权力交接时所设定的程序进行。2011 年 10 月，普京在俄罗斯《消息报》撰文——《欧亚大陆新一体化计划——未来诞生于今日》，首次提出"欧亚联盟"战略，并认为这是联结欧亚大陆的重要经济组织，成员国之间可以更好地协调经济和货币政策。此举引起国际社会的诸多猜测，有的将"欧亚联盟"看作普京未来扩大俄罗斯国际影响力的战略举措，有的甚至认为普京是想在 21 世纪重新复制苏联模式。此后，普京也专门针对这些观点进行了回应，并再次重申"欧亚联盟"就是以 2012 年夏天开始实施的俄白哈关税同盟为基础，更多地吸收原苏联国家，组成横跨欧亚大陆的区域一体化合作机制。但事实上，"欧亚联盟"并非如国际舆论评价那般复杂，也绝非普京所言这般简单。

"欧亚联盟"并非复制独联体，也不是对独联体框架内各种经济协议的补充和修订，而是希望通过不断扩大的区域合作，从内至外逐渐替代独联体的经济功能。经过这种蜕变过程后，参与欧亚区域经济合作的国家将会发生变化，例如乌克兰就已经公开表示未来将向欧盟靠拢，不愿意加入以俄罗斯为主导的"欧亚联盟"，并认为俄罗斯在原苏联地区的经济主导能力将显著增强，这是乌克兰在独联体框架内永远无法得到的特殊地位。普京认为"欧亚联盟"的发展方向应当是成为非常紧密的区域合作组织，一体化程度甚至可以比肩当前的欧盟。但不可否认的是，在他的设想中，无论"欧亚联盟"发展到什么程度，都应当是以俄罗斯为中心的"单核"组织，其主导能力要远远超过当前欧盟中德国、法国等核心国家。如果回顾欧盟发展的数十年历史，成员国之间平等、协商、紧密的关系一直是其稳固发展的基础，即使在经济政策和外交战略方面对核心国家有所倾斜，但也不会形成清晰的内核和外围的依附关系。从这个意义上看，"欧亚联盟"很难成为第二个欧盟，除非俄罗斯能主动让出主导权，以更加平等的姿态发展与其他国家之间的关系。

　　普京在"欧亚联盟"战略中提到了使用共同货币的建议，他本人也多次提到要加快卢布国际化进程，使之成为被广泛接受的世界货币，在"欧亚联盟"区域内推广卢布将为这一战略奠定非常扎实的基础。事实上，2000年欧元正式流通后，被誉为"欧元之父"的罗伯特·蒙代尔曾经在访问俄罗斯时提出，区域一体化组织组建货币联盟这一理论，同样适用于独联体国家，这位著名的经济学家甚至准备亲自领导筹备独联体统一货币的相关事宜。[①] 普京和蒙代尔的设想不谋而合，但实现统一货币对于当前以俄罗斯为核心的区域一体化来说，短期内很难实现，其中最大的困难就是如何实现劳动力在区域内的自由配置。最优货币区理论起源于对传统浮动汇率制度的扬弃，而这种扬弃的前提条件就是劳动力自由流动。浮动汇率理论认为，当一国出现对外贸易逆差时，汇率会发生贬值，而当对外贸易出现顺差时，汇率会升值，汇率的调节功能使对外贸易偏差得到纠正，从而实现对外贸易的均衡发展。蒙代尔提出的最优货币区理论认为，

---

① 刘军梅、顾清：《独联体区域货币联盟的实践、前景与对策》，《俄罗斯中亚东欧市场》2005年第10期。

一定区域内的国家，当对外贸易发生非对称性冲击时，如果劳动力不能自由流动，那么需要汇率的调节作用；但是，如果劳动力可以自由流动，汇率的调节作用就可以由劳动力的自由流动来代替。即当外部冲击对于区域内某些国家产生冲击时，对外贸易出现逆差的国家会出现生产下降、失业增多，但劳动力的对外转移可以缓解这种外部冲击所带来的失业问题；当一国对外贸易出现顺差时，则可以吸收区域内其他国家的劳动力来填补就业缺口。因此，蒙代尔认为在劳动力自由流动的区域经济内，诸多国家可以组建货币联盟，既能够降低货币兑换成本，提高经济效益，也可以有效克服非对称性冲击所带来的负面影响。[①] 可见，如果以"欧亚联盟"为基础，创造统一货币空间，首先要解决的问题就是如何促进劳动力在"欧亚联盟"内部自由流动，但是由于政治、文化、社会、经济发展水平等因素影响，这一目标需要较长的时间来实现，筹建统一货币的进程必然会是漫长而艰辛的。

通过以上分析，可以从更深层次上认识"欧亚联盟"战略的本质，这是由俄罗斯经济转型的发展阶段所决定，并且是由俄罗斯所主导的区域合作机制，其发展过程表现为逐渐地吸纳独联体国家，并形成对独联体经济功能从内向外的替代，当"欧亚联盟"成熟之时，很有可能就是独联体退出历史舞台之际。"欧亚联盟"有可能形成横跨欧亚大陆的新集团，但却很难成为第二个欧盟。尽管俄罗斯对于统一货币抱有很高的期望，但这一目标只能作为长期战略，很难一蹴而就。

（二）中东欧国家的"联盟化"

中东欧国家曾经属于苏东阵营，经济政治的独立性受到了大国的干预和控制，经济政治转型启动后，民众对于国家振兴抱有很高的期望，经济

---

① Mundell, Robert A. 1961. "A Theory of Optimum Currencies Area". *American Economic Review* Vol. 51: 657 – 665.

市场化、政治民主化、回归欧洲更是成为中东欧国家转型的战略取向。虽然市场化、民主化和欧洲化已经被公认为是中东欧转型的目标模式，但是这三者之间却不是横向的并列关系，应当说欧洲化目标直接决定了经济市场化和政治民主化的进程。中东欧国家在转型初期，就确立了回归欧洲的发展目标，加入欧盟则成为中东欧国家经济政治转型的约束和推动力量，适应欧盟标准、获得成员资格已经成为中东欧国家经济政治转型的中心任务，经济市场化和政治民主化转型历程也就成为中东欧国家一致性的共同选择。这一观点可以从中东欧国家入盟进程和经济政治转型的相关性方面得到很好的印证。

20世纪90年代初，刚刚提出经济政治转型方案的中东欧国家就提出了加入欧共体（欧盟）的申请，欧共体在提供经济援助的基础上，也以回归欧洲作为约束条件，促进中东欧国家的转型顺利进行，避免发生逆转性的转型倒退。以1990年欧共体向波兰和匈牙利提供的"法尔计划"为例，在提供援助资金的同时，接受援助的波兰与匈牙利也必须在建立法治社会、尊重人权、实行多党制选举等方面取得显著的成效。随着"欧洲化"进程的加快，中东欧国家经济政治转型的外部约束力也逐渐增强，即使不提供援助资金，中东欧国家也必须为回归欧洲而做出积极的努力，确保向市场经济模式和多党议会制民主过渡。欧共体为了进一步促进这些具有回归欧洲愿望的中东欧国家转型进程，专门起草了欧共体与中东欧国家联系的纲领性文件，这成为决定中东欧国家近20年经济政治转型的重要推动力。1991～1992年波兰、匈牙利等十国签署了这份"欧洲协定"，其中包括政治、经济、社会等多方面内容，虽然旨在鼓励中东欧国家开展与欧洲的贸易、金融、投资合作，但其中的约束条件更加重要，直接构成了中东欧国家经济政治转型的路线图。这意味着中东欧国家必须按照"欧洲协定"的要求进行经济改革，同时积极部署政治体制转型，标志着中东欧国家正式开启了加入欧共体的漫长历程，欧洲一体化也正式开始向东部扩大。

　　1993 年，欧共体正式做出承诺，只要中东欧国家能够保证自由民主、尊重人权、法治建设、市场经济等方面的建设进程，就能够被接纳为欧共体成员国。这一年欧共体正式更名为欧盟，中东欧国家加入欧盟的标准日益细化和规范化，经济政治转型的外部推动力越发强劲。1993 年也是哥本哈根首脑会议召开的一年，对于中东欧国家回归欧洲而言，这次会议具有里程碑意义，这是继"欧洲协定"后，经济政治转型与回归欧洲之间的关联性再次被确认，并且其中的标准和规范非常清晰和严谨。具体来看，"哥本哈根入盟标准"主要有四个方面：政治民主化、市场经济体制、欧洲共同市场以及经济政策对接。① 这些要求共同构成了决定中东欧经济政治转型的目标模式，也就是从这一刻开始，"民主化"和"市场化"目标正式服从于"欧洲化"目标。1997 年卢森堡会议上，欧盟委员会依据"哥本哈根入盟标准"对中东欧国家经济政治转型进行了详细的评估和论证，认为首先加入欧盟的应当是波兰、匈牙利、捷克等六个国家，这些国家也因此被称为卢森堡集团。显然，正是由于经济、政治领域转型取得了有效进展，这些国家才获得了欧盟委员会的肯定。从 1998 年开始，欧盟委员会每年都会对申请加入欧盟的国家进行评估，斯洛伐克就因为没有通过评估而推迟了其加入欧盟的时间表。1999 年在赫尔辛基会议上增补斯洛伐克、保加利亚、罗马尼亚等国为东扩候选国，形成了欧盟东扩的赫尔辛基集团。可见，在启动经济政治转型的同时，中东欧国家也在积极努力实现回归欧洲的发展目标，从发展历程看，后者决定了前者，正是由于具有"欧洲协定"和"哥本哈根入盟标准"这些外部的约束力量，才使得中东欧国家的转型得以顺利推行，并且形成了集团化和联盟化的发展态势。

　　中东欧国家之所以呈现出联盟化的发展趋势，"欧洲化"目标是决定性的关键因素，中东欧国家将这一目标设定为超越经济政治转型之上的最

---

① Council of European Union. 1993. *Presidency Conclusions：Copenhagen European Council.* Brussels.

高纲领，也有其非常重要的原因。早在苏联解体之前，中东欧国家就已经开始准备脱离苏联的控制，经济政治体制也开始出现"欧洲化"的发展态势。苏联解体后，这种在个别国家出现的"欧洲化"特征很快就扩散到整个中东欧国家，甚至影响到立陶宛、爱沙尼亚、拉脱维亚三个波罗的海国家，这三个原属于苏联的加盟共和国也开始全面向欧洲靠拢。这些国家积极开展与欧洲的合作，对于欧盟和中东欧国家而言，都具有非常重大的意义。两轮东扩后形成的"新欧洲"显著提升了其国际政治、经济地位，欧盟和中东欧国家市场的对接，同样有利于一些中东欧国家尽快摆脱经济困境，提高经济增长质量，加快吸引西欧国家外资的步伐，形成有利于本国发展的支柱性产业。显然，这种双赢的局面是中东欧国家追求"欧洲化"的内在原因。

在中东欧国家提出入盟申请之际，欧盟本身也在发生剧烈的变革，从最初的经济一体化，逐渐向经济政治一体化过渡，组建了欧盟委员会、欧盟议会等联盟机构，对外实施共同的经济、政治、外交、安全等政策措施。2003 年，按照公布的《欧盟宪法草案》要求，欧盟将成为具有法律意义的国家联盟，联盟内部成员国之间进行协调和磋商，而联盟则具有管理某些有共同特征活动的管辖权，并决定设立欧洲理事会主席和专职的外交部长，以代表欧盟全体成员国对外开展国际活动。中东欧国家在回归欧洲大家庭之后，强化了同美国的政治同盟关系，这种关系在 2003 年大部分中东欧国家签署宣言支持美国进军伊拉克的军事行动时达到顶峰，因此一度出现"新欧洲"之称。[①] 从整个"新欧洲"的国际政治经济地位来看，欧盟东扩无论是对于欧盟原成员国来说，还是对于中东欧等新成员国家来说，都一直被认为是共赢的结果。

欧盟东扩给中东欧国家带来了很大的地区安全收益，增强了转型国家

---

① 朱晓中：《2009 年：从公开信看"新欧洲"与美国关系的新变化》，《俄罗斯东欧中亚国家发展报告（2010）》，社会科学文献出版社，2010，第 210 页。

在国际舞台的话语权，而欧盟成员国的扩大也使得欧洲在国际舞台上获得了更多的发言权。在欧盟东扩的同时，北大西洋公约组织也开始广泛接纳中东欧国家。1994年12月，北大西洋公约组织正式提出了中东欧国家加入北约的标准，并且开始展开系统评估中东欧国家的详细计划，这些标准和计划也成为日后中东欧国家对外关系的行动指南。对于中东欧国家而言，由于历史上曾经在匈牙利革命和"布拉格之春"时期遭受苏联武装入侵，大多数公民对于俄罗斯联邦心存顾虑，北约自然成为他们心目中最为安全的避风港。1999年，波兰、匈牙利、捷克加入北约，标志着中东欧国家在地缘政治上正式开始向欧洲靠拢，成为西方世界阵营中的重要板块，这些国家的国际安全地位也随之上升。受此影响，中东欧国家在申请加入欧盟的同时，也积极申请加入北约。为加入这两个重要国际组织，中东欧国家付出了极大的经济和外交努力，民众对政府的这种决策予以支持和肯定，所有申请加入欧盟和北约的国家也随之开始西方化，中东欧国家在经济和外交上都被外界认为是"重返欧洲"。第二次世界大战后形成的"铁幕"已经消失，欧亚大陆的地缘政治格局也随之发生了深刻的变化。对于欧洲而言，虽然宣称北约东扩是为了填补欧洲的防御空白区，但实质上这是美国等发达国家在全球战略中的重要部署。北约成立之初，其目标是防范苏联，虽然苏联解体后这一目标已经逐渐被淡化，但欧洲对于俄罗斯的防范从来没有停止过，美国更是力挺北约东扩，因为这也将扩大其在欧洲地区的控制范围。新入盟的中东欧国家，在地理位置上处于欧洲与俄罗斯之间的缓冲地带，更是历史上大国争夺的重要地区，虽然中东欧国家是为了寻求更大的地区安全选择加入北约的，但是对于欧盟而言，这无疑是一项重大的胜利，当然，扩大后的"新欧洲"，其国际政治地位也必然会随之增强。

欧盟东扩和北约东扩之后所形成的"新欧洲"，在政治、经济、外交、安全等方面的国际地位都得到了极大的提升，中东欧国家由此可以在一些重大的国际事务中拥有更加强大的发言权，在国际经济和国际政治事务中的参与面得到了极大的拓展。欧盟随着成员国的扩大，其在世界政治、经济舞台上所占的权重也更大，形成为世界多极化格局中的重要力量。当然，随着"新欧洲"国际政治经济地位的提升，欧盟内部成员国之间的利益协调也突出地表现出来。由于欧盟东扩，成员国之间的分歧需要欧盟不断地进行协调，这对欧盟的对外政策也形成了压力，如果欧盟在对外政策方面出现不当措施，成员国将会以不愿让渡外交权利的方式进行制约。显然，"新欧洲"在国际政治经济舞台上，既面临极大的机遇，也面临极大的挑战。但从总体上看，对于中东欧国家来说，仍然是机遇大于挑战，其在提升国际政治地位的同时，也会对原苏联地区的政治格局产生重大的影响。中东欧国家地处欧洲和俄罗斯之间，是地缘政治上的重要连接地带，战略意义非常重要。历史上也一直存在究竟是向西方靠拢，还是向俄罗斯靠拢的问题。苏联解体后，俄罗斯对于中东欧地区仍然有较大的影响力，随着欧盟和北约的双东扩，标志着中东欧国家已经彻底摆脱了俄罗斯的控制，这不仅有利于巩固中东欧地区的战略地位，而且也在地缘政治方面实现了对俄罗斯的制约。

（三）结语

通过以上分析可以发现，中东欧国家及独联体转型国家的联盟化发展趋势已经非常清晰，但从联盟化的发展路径看，这两个集团则呈现出截然不同的状态。中东欧国家早在转型初期就已经确立了联盟化的发展趋势，回归欧洲的外部约束直接决定了其经济政治转型的目标模式和方案；而独联体国家虽然同样早就开始了内部整合，但由于俄罗斯经济政治转型的艰难，始终无法将这些国家真正地整合成为区域性的联盟组织。可以说，中东欧国家的联盟化决定了其的转型模式，并起到了极大的促进作用；而独联体国家则刚好相反，由于转型不顺利而阻碍了联盟化的发展趋势。随着俄罗斯经济逐步复苏，普京再次以"欧亚联盟"的名义整合独联体国家，这一地区的联盟化才开始重新有了更具实质性的进展。而此时，欧盟早已完成了两轮东扩，中东欧国家的联盟化和集团化发展态势已经得到了基本的确立。

转型国家联盟化发展趋势对于中国具有一定的借鉴意义，同时也要更加关注这些发展趋势给中国带来的影响，由于地理分布的原因，虽然独联体国家联盟化发展趋势明显滞后，但对于中国的影响要远远大于欧盟东扩的影响。

当前，普京提出的"欧亚联盟"战略已经清晰地展现在世人面前，对于这个尚未建立的国际组织，其发展路径仍然会出现多种可能。对于中国而言，也将面临新的机遇和挑战，需要不断推出更加有效的应对措施，但加强对"欧亚联盟"战略的理解和关注，无疑是当前最为迫切的重要任务，也是摆在中国理论界面前的一项重大课题。普京宣布"欧亚联盟"战略后，在他的振臂高呼下，最先响应的是中亚国家，吉尔吉斯斯坦和塔吉克斯坦两国元首几乎在第一时间里表示赞同，认为"欧亚联盟"既有利于中亚国家经济发展，也有利于区域合作机制向纵深层次发展，形成多赢和共赢的良好局面。这个看似偶然的开局，如果从现实的角度看，哈萨克斯坦、吉尔吉斯斯坦、塔吉克斯坦恰恰是与中国边境接壤的三个中亚国家，"欧亚联盟"如果付诸实施，中国在向西开放的进程中将面临更大的挑战。

当俄白哈关税同盟启动后，三国的平均关税水平都有所上升，中国对外贸易也受到了一定的影响。新疆作为中国向西开放的"桥头堡"及连接中国和欧亚大陆的重要纽带，关税同盟实施后，新疆对哈萨克斯坦的出口额立即出现了30%左右的下降。这种情况不仅表明关税同盟的关税上调对新疆出口企业的影响，也说明当关税同盟启动后，哈萨克斯坦已经开始启动更加严格的海关检查制度，整顿了"灰色清关"，由此，新疆出口额度才会出现如此快速地下降。

当前，中国可利用的开展与俄罗斯和中亚国家对外经济关系的机制仍然是上海合作组织。虽然在"欧亚联盟"的影响下，上海合作组织的经济功能也会出现弱化，但这毕竟是中国能够开展务实合作、扩大对外开放的重要平台。因此，维护上海合作组织的国际地位，加强与成员国之间的经济贸易往来，积极开展与周边国家的合作与交流，自然成为中国应对"欧亚联盟"最为必要的途径。首先，继续利用上海合作组织已有的金融、投资、贸易、能源等合作机制，创新合作办法，提升中国在上海合作组织框架内的发言权和主导权，提高中亚国家与中国开展经济合作的积极性和主动性。其次，大力实施"走出去"战略，鼓励中国企业向中亚、俄罗斯等国开展直接投资，开展技术合作，尤其是国家急需的关键性技术，并以此带动扩大双边贸易合作规模。再次，以战略眼光看待经济外交，尤其要重视俄罗斯、哈萨克斯坦等国的能源发展战略，尽量在能源进口和能源输送等方面掌握主动权。最后，要加强边境基础设施建设，实现交通运输便利化，扩大中国与中亚国家的边境贸易规模，发展对外贸易物流中心和经济特区，发挥边境小额贸易灵活性强、机动性好等优势。

三 人民币与卢布国际化进程的比较分析

2008 年下半年以来，由于美国次贷危机所引发的金融危机蔓延到全世界，引起了世界各国对国际货币体系改革的关注。此后在美国召开的金融峰会上，世界各国对这次金融危机的成因、影响与对策进行了深入的探讨。俄罗斯总统梅德韦杰夫在这次峰会上突出强调了当前美元作为世界货币的各种弊端，并提出推进国际货币多元化的设想。这种观点与欧盟轮值主席萨科齐的态度是完全一致的，都是希望改变当前美元的世界货币霸主地位，进而提升本国货币的国际地位。中国同样提出促进国际货币体系改革的建议，中国人民银行行长周小川甚至在《关于改革国际货币体系的思考》一文中，提出由国际货币基金组织发行超主权货币的设想，以改变美元霸权的局面。但是，从当前国际货币格局的发展趋势看，美国经济霸主的地位并没有发生根本的改变，美元也将会继续作为世界货币的核心；从货币战略方面挑战美国霸权很难实现，建立超主权货币的设想也只能是未来甚至是很遥远的事情。作为"金砖国家"中的重要成员，中国和俄罗斯需要在世界货币体系中逐渐在战术上挑战美元，其根本途径就是加快推进人民币和卢布的国际化进程。

（一）卢布国际化战略

卢布与人民币国际化战略不仅有利于两国货币金融体系的长远发展，而且对于中俄两国贸易发展来说，也是极其有利的关键因素。长期以来，中国与俄罗斯在对外贸易结算中采取的方式是以美元作为过渡，进而测算卢布与人民币的汇率水平，中俄两国截然不同的汇率制度，使得汇率波动风险始终存在，因此中俄两国对外贸易中的汇兑成本居高不下。[①] 俄罗斯学者也曾经指出，卢布与人民币不能直接形成兑换汇率，是阻碍两国经济合作的重要壁垒，需要加快推进两种货币的直接兑换。[②] 尽管 2009 年以来，中国启动了本币贸易结算，但效果并不明显。正如俄罗斯科学院远东所副所长波尔佳柯夫所指出的那样，中俄贸易本币结算主要集中在一般商品领域，大宗商品仍然采用美元结算的方式，因此人民币在俄罗斯积累的规模不大，很难成为中俄两国贸易的主要结算货币。[③] 中国作为一个具有重大影响力的能源消费大国，俄罗斯在与中国的油气项目谈判中一直积极推动以卢布结算。在两国高层的会谈中，俄方多次建议中国以卢布结算进口的石油和天然气。但是到目前为止，油气结算仍一直在使用美元，人民币和卢布都无法成为计价货币。为了推动两国货币结算的便利化，卢布在 2010 年 11 月 22 日进入了中国银行间外汇交易市场，两国的货币互换协议

---

① 王志远、郑维臣：《卢布与人民币汇率决定机制的比较与联动》，《俄罗斯中亚东欧市场》2011 年第 12 期。

② Рудько-Силиванов В. В.，Межбанковское сотрудничество：обмен опытом // Деньги и кредит. 2008，No 10.

③ 刘永刚：《人民币结盟卢布的下一步》，《中国经济周刊》，2010 年 12 月 6 日。

也开始正式实施。可见，中国与俄罗斯两国在货币国际化战略方面具有相似的必要性，在相互贸易联系方面也具有内在的合作动力，但是两国金融体制有着非常大的差别，在货币国际化道路上也自然有着截然不同的选择，有必要针对这一问题进行深入的比较分析。

俄罗斯对于卢布的国际化发展一直抱有强烈的愿望。普京早在第一次担任总统期间，就曾经明确表示，希望未来俄罗斯居民在出国时，只需要带上卢布，不必兑换成美元就可以在全球旅行。事实上，卢布的国际化发展不仅仅是为了便于居民的出国旅行，这对于维护俄罗斯的大国情结和强国地位同样意义重大。

从理论上看，一个国家向国外输出货币需要两个前提条件：第一，对外贸易出现逆差；第二，以本国货币对外投资。从国际收支平衡表中看，就是实现经常项目或资本项目下的逆差，确保本国货币能够输出国外，这样才有可能实现本国货币的区域化和国际化。从俄罗斯经济转型的发展历程看，由于俄罗斯能源的大量出口，短期内很难改变能源对外贸易顺差的局面，俄罗斯国内企业对外投资能力不强也制约了资本项目下输出卢布的可能性。为此，俄罗斯启动了与世界主要国家大致相同的发展路径，就是尽快实现货币可自由兑换，这是约束卢布国际化的重要瓶颈，如果不能突破，则卢布国际化道路将被完全封住，很难形成卢布国际化的走势。俄罗斯早已实现卢布在经常项目下的自由兑换，1996 年就按照 IMF 第八条规定，实现了卢布在经常项目下可自由兑换，即用于国际贸易结算的外汇可以自由买卖。但资本项目没有开放，在金融市场上外资不能自由兑换卢布进行证券投资。此时资本项目尚未开放并没有直接影响到卢布国际化问题，经济萎靡不振的俄罗斯还没有推进卢布国际化的强烈愿望，不放开资本项目是为了维护国内金融体系的稳定，这一点与世界上大多数国家的做法是一致的。但限制外国资本的进入，不利于缓解俄罗斯资金和外汇短缺状况。1997 年，俄罗斯为了吸引外国资金到国内金融市场投资，规定国内居民和法人可以获得国际金融机构、国外商业银行、国外企业的贷款。

这样，国际资本就有了一条投资俄罗斯证券的道路，可以通过俄罗斯居民和企业代理国外资金的办法，将外国金融资本引入俄罗斯金融市场。本来俄罗斯认为这样既能够保证国内金融市场的安全，又能有效缓解外汇和资本短缺问题，尤其是促进股票和债券市场的快速发展。但 1998 年 8 月，俄罗斯将国债兑现延期后，债券市场风声鹤唳，引发了金融危机。那些被俄罗斯当局寄予厚望的外国资本，虽然绕过资本项目进入了俄罗斯证券市场，但危机刚刚爆发，就出现了大规模的出逃，直接引发了卢布的大幅度贬值，使俄罗斯本来已经很被动的金融市场出现了更大的振荡。此后，出于金融安全的考虑，俄罗斯始终没有放开对资本项目的管制。直到普京上任后，出于卢布国际化发展和建设国际金融中心的考虑，资本项目开放才被提上议事日程，并取得了突飞猛进的发展。

进入 21 世纪后，在油气出口的带动下，俄罗斯经济得到了快速发展。此后，良好的政治经济基础使俄罗斯开始向着强国之梦挺进，卢布国际化就是其中的重要内容之一。普京认为："俄罗斯需要能够在世界市场上自由流通的卢布，需要与世界经济体系有坚强而可靠的联系。"① 他在 2006 年国情咨文中再次提出："我在 2003 年的国情咨文中提出了确保卢布可兑换的任务，曾经制定了一些计划，应该说这些计划仍在执行中。现在我建议加快消除剩余的限制措施，在今年 7 月 1 日前结束这项工作。"② 此文中的卢布可自由兑换就是指在资本项目下，外国投资者可以自由进出俄罗斯证券市场，其目的在于提高卢布在境外的投资功能，使国外机构愿意持有卢布或卢布资产。这一点普京在国情咨文中也明确提到了："卢布实际上的可兑换性在很大程度上取决于卢布作为结算和储蓄手段的吸引力，我们在这方面还有很多事情要做，例如，卢布应该成为使用范围更广的国际

---

① 〔俄〕普京：《2003 年致联邦会议的国情咨文》，载《普京文集》，中国社会科学出版社，2008，第 29 页。

② 〔俄〕普京：《2006 年致联邦会议的国情咨文》，载《普京文集》，中国社会科学出版社，2008，第 287 页。

结算手段，应该逐渐扩大自己的影响范围。"① 如普京所愿，2006 年 7 月 1 日俄罗斯资本项目开放，外国资本购买俄罗斯债券不再受任何限制，外资进入货币市场和债券市场加快了俄罗斯金融市场走向繁荣的步伐，也推动了卢布国际化的发展之路。

在对卢布国际化战略做出充分准备后，俄罗斯开始考虑怎样加快推进这一进程。能源是俄罗斯经济的重要支柱产业，也是最具国际影响力的战略资源。显然，以能源出口带动卢布国际化进程是最为直接和便利的途径。因此，俄罗斯当局认为应当以能源项目的卢布结算带动卢布的国际化发展，进而使国外机构具有持有和积累卢布的意愿。在俄罗斯资本项目已经开放的条件下，境外的卢布还可以通过投资俄罗斯证券市场获得收益，实现卢布的境外投资功能。能源作为一种战略资源，如果能源领域以卢布计价，各国政府自然也需要积累一定规模的卢布，以保证进口石油天然气所需，卢布也很有可能成为一些国家中央银行的储备货币。这样，卢布就可以陆续实现其结算货币、投资货币、储备货币等功能，卢布的国际化也就成为顺理成章的事情了。从这个角度上看，油气项目中的卢布结算是俄罗斯货币国际化战略的重要方法，已经得到了俄罗斯各级政府的充分重视。

普京认为，要想让能源交易以卢布计价，就必须在俄罗斯境内建立石油、天然气等能源产品的交易所，并且在这个交易所中以卢布标价，如果境外企业购买，则必须以卢布作为结算货币，只有这样的强制性推动力，才能撼动美元作为能源主要结算货币的地位。他甚至有重新组建"天然气欧佩克"的设想，先实现独联体各国之间的石油天然气卢布结算，然后再联合伊朗、阿尔及利亚等产油国，组建以卢布结算的石油天然气联盟。② 2008 年，国际金融危机的爆发更是加深了俄罗斯对推进本国货币国际化的信心和动力。2009 年 6 月，梅德韦杰夫总统在圣彼得堡国际经济

---

① 〔俄〕普京：《2006 年致联邦会议的国情咨文》，载《普京文集》，中国社会科学出版社，2008，第 287 页。

② 刘军梅：《国际货币体系改革中人民币与卢布的竞争和合作》，《社会科学》2009 年第 4 期。

论坛上更加明确地提出，俄罗斯的任务是"要使卢布成为更有吸引力、更方便、更可靠的结算手段"。① 但与此同时，金融危机给俄罗斯金融领域带来的振荡和影响，在一定程度上也使石油天然气领域的卢布结算推迟了，尽管俄罗斯政府仍然在推动这一进程，但不能否认这样的事实：在后危机时代，虽然卢布国际化的意愿显著增强，但卢布国际化的步伐确实放慢了。

当前，卢布最具影响力的区域仍然是在独联体国家范围内，虽然没有完全取代美元，但在这一区域实现卢布的结算和投资功能无疑是卢布国际化的重要突破口。2011 年 10 月，普京在俄罗斯《消息报》撰文——《欧亚大陆新一体化计划——未来诞生于今日》，首次提出"欧亚联盟"战略，并认为这是联结欧亚大陆的重要经济组织，成员国之间可以更好地协调经济和货币政策。不仅如此，普京在"欧亚联盟"战略中提到了使用共同货币的建议，他本人也多次提到要促进卢布国际化进程，使之成为被广泛接受的世界货币，在"欧亚联盟"区域内推广卢布将为这一战略奠定非常扎实的基础。显然，在卢布国际化进程中，俄罗斯采取了更加务实的方法，那就是先促进卢布在周边国家的影响力，然后再以"欧亚联盟"为依托，加快卢布走向世界的步伐。可以说，普京再次当选总统后，卢布国际化的速度将会显著提高，但与之前采取的方案有所不同，那就是以更具渐进式特征的发展模式，将卢布从欧亚地区逐步向国际市场推广，进而使卢布成为能源领域的重要结算货币，再依靠之前开放资本项目、汇率自由浮动等制度保障，最终实现卢布国际化这一重要发展战略。

（二）人民币国际化的整体构想

从俄罗斯推进卢布国际化的经验看，中国并不具备很快开放资本项

---

① 李中海：《卢布国际化战略评析——兼论中俄贸易本币结算》，《俄罗斯研究》2011 年第 4 期。

目、实行汇率自由浮动等方面的条件。当前为了保证金融稳定，中国在推进人民币国际化方面的政策措施一直非常稳健。中国理论界早在 20 世纪 90 年代就开始关注人民币国际化问题，2002 年在人民币升值的预期下，在蒙古、缅甸、越南、泰国等周边国家开始出现积累人民币现象，同时人民币在港澳地区的支付范围也不断扩大，引起了决策部门的高度重视，并开始着手研究人民币国际化战略。① 2008 年国际金融危机爆发后，美元汇率的波动使中国更加重视人民币国际化的意义和作用。作为世界第一大外汇储备国，大量的外汇储备以美元形式存在，不仅意味着外汇管理体制的难度增大，而且也标志着中国已经具备了人民币国际化的一些必要条件，那就是以外汇储备作为稳定人民币币值的保证，适时推动人民币国际化进程，从国家发展战略的高度看待人民币国际化问题。

货币国际化实质上是货币的支付功能和投资功能向国际市场的延伸，这意味着人民币国际化的必要前提条件是，国外企业和居民持有的人民币能够具有投资或支付功能。从当前人民币的国际功能看，由于资本项目没有完全开放，国外企业和居民持有人民币的投资渠道仍然非常狭窄。但如果从另外一个视角看可以发现，人民币国际化具有非常良好的突破口，那就是通过贸易结算的方式逐渐将人民币的支付功能延伸到国外，适当积累境外人民币的规模，提高其国际化水平。事实上，这种途经也是人民币国际化的必然选择，考虑到中国加快人民币国际化进程的长远目标在于摆脱对美元的过度依赖，而当前对于中国这样一个出口大国来说，最为关键的就是使人民币在对外贸易中逐步形成对美元的替代，以此来逐步改变美元的霸权地位。

长期以来，出口创汇是中国对外贸易发展的重要目标，官方对出口收汇和进口付汇都提出了较高的要求，计价货币和计算货币都必须是可自由兑换的货币，因此在对外贸易中基本都是以美元标价和结算。即使在贸易

---

① 张礼卿：《应该如何看待人民币的国际化进程》，《中央财经大学学报》2009 年第 10 期。

规模较小的边境贸易中允许使用人民币结算，但由于附加条件限制，人民币也很难真正发挥结算货币的功能。1997 年中国外汇管理局要求境外以人民币结算的机构在中国开设人民币专用账户，其中资金专门用于边境贸易的货物结算业务。显然，在当时人民币缺乏投资渠道的情况下，境外机构很难长期保留人民币账户余额，这也制约了边境贸易中的人民币结算功能。因此，中国在对外贸易中，人民币长期无法发挥支付功能，更谈不上成为具有国际化性质的世界货币。

2008 年金融危机爆发后，中国的出口受到了很大的影响和冲击。更为困难的是，由于中国与周边国家在对外贸易中使用美元或欧元结算，货币汇率的可控性较差，贸易结算中的汇率风险难以防范。为了保持中国对外贸易结算中的主动性和灵活性，推进人民币国际化进程自然十分必要而重要。2009 年，中国决定在上海、广州、深圳、珠海、东莞等地开展人民币跨境贸易结算试点工作，此后还出台了《跨境贸易人民币结算试点管理办法》，对结算方式、监管模式、操作细则等做出了规定。此后，人民币在对外贸易结算中的比重呈现出增长态势，但与推进人民币国际化这一要求相比，当前人民币跨境贸易结算规模仍然相对较小。在中国的货币战略中，跨境贸易被寄予厚望，其信心主要来自快速发展的对外贸易，通过这一渠道拓展人民币的国际化程度，甚至要优于通过开放资本项目以提高人民币投资渠道的方式更能获得国外认可，这样既可以稳定国内金融体系、防范金融风险，又可以使人民币国际化的优势最先在国际贸易中反映出来，符合人民币国际化战略的初衷。这也意味着，跨境人民币结算规模必须达到一定程度，才能促使境外机构和个人持有人民币，然后再通过渐进式放开资本项目的方法，来引导境外人民币投资国内金融市场。因此，跨境人民币贸易结算规模自然成为当前人民币国际化的必要前提。从试点经验看，上海、广州、深圳、珠海、东莞这些城市在对外贸易方面具有典型性，位于广东省的三个城市人民币跨境贸易规模增长速度较快，而这在上海的表现则并不明显。考虑到上海进出口业务主要集中在大宗商品贸易上，因此说明中国人民币跨境结算业务仍然无法在大宗商品贸易中打开局面，反而是位于广东省的小规模进出口贸易更具优势，这也说明与广东省开展业务往来的中国香港、新加坡等地区更容易接受人民币跨境贸易结算。如果从这个角度看，中国香港和新加坡之所以成为人民币跨境结算的热点区域，主要在于具有人口和贸易优势，中国香港和新加坡与中国贸易往来密切，并且境外华人对人民币具有天然的认同感。因此，无论是跨境结算，还是保留在海外的人民币规模，都能达到较高的水平。2010 年 6 月，中国扩大了跨境人民币结算试点地区，北京、天津、辽宁、新疆等 20 个对外开放的省、区、市也都参与到人民币跨境结算业务之中，对外贸易对象也不再局限于香港、澳门、东盟等国家和地区，任何企业都可以根据实际需要选择是否采用人民币跨境结算。

从当前人民币国际化角度看，跨境人民币结算还需要辅助措施，那就是需要在境外主动积累一定数量的人民币，形成"汲水效应"，为境外企业和居民持有人民币形成便利。中国人民银行与境外中央银行签订货币互换协议的意义就在于此，由官方推动境外人民币供应量增长，将会为人民币跨境结算和国际化奠定坚实的基础。货币互换事实上基于双边中央银行提供的金融便利，就是以相互提供货币的方式，各自为本国商业银行的短期流动性提供保障，确保贸易结算便利化。对于当前的人民币国际化而言，货币互换还有另外一个好处，就是能够增强国外对人民币的认同感，这方面的作用使货币互换的意义大大提高，已经不单纯是为了促进人民币跨境结算，甚至有可能使人民币成为国外商业银行的融资资产以及境外中央银行的储备资产。

以上论述的是人民币国际化的主要突破口和实现路径，客观地看，这些仅仅是人民币国际化战略的必要前提条件，而非充分条件。人民币国际化对于中国整体对外开放战略、金融制度都提出了全新的要求。中国采取的措施就是绕开资本项目开放这一关，以多年来的对外开放成果为依托，通过贸易环节扩大人民币的区域和国际影响。近年来人民币在周边国家流动规模逐步提高，为这一途经提供了良好的保障。与此同时，中国企业积极实现"走出去"战略，既为人民币国际化提出了更高的要求，也为人民币逐步走向境外提供了窗口和平台。在这样的背景下，人民币国际化将经历从结算货币到投资货币的转变，此后再经过量变到质变的过程后，人民币才能成为被世界各国广泛接受的储备货币。

从长远角度看，尽管人民币国际化的突破口是贸易渠道，可以暂时绕开资本项目开放这一关键环节，但这并不意味着可以无限期地以贸易渠道拓展人民币国际化空间。毕竟，人民币的结算功能与投资功能必须相辅相成，否则单纯以货币互换来推动境外人民币的规模积累，显然不具有长效性。理论上认为资本项目开放是货币国际化的必要前提，就是在于如何使积累在境外的人民币获得稳定、可观的投资回报，否则这些人民币必然通过贸易渠道再次流回中国，或者在进口贸易中人民币受到排斥和否定，境外机构不愿意长期持有人民币，这也将使得人民币国际化战略成为短期的权宜之计。

显然，在中国资本项目尚未开放之前，作为人民币国际化的重要辅助工程就是如何尽量实现人民币的境外投资功能。当前中国最具国际化特征的金融市场就是香港金融中心，香港也必将成为人民币走向世界的主要窗口和平台。在中国不具备整体开放资本项目的条件下，很多试点工作都可以在香港展开，并且尝试在香港金融市场建立人民币投资渠道。香港已经拥有人民币离岸清算中心，这些为人民币在香港地区的积累奠定了基础，自然也为香港开辟人民币投资工具提供了充分的条件。一些人民币投资工具在香港尝试成功后，可以逐步向上海推广。上海地处亚太经济圈和长江三角洲经济圈，是中国对外开放的重要窗口，也是带动长三角区域经济发展的发动机；同时，上海既是中国对外开放的主要交通枢纽，也是吸引外商直接投资的重要阵地。中国已经明确要将上海建成国际化的金融中心，中国外汇交易中心、中国人民银行第二分部等核心金融机构也位于上海，这些都是货币政策操作、金融市场管理的重要平台，这些条件能够保证上海可以借鉴香港的经验，为开发境外人民币的投资渠道做出强有力的贡献。就具体过程而言，可以先放开人民币存贷款市场、货币市场和固定收益产品市场，逐步提高人民币的流动性，最后再考虑逐步放开股票市场。[①] 可以说，人民币国际化之路必然要经历在香港尝试建立投资渠道的发展阶段，当上海可以成为境外人民币的投资中心后，人民币国际化之路才能正式走上正规化的发展阶段。上海国际金融中心的建立与人民币国际化之路，这二者必然是相辅相成、互相依托、相互促进的。

（三）人民币国际化的局部路径——以新疆为例

当前，中国已经启动了人民币国际化战略，提出在与周边国家的贸易往来中推广人民币结算，这一举措需要健康、稳定、良好的对外经济关系作为保障和支撑。但是人民币国际化显然不能一蹴而就，需要一系列的必要前提以及中国整体金融制度的完善。在这样一个渐进式的发展过程中，人民币国际化必然经历先局部、后整体的发展历程，即先实现在周边国家的国际化发展，再获得一定区域内的广泛认同，最终才能真正走向世界，成为国际货币体系中的重要一环。回顾美元、英镑等世界主要货币国际化历程，都是先以周边国家为依托，实现货币区域化发展，然后再逐步走向世界，成为结算货币、投资货币和储备货币的。中国的人民币国际化进程，其实质就是使人民币成为国际贸易中的价值尺度、流通手段和支付手段，进而使人民币在境外具有储藏功能，成为具有国际影响力的世界货币。这既是中国适应金融全球化浪潮的客观要求，也是中国成为世界大国的必然趋势。但从人民币国际化的发展过程看，人民币国际化战略显然不能一蹴而就，需要经历从局部到整体、从简单到复杂的渐进式发展历程。

新疆作为中国对外接壤国家最多的地区，是中国向西开放的"桥头堡"。近年来新疆与中亚国家经贸关系增长势头良好，特别是首届亚欧博

---

① 王华庆：《国际货币、国际货币体系和人民币国际化》，《复旦学报（社会科学版）》2010 年第 1 期。

览会召开，标志着新疆全方位、多层次、宽领域的对外开放战略已经驶入了"快车道"。可见，新疆在人民币国际化进程中的区位优势极其重要，是提高人民币在中亚地区影响力的重要桥梁和纽带。因此，探讨新疆在人民币国际化战略中的地位与作用，无疑是非常重要的典型性范例。

从地理区域角度看，新疆是人民币向中亚地区发展的重要阵地。新疆与哈萨克斯坦等中亚国家毗邻，与中国相比，这些国家整体经济规模较小、产业结构单一、对外贸易依存度较高，人民币与这些国家的货币相比也具有信用高、风险低、稳定性好等特点，完全有可能成为这一区域的核心货币。新疆在地理上的区位优势，决定了其必然要承担人民币向周边国家辐射的阵地功能，新疆的各种金融机构也必将承担金融业对外开放的重要任务，这对于进一步健全金融法制、加强金融监管、提高金融服务水平、维护金融稳定等提出更高的要求，也意味着新疆地区的货币金融行业将迎来新的机遇和挑战。

从货币结算角度看，新疆已经具备人民币国际化的基本前提。近年来，新疆与周边国家对外贸易发展势头强劲，在进出口贸易中以人民币签订合同、结算货款已经具备了较好的基础。在对外贸易中以人民币替代美元，增量容易存量难，对于长期合作的进出口商，更改计价货币和结算货币难度较大，但对于新出现的外贸企业和商品种类而言，选择新的计价货币则相对容易，因此人民币结算功能的启动需要快速发展的对外贸易作为基本前提。未来几年，随着新疆经济跨越式发展战略的逐步实现，以及对外开放口岸、交通基础设施的改善，新疆对外贸易也必将迎来高速增长的繁荣时期，这将是人民币向贸易结算领域渗透的重要机遇期。

从货币互换角度看，新疆迎来了人民币国际化的良好契机。2008 年12 月 12 日，中国与韩国达成以 1800 亿元人民币换 38 万亿韩元的协议，这是中国首次签订的货币互换协议，在人民币国际化进程中具有重要的历史意义。此后，中国先后又与中国香港地区、马来西亚、印度尼西亚、白俄罗斯、阿根廷、冰岛、新加坡、新西兰、乌兹别克斯坦、蒙古、哈萨克斯坦等国家和地区签订了货币互换协议，其中交换到白俄罗斯的人民币已经超出了最初的预期，不仅出现在对外贸易结算中，还被白俄罗斯作为储备货币，可见货币互换对于当前人民币国际化的推动作用非常强大。近期，中亚国家成为中国人民银行开展货币互换的热点区域，先后与乌兹别克斯坦签订 7 亿元人民币、与哈萨克斯坦签订 70 亿元人民币的货币互换协议。人民币国际化战略向中亚国家发展的趋势，意味着新疆迎来了人民币国际化的良好契机。

新疆作为人民币国际化向中亚区域发展的重要阵地，应当以货币互换为契机、以区位优势为依托、以货币结算为抓手，提高人民币在周边国家的影响和地位，这既有利于人民币国际化战略的全面发展，也有利于新疆涉外生产经营活动的便利化，还有利于边境地区居民消费能力的提高和生活水平的改善。主要途径有以下三个方面。

第一，主动加强与货币互换国家的对外经贸关系。中国与乌兹别克斯坦、哈萨克斯坦签订货币互换协议后，在新疆出口贸易中要充分发挥境外人民币的结算功能，主动要求对方以人民币结算，强化人民币在境外的信用和影响，形成货币互换与对外贸易的协调与配合。根据中亚地区其他国家的对外贸易规模，评估中国与这些国家签订货币互换协议的可能性与必要性，基于对外贸易发展的需要，适时向中国人民银行提供合理建议，进一步扩大货币互换协议的覆盖面，增强人民币在重要区域的影响力。

第二，以边境贸易作为货币结算大范围推广的突破口。与大宗商品贸易相比，边境贸易规模小、灵活性好，在这一领域推广人民币结算相对容易。鼓励边境小额贸易企业以人民币签订合同，对于出口合同，在当前人民币升值预期下，与美元相比，新疆企业显然更愿以人民币签订合同，减少出口收入的汇兑损失。对于进口合同，新疆企业则应当采取更为积极主动的沟通策略，尽量要求对方接受人民币结算。在边境贸易的另外一种形式——边民互市贸易中，在新疆境内的边贸集市应当以人民币作为计价货币，逐渐实现人民币在互市贸易中的主导地位，以此鼓励外国边境居民持有人民币。

第三，提高新疆金融机构的国际化服务管理水平。加快推进人民币跨境结算业务，适当放宽人民币现钞的出入境限制，提高人民币现钞的境外影响力。新疆地区的商业银行应加强与境外银行的金融合作，签署双边贸易支付结算协议，鼓励股份制商业银行在中亚国家开设分支机构，并与周边国家开展人民币银联卡的受理业务，与境外银行开展人民币储蓄、贷款等业务合作。金融监管部门应加快建立新疆与周边国家人民币跨境流动的动态监测机制，及时统计人民币结算功能的总量和比例，为新疆开展人民币国际化业务提供科学决策依据。

（四）结语

通过人民币与卢布国际化的比较分析，可以发现两国的货币国际化战略具有一定的相似性，例如都需要通过货币区域化发展来实现国际化进程，俄罗斯需要以独联体地区为依托，逐步实现卢布的国际化进程；中国则是以周边贸易往来密切的国家为基础，实现人民币的国际支付功能。但中国与俄罗斯在货币国际化途经方面存在的差异性更加明显，这是由经济发展特征与金融制度根本不同所决定的。俄罗斯以较为标准化的方案推进卢布国际化，先以开放资本项目为前提，提高境外卢布的投资功能，再以油气结算为突破口，强化卢布的结算功能，进而促进卢布走向世界；而中国则是在不开放资本项目的条件下，以强大的对外贸易优势实现人民币的支付功能，再通过建立香港、上海等金融中心来提高人民币的投资功能。因此，在人民币国际化战略中，面向东盟、东南亚、中亚等地区的接壤省份具有非常重要的意义。本文以新疆为例，详细论述了人民币区域化发展的局部路径。可以肯定，人民币区域化是国际化的必要前提，特别是边境省份人民币结算和支付手段的拓展，将为人民币走向世界奠定非常必要和坚实的基础。

四　欧元区内在矛盾与东扩前景分析

当前，欧洲主权债务危机已经引起全世界的关注，其中债务危机最为严重的希腊，为了得到欧盟的援助，正在采取财政紧缩措施，不仅引起了国内民众的极大不满，甚至在理论上存在退出欧元区的可能。主权债务危机说明最优货币区理论并非完美，加入欧元区并非只有收益，没有成本，这也更容易理解为什么英国、瑞典、丹麦这三个欧盟国家一直推迟加入欧元区的日程。与此同时，欧盟在2004年、2007年两轮东扩后吸收的新成员国却在积极地调整经济指标，来适应《马斯特里赫特条约》制度的趋同标准，以尽快成为欧元区国家。国际金融危机爆发后，不仅没有减缓这一趋势，反而加快了部分新成员国前进的步伐，爱沙尼亚逆势加入欧元区就是最好的例证。欧元区似乎已经出现了"围城"一般的困局，在里面的正在遭受债务危机侵扰，而在外面的则努力地想加入，同时还有具备条件但徘徊在外围不愿加入的国家。为了从更深层次认识这种极为特殊的经济现象，有必要从更深层面上认识最优货币区理论，重新回顾欧元区的发展历程，以及欧元区国家让渡货币主权的利与弊，才能更清楚地分析欧元区未来的发展趋势。

（一）欧元区的内在矛盾

1999年，欧元区正式成立，最优货币区理论在解释区域经济内部使用共同货币的可能性与必要性方面获得了空前的成功，罗伯特·蒙代尔作为这一理论的创始人获得了1999年诺贝尔经济学奖。他1961年提出在区域内劳动力自由流动条件下，使用共同货币可以有效降低成本，促进区域内的贸易和投资发展，这可以说是最优货币区理论的开山之作。① 他以浮

---

① Mundell, Robert A. 1961. "A Theory of Optimum Currencies Area". *American Economic Review* 51: 657–665.

动汇率制度中的非对称性冲击为例，假设存在 A、B 两国，如果发生非对称性冲击，即 A 国的出口增大，而 B 国的出口减少，则 A 国汇率上升能够缓解出口增大所引发的通货膨胀问题，B 国汇率贬值能够解决由于出口减少而产生的失业问题，这是浮动汇率制度调节功能的最大优势。但是如果 A、B 两国使用同一种货币，那么当非对称性冲击发生时，汇率政策无法同时满足两国的需要，非对称性的需求转移只能通过生产要素的转移来实现，即如果 A 国出口增大、B 国出口减少，那么生产要素应当由 B 国向 A 国转移。考虑到在全球化时代，资本、技术等生产要素基本已经实现全球自由流动，那么在最优货币区理论中所需要的必要条件显然是劳动力自由流动。因此，蒙代尔认为劳动力自由流动是组建最优货币区的前提条件，而欧盟国家已经基本具备了这一条件，可以组建使用同一货币的联盟，蒙代尔也因此被誉为"欧元之父"。

显然，早期的最优货币区理论主要关注对外贸易、劳动力流动、跨国投资中货币兑换成本的节约，其中的"最优"主要指区域内的国家使用同一货币所获得的收益。曾经有非常著名的货币兑换例子，由于货币兑换成本的存在，即使在原欧盟 15 国中将货币轮番兑换一遍，最初的货币也将损失一半左右，在贸易和投资中的货币兑换成本是显而易见的。因此，这一时期的理论主要关注如何建立最优货币区，诸多学者开始对形成最优货币区所需要的条件进行论证和检验，也对加入欧元区的前提条件做出了规定和约束。其中最为重要的就是《马斯特里赫特条约》（简称《马约》）制定的趋同标准：通货膨胀率不得高于欧元区三个最低国家平均值加 1.5%；政府预算赤字不得超过当年 GDP 的 3%，政府累计债务总额不得超过 GDP 的 60%；长期利率水平不得超过欧元区三个通货膨胀率最低的国家平均利率再加 2%；必须加入欧洲汇率机制Ⅱ（EMR-Ⅱ），并且两年内汇率波动不得超出中心汇率 ±15% 的范围；申请国中央银行必须保证独立性，而且与欧洲中央银行体系目标保持一致。

欧元区成立后，欧盟原 15 国中已经有 12 个国家成为欧元区国家。但迄今为止，英国、瑞典、丹麦始终没有加入欧元区，考虑到这三个国家基本上都具备加入欧元区的条件，但他们主观上却不愿意加入，这显然意味着欧元区并非理论上设计的那般完美。这也说明加入欧元区除了能获得巨大的收益外，还需要承担一定的风险和损失，回顾欧元区的发展历程可以发现，从欧洲货币体系开始，在20年的演进过程中发生过区域性的货币危机，从而给成员国经济带来严重的冲击，正是由于这些负面因素的存在，才使得一些欧洲国家对最优货币区存在置疑和排斥。在这方面，英国的情况最为典型，也最具代表性。英国是最初的欧共体国家之一，首都伦敦是世界上最重要的金融中心之一，但英国却一直若即若离地徘徊在欧元区之外。

20世纪70年代，布雷顿森林体系解体后，美元与黄金之间不再保持联系，西欧的发达国家开始考虑建立新的中心货币来代替美元在国际结算中的功能和作用，于是在1979年成立了以联邦德国马克为中心的欧洲货币体系，这也是欧元区最早的雏形。加入欧洲货币体系的国家对内实行固定汇率制度，对外则实行联合浮动。当时联邦德国在欧洲经济中举足轻重，马克也是外汇市场上最主要的交易货币，马克自然成为欧洲的中心货币，如果参加欧洲货币体系国家的货币兑马克汇率波动范围超过2.5%，该国中央银行就必须干预汇率，以保证欧洲货币体系的内部稳定。在20世纪80年代，英国并没有加入欧洲货币体系，当时任英国首相的撒切尔夫人对欧洲货币体系持怀疑态度，她认为加入欧洲货币体系等于让渡货币主权，会使英国经济发展过度受制于外部环境。在这之后，每当欧洲货币体系出现危机，都不由得让英国人想起撒切尔夫人当年的远见卓识。但英国内阁相当一部分人坚决反对这种"怀疑欧洲"的见解和主张，撒切尔夫人所在的保守党也因此出现了内部的分歧，她本人也因此饱受压力。1990年11月，撒切尔夫人辞去了首相职务。这一年，英国加入欧洲货币体系，英镑与马克之间的汇率开始保持一致。

1990年也是德国东、西部合并的一年，当年7月民主德国和联邦德国签订了《联邦德国和民主德国建立货币、经济和社会联盟的国家条约》，10 月 3 日两德正式合并后，德国的经济政策也随之开始出现了转变。东德与西德之间的发展差距促使很多东德人向西德迁移，这种早在两德统一之前就已经存在的移民问题，在两德合并后表现得更加突出，德国政府所能采取的唯一办法就是尽快振兴东德经济，促进东西部发展平衡。为了支持东德经济社会转型，德国开始出现大规模的财政赤字，货币政策也呈现出宽松特征。此后，为了控制通货膨胀，德国央行不得不将利率维持在较高的水平上。德国的货币政策使英国处于"两难"的境地：如果与德国一同维持高利率，将会给本来就不景气的英国经济带来更加不利的影响；如果单方面实施低利率，国际资本必然会从英国流向利率更高的德国，这又会给英镑兑马克汇率带来贬值的压力。为了维持欧洲货币体系内部的固定汇率，英国只能被迫选择维持高利率，但由于国内经济不景气，外汇市场上的英镑事实上处于严重的高估状态。

1991 年，英镑高估这一问题被以索罗斯为首的国际投机者发现，并开始在外汇市场上做空英镑。他们一边在现货市场上抛售英镑、买进马克，冲击英镑与马克之间的固定汇率；一边在远期外汇市场上买入英镑合约，如果英镑大幅度贬值，则可以获得高额的投机回报。1997 年，索罗斯用几乎同样的方法制造了东南亚金融危机，只不过对象国变为泰国而已。1992 年，英镑大幅度贬值，英国爆发货币危机，与其一同遭受危机冲击的还有意大利。这场危机后，英国的执政者和民众都开始对欧洲货币体系持怀疑态度，认为体系内国家很难保持共同的利益目标。此后，在英国内阁成员中，保守党坚决反对英国加入欧洲货币体系，他们更赞成通过加强各国政府之间的合作来实现联合，而并非组成超一体化的货币联盟，工党则对加入欧元区持积极态度。虽然各政党内部也对是否加入欧元区持有一些不同见解，但"亲欧"和"疑欧"两大阵营相互之间已经形成了对立态势。"亲欧"阵营认为，加入欧元区有利于英国进一步发展对外贸易，能够吸引外商直接投资，也有利于英国开展对外投资。"疑欧"阵营的观点基本与当年撒切尔夫人的见解一致，当英国加入欧元区的时候，也是英镑退出历史舞台之际，不仅会威胁英国作为全球金融中心的地位，完全让渡货币主权更是会使英国的宏观经济政策失去灵活性和自主性。这场争论的结果是以维护货币主权为依据的"疑欧"阵营占据上风，英国最终没有加入欧元区。这次主权债务危机验证了英国保守主义的明智之处，英国既不需要在救助危机中做出被迫的选择，也不需要为了适应整个欧洲的经济形势而被动调整宏观经济政策。在后危机时代，英国虽然也受到了金融危机的冲击和影响，但政府能够将注意力充分集中在促进国内就业、缓解财政困难等方面，这更强化了英国人"怀疑欧元"的态度和观念。

1997 年，在欧元区即将成立的时候，英国首相布莱尔再次将英国是否加入欧元区问题提上了议事日程。在财政部长布朗的主张下，英国开始对加入欧洲统一货币进行了详细的评估和论证，这就是布朗提出的著名的五项测试。测试包括英国与欧元区经济结构是否具有一致性、欧元区是否具有应对经济变化的灵活性、英国海外投资是否会受影响、英国金融业发展情况、经济增长和促进就业等五个方面。1999 年英国已经具备了加入欧元区的可能性，财政赤字、通货膨胀、公共债务占 GDP 比重等指标已经基本达到《马约》的要求。但布朗以这些测试没有通过为由拒绝加入欧元区，2003 年这一测试同样没有通过，英国继续推迟加入欧元区的进程。根据布朗的报告，五项测试未通过的最主要因素就是经济周期和经济结构的一致性不符合英国要求，虽然英国的通货膨胀程度、债务和财政赤字等都与欧洲其他国家基本近似，但英国经济结构与欧洲截然不同，英国的经济结构更接近美国，而并非欧洲。[①] 此外，英镑是世界上具有较大影响力的货币，英国也是世界金融中心之一，英国人一直存在着较为强烈的民族自尊心，这些因素也是英国人不愿意加入欧元区的原因。虽然大多数欧盟国家对英国加入欧元区持乐观态度，认为在各方努力和周旋下，英国加入欧元区仅仅是时间上的问题，但这次国际金融危机爆发后，英国再次

---

① 应惟伟、任康钮：《英国与欧元区——基于数据的分析》，《国际金融研究》2006 年第 5 期。

将注意力集中在国内经济政策方面，对欧元仍持谨慎和怀疑态度，欧债危机的爆发无疑促使英国离欧元区越来越远。

英国主观上不愿意加入欧元区，说明加入欧元区并非只有收益、没有成本，同时也表明欧元区存在着内在矛盾，这也对早期的最优货币区理论提出了挑战。当一个国家让渡了货币主权后，很难保证本国经济政策与欧元区保持同步。此外，当欧元区遭受外部冲击时，如果成员国之间经济发展基本趋同，那么非对称性冲击发生的可能性很小，成员国之间的利益就容易协调。但布朗进行的测试恰恰表明，由于经济结构的非一致性，英国加入欧元区出现非对称性冲击的可能性是存在的，这也表明在欧元区内部有可能发生非对称性冲击。

（二）欧元区的主权债务危机

欧元区成立后，其首要目标也开始从如何建立欧元区逐渐转向怎样维护欧元区内各成员国的共同利益。蒙代尔早期提出的最优货币区理论主要集中在形成的可能性方面，此后他本人也意识到评估最优货币区内国家的收益非常必要。理论界开始就关于成员国的利益问题进行新的探索，最优货币区理论也出现了全新的进展。通过对最优货币区中各国的成本收益进行分析，极大地拓展了最优货币区理论的发展，与蒙代尔最初开创的理论相比，这种分析方法已经具有非常明显的差别，因此也被学界称为第二代最优货币区理论。当前，已经形成了较为成熟的"收益—成本"模型，收益主要表现在货币流动性提高、有利于资源在区域内进行配置、节约交易成本、减少投资资本流动、促进一体化程度提升等方面；成本则表现为区域内国家之间贫富差距加剧、失去汇率调节机制、放弃货币自主权等方面。[①] 在最优货币区中，收益是区域一体化程度的增函数，成本则为区域

---

① 陈雨露、边卫红：《货币同盟理论：最优货币区衡量标准的进展》，《国际金融研究》2004年第2期。

一体化程度的减函数，这意味着一些国家如果在区域一体化程度较低的水平上加入最优货币区，那么获得的收益就有可能小于成本，只有努力提高一体化程度才能提高收益、降低成本，收益曲线与成本曲线相交的点，就成为是否应当加入最优货币区的临界点。这意味着并非所有欧盟成员国都已经越过了收益大于成本的临界点，区域一体化程度较高的国家加入欧元区的收益会大于成本，而对于与欧盟经济整合较差的国家，其收益有可能小于成本，这样的情况下，即使满足了《马约》的趋同标准，加入欧元区也并非理智的选择。

希腊是欧元区国家中极为特殊的一员。1999 年欧元区成立之初，德国、法国等 11 个国家成为欧元区国家，希腊由于国内财政赤字、通货膨胀等指标没有达到《马约》的要求，只能推迟加入欧元区的时间。为此，希腊不得不突击性地调整各项经济指标，包括采取积极削减财政支出、控制通货膨胀、稳定汇率等措施。2000 年，在欧元流通一年之后，希腊才如愿以偿地成为欧元区第 12 个成员国。此后，希腊获得了大规模的欧盟廉价贷款，加入欧元区的优势很快被希腊发挥到极致，经济也实现了连续的增长。但繁荣的背后，是经济过度依赖外部贷款和投资，财政赤字迅速提高，对外贸易逆差的局面也没有得到改观。显然，加入欧元区的收益已经在希腊得以体现，但是最优货币区理论中的成本也逐渐显现出来了，由于失去了汇率的调节功能，希腊无法改变对外贸易逆差状态。如果要改变这种状态，按照最优货币区理论，其前提条件是劳动力的自由流动，但这一命题只能在中长期上成立。在现实中，由于文化、语言、法律、工作经验等方面的差异，劳动力的灵活调整无法在短期内实现，希腊对外贸易逆差所造成的失业问题，也很难在短期内通过向欧元区其他国家转移劳动力来解决。更为重要的是，此时希腊由于已让渡出货币主权，在宏观经济政策上仅剩下只能运用财政政策来支撑，从而构成了希腊经济增长的最大隐患。这些问题成为希腊爆发主权债务危机的内在基础。

2008 年爆发的国际金融危机给欧元区带来了严重的影响，是欧元区成立以来遭受的最为严重的外部冲击，也是对欧元区能否应对非对称冲击的检验，而主权债务危机的爆发，充分说明欧元区在应对非对称性冲击方面仍然存在较大的缺陷。有一项早期的实证研究结论表明，在原欧盟国家中，德国、法国、比利时、荷兰、卢森堡、奥地利、丹麦七个国家的 GDP 和真实汇率的波动高度趋同，因此发生非对称性冲击的可能性较小；而希腊、葡萄牙、西班牙、意大利、英国、爱尔兰、瑞典和芬兰这些国家发生非对称性冲击的可能性较大。[①] 这一观点今天看来非常具有现实意义，结论中提到的国家中，英国和瑞典没有加入欧元区，布朗测验中非常担心的也正是这一问题；而希腊、葡萄牙、西班牙、意大利、爱尔兰等容易发生非对称性冲击的国家，如今都成为了债务危机爆发的重灾区，其中希腊的问题最为严重。2008年金融危机爆发后，希腊为了挽救经济形势，财政支出越来越大，主权债务规模也不断积累。2010 年是希腊加入欧元区的第十年，按照《马约》的标准，申请加入欧元区的国家债务总额不得超过 GDP 的 60%，但此时希腊债务占 GDP 的比重却已经高达 115%，这说明希腊公共债务与 GDP 的比重，在这十年中几乎是以 5% 以上的速度增长，《马约》对于欧元区国家的软约束力可见一斑。2010 年，当标准普尔、穆迪等国际评级机构下调希腊国债投资级别后，金融市场上风声鹤唳，希腊政府依靠国债来维系财政支出的模式瞬间瓦解，主权债务危机自此爆发。受此影响，西班牙、爱尔兰、葡萄牙、意大利等欧元区国家的巨额主权债务也浮出水面，国债投资纷纷被下调评级，一场欧债危机开始在欧元区内部爆发。

在主权债务危机爆发后，欧盟启动了对希腊的救助计划，国际货币基金组织也为希腊提供中长期贷款，以确保希腊政府债务不发生违约，尽量把主权债务危机的影响面控制在最小范围以内。但欧盟为希腊提供救助存在一个难题，那就是怎样才能在确保欧元区内部公平的前提下，挽救希腊

---

① De Grauwe, P., and W. Vanhaverbeke. 1991. *Is Europe an optimum currency area evidence.* from Regional CEPR Discussion Paper, No. 555.

债务危机。希腊主权债务危机的根本原因在于"寅吃卯粮"的发展模式，但如果这些债务最终由欧元区其他国家来承担，那么意味着希腊的债务已经平摊到所有参加救助计划的国家。这种救助模式虽然有利于控制危机，但如果为希腊开了先河，所产生的示范效应将是负面的，很难保证其他国家能否管好财政支出水平。为此，欧元区国家在提供援助贷款的同时，也对希腊提出了极为苛刻的财政紧缩条件，以确保这些救助性质的贷款能够顺利偿还。希腊政府如果不积极削减财政支出，就无法获得援助贷款。这种尴尬的境地显示出让渡货币主权的弊端，理论上解决财政赤字可以依靠三种方法：一是实行扩张性货币政策，降低利率水平，提高国债融资规模，拉动经济增长创造更多的税收收入；二是通过汇率的贬值实现扩大出口，以此来带动财政收入的增加；三是单纯地紧缩财政，以控制赤字水平。当前的希腊已经无法通过前两种途径来改善财政状况，只能削减财政支出水平，突出表现在教育、医疗、养老等领域的公共支出改革，但每当宣布削减养老金等财政支出时，国内各种抗议、游行、罢工就屡禁不止，这无疑使希腊政府陷入了"两难"的境地。

从当前的情况看，虽然希腊债务危机已经得到控制，但其所承担的债务需要在未来几年内逐步消化，这也必然会给希腊经济发展带来极大的挑战。尽管饱受债务危机困扰，但希腊不会因此选择退出欧元区，如果退出欧元区，那么主权债务非但不会减少，反而会全部转化成欧元标价的外债，希腊的经济形势会更加恶化，更大规模的失业和债务危机会接踵而至。此外，欧元区自成立以来，也从来没有设计过退出机制，如果有国家退出欧元区，无疑是对欧元最大的否定，也会对欧元世界第二大货币的地位产生极大的冲击，因此欧盟也不希望希腊退出。这场主权债务危机暴露出欧元区的重大缺陷，那就是成员国能否在让渡货币主权的条件下遵守财政纪律。虽然欧元区为了约束各成员国的财政纪律，制定了较为严格的《马斯特里赫特条约》趋同标准，但一个不争的事实是，这一标准的主要约束力仍然是对申请加入的国家进行评估，而对已经加入的国家基本没有形成真正的约束力，也无法发挥真正的监督职能。

希腊加入欧元区后让渡出货币主权，由于失去了货币政策的调控功能，经济发展主要依靠财政扩张政策，巨大的财政支出造就了空前的债务规模。国际金融危机爆发后，这种单纯依靠财政拉动经济的特征表现得更加明显，希腊让渡货币主权所带来的弊端暴露无遗。此外，国际金融危机给欧元区带来的影响也意味着，由于经济发展水平不一致和经济结构不同，欧元区存在着遭受非对称性冲击的可能，欧元区也很难通过自身调整应对非对称性冲击。通过劳动力自由流动来调整成员国之间的失业问题虽然在理论上早已得到证明，但在现实中却很难在短期内实现。因此，对于一些国家而言，加入欧元区的成本要大于收益，这既是当前欧元区国家需要应对的困难，也是未来最优货币区所要解决的重要理论问题。

（三）欧元区的东扩前景

尽管主权债务危机影响下的欧元区内忧外患，但对于欧盟新成员国来说，加入欧元区仍然是其追求的首要目标。2004年、2007年欧盟两轮东扩后，欧元区也随之开始了新一轮扩员，斯洛文尼亚、塞浦路斯、马耳他、斯洛伐克先后加入欧元区，欧盟新成员国加入欧元区的内在动力可见一斑。新加入欧元区的国家具有一定的共性，都属于经济规模较小但国内经济发展水平较好的国家，这些国家更容易调整财政赤字、通货膨胀、公共债务占GDP比重等经济指标，以达到《马约》的各项要求。欧盟新成员国中最先加入欧元区的斯洛文尼亚人口仅有200万，GDP仅占欧盟25国经济总量的0.3%。[①] 塞浦路斯和马耳他两个地中海国家不仅国土面积位于欧盟新成员国的最后两位，人口总量也分别只有大约80万和40万。斯洛伐克虽然经济规模大于以上三个国家，但与波兰、匈牙利等国相比，

---

① 周茂荣、周念利：《论欧盟新成员加入欧元区进程：政策挑战与前景展望》，《武汉大学学报（哲学社会科学版）》2005年第9期。

也属于经济规模偏小的欧盟新成员国。可见，按照当前欧元区设定的要求，经济规模较小的国家在加入欧元区方面具有较大的优势。

欧盟新成员国自申请加入欧盟以来，就积极调整经济指标，努力实现加入欧元区的愿望。这些国家大多属于经济转型国家，在经济转型的进程中，本身就具有极强的回归欧洲的愿望。加入欧元区意味着在更高层次上与"欧洲大家庭"实现制度融合，因此大多数新成员国都以此为发展目标，积极适应欧元区的各项要求。对于波兰、匈牙利、捷克等国家来说，由于经济规模相对较大，削减财政赤字、控制通货膨胀等方面也具有较大的难度，尽管在经济政治转型进程中这几个国家一直被认为是"优等生"，但要达到《马斯特里赫特条约》趋同标准仍然具有一定的难度。因此，这些欧盟新成员国迟迟没有加入欧元区主要是由于客观条件限制，而并非像英国"怀疑欧元"那样，主观上就不愿意加入。

2008 年国际金融危机后，虽然欧盟新成员国受到了极大的冲击和影响，但这些国家基本在应对危机的措施中，都保持着汇率的稳定，严格按照欧洲汇率机制Ⅱ（ERM－Ⅱ）不能超过中心汇率的 ±15% 的要求，避免由于金融危机冲击推迟其加入欧元区的进程。受危机影响较为严重的匈牙利，在其货币福林具有极大的贬值压力时，仍然依靠外汇储备努力维护汇率稳定，其中的重要原因就在于为加入欧元区作准备。波兰、捷克等中东欧国家都极力维护本国货币对欧元汇率的稳定，甚至不惜耗费大量的外汇储备，其短期目标是为了防范危机，长远目标无非就是想尽快加入欧元区，这也体现出中东欧国家回归欧洲的强烈愿望。欧洲主权债务危机爆发后，非但没有减弱新成员国加入欧元区的愿望，反而在一定程度上加快了欧元区东扩的步伐。2011 年 1 月 1 日，爱沙尼亚逆势加入了欧元区，实现了预期的目标，就是最好的例证。分析其中的深层次因素可以发现，作为欧盟新成员国，由于外资撤离、外债增长对货币汇率产生了贬值的压力，而这种货币贬值预期又促使外资进一步撤离，所以防范货币危机几乎成为这些国家共同应对的任务。爱沙尼亚加入欧元区后，不必再担心货币贬值问题，欧元区的稳定功能发挥了至关重要的作用。

欧盟新成员国积极加入欧元区还有一个非常重要的原因，那就是在经济转型进程中，这些国家基本都采取了吸引欧洲投资、促进经济发展的措施。回顾国际金融危机向中东欧地区传导的过程，美国的金融危机并没有对中东欧国家造成直接的冲击。欧洲最先受到影响的是西欧国家，美国雷曼兄弟银行破产后，国际金融市场风声鹤唳，西欧国家的金融机构面临着极大的系统性风险，金融机构纷纷开始收缩资金，使得原本投资在中东欧地区的外国投资回撤，这对于中东欧国家而言，无疑是非常重大的冲击，外资的撤离还使中东欧国家货币存在大幅度贬值的可能。如果能够加入欧元区，那么这些国家将融入更为安全的货币体系之中，在受到金融危机冲击时，外部资本也不会出现在中东欧地区过度收缩的现象，金融市场和外汇市场的稳定性也能得到一定的保障。至于加入欧元区后，会不会发生主权债务危机，并不是欧盟新成员国当前考虑的首要问题，欧元区对于这些国家来说，加入的收益明显大于成本。

显然，欧盟新成员国积极加入欧元区的理由，与英国主观上不愿意加入欧元区的理由，二者之间存在本质的区别。英国、瑞典、丹麦迟迟不加入欧元区，并不能促使欧盟新成员国产生排斥和怀疑欧元的倾向。而主权债务危机的爆发，虽然给欧元区国家提出了新的挑战，但也不会成为阻止欧盟新成员国加入欧元区的理由，他们所要面临的唯一问题，就是尽快达到《马约》的各项标准，以尽快成为欧元区国家，在这方面经济规模越小的国家，越是具有非常大的优势。

（四）小结

综上所述，本文以最优货币区的理论进展为基础，以英国排斥欧元、希腊主权债务危机、爱沙尼亚加入欧元区等现实问题为例，分析了欧元区所存在的内在矛盾，着重阐明了主权债务危机爆发的内部因素和外部冲击，并探讨欧元区东扩的发展前景。英国的例证说明，加入欧元区的国家让渡货币主权后，宏观经济政策中就只剩下财政政策可供支配，这一弊端早已被英国的保守党派充分认识，这无疑是欧元区一直存在的内在矛盾。而对于已经加入欧元区的国家来说，既存在收益，也存在成本，这既是希腊爆发主权债务危机的根源，也是英国、瑞典、丹麦一直不愿意加入欧元区的原因。希腊爆发主权债务危机，除了自身因素以外，也充分说明《马约》对于欧元区国家的约束力实际上已经弱化，欧盟必须严格财政纪律，强化金融监管，才能有效防范主权债务危机蔓延。欧盟也必须认清当前欧元区的整体形势，如果以加入欧元区的标准——《马约》来衡量欧盟 27 国的经济状况，大多数国家都不符合要求，只有瑞典和爱沙尼亚能够达到标准。令人深省的是，这两个国家中的一个是徘徊在欧元区之外的国家，而另一个则是刚刚加入的"新生"。而对于欧盟新成员国而言，加入欧元区不仅意味着深度回归欧洲，而且能够防范货币危机，获得更加稳定的经济金融环境，因此对欧元区仍然是趋之若鹜。本文的研究结论认为，欧元区具有难以克服的内在矛盾，欧债危机是这种矛盾的具体表现，但希腊不会因此而退出，欧元区仍然具有东扩的趋势，成员国数量在未来也将会继续增加。

结　论

对于从计划经济向市场经济过渡的转型国家而言，金融转型属于经济转型的重要内容，金融转型的方案和路径依附于经济转型模式，反过来也对经济转型的成功与否起到至关重要的作用。中东欧国家金融转型模式深受欧美等发达国家影响，在"华盛顿共识"的引导下，启动了金融自由化战略，采取了开放金融业、吸引外资银行进入的模式，这种方法在促进国内金融业发展的同时，也为日后金融危机的传导和蔓延埋下了隐患，是金融转型中最为突出的弊端。中国采取了渐进式的金融转型模式，财政体制和国有企业的改革共同构成了金融转型的约束条件，金融领域的改革明显滞后于经济转型，但却为经济转型提供了至关重要的支持作用。中国具有高储蓄率，在创造外汇方面也采取了吸引外商直接投资的做法，这为渐进式金融转型创造了良好的外部条件。反观俄罗斯，显然不具备这些优势，为了促进经济发展，在转型初期就放开金融业，动员国内储蓄，吸引外部资金，随着财政风险、外汇风险逐渐在金融领域积累，金融脆弱性充分暴露出来，两次金融危机的爆发给俄罗斯带来了深刻的教训。

对于转型国家而言，货币与外汇始终是经济发展中的重要变量，但在中国和俄罗斯，这些变量却表现出截然不同的状态，有必要对此进行专门深入的比较分析。转型理论将很大的精力放在讨论通货膨胀方面，但是专门研究转型国家货币因素的文献并不多见，从中国与俄罗斯货币供应量情况看，两国的货币现象存在很大的不同，这直接决定了经济转型进程中的通货膨胀问题，通过实证分析测算，得出的结论能够很好地解释为什么中国能够较好地控制通货膨胀，而俄罗斯却始终无法根治这一问题。此外，中国与俄罗斯的汇率制度完全不同，各自存在着利与弊，但却共同决定了人民币与卢布之间的汇率水平，从这一角度进行分析，才能看清未来人民币与卢布的汇率走势。中国经过多年的劳动密集型产品出口创汇，成为世界第一大外汇储备国，面临的首要问题是如何创新管理体制。俄罗斯外汇储备则大多数来自于资源型产品的出口，因此在运用外汇储备方面将面临着产业结构升级问题，以油气出口收入提高生产效率是俄罗斯的必由之路，这也符合"弱可持续发展"理论的基本要求。按照这一思路，我们可以发现不同的外汇积累方式决定了不同的外汇储备运用方式。

2008 年国际金融危机爆发后，俄罗斯和中东欧国家成为受冲击较为严重的地区，这种现象与其金融体制有着深刻的关系，虽然金融危机的表现形式有所不同，但从中却可以总结出转型国家在应对金融危机方面的特征和启示。中国在这次金融危机中显得与众不同，金融体系并没有受到太大的冲击，挽救实体经济成为宏观调控的主旋律。但是对于中国而言，应当更多地注意到世界经济格局与国际经济秩序变迁的大局，在日益复杂的大国博弈中占据主动，提升国际话语权，为参与全球化竞争创造更加理想的外部条件。独联体和中东欧国家在经历了经济转型的历程后，已经出现了联盟化的发展特征，这使得原苏东地区向着两个相反的方向整体漂移。欧盟两轮东扩后，已经增加了 12 个新成员国，其中大部分属于中东欧以及波罗的海国家，随着欧元区的扩充，这些国家中又有五个成为欧元区国家，标志着这些国家以经济联盟化为基础的货币国际化之路正式开始。俄罗斯同样具有促进卢布国际化发展的内在动力，普京再次当选总统后，提出的"欧亚联盟"战略将会极大地强化独联体国家内部的区域经济整合，而在未来的"欧亚联盟"中的国家也具有统一货币的强烈愿望，尽管这一过程将会漫长而艰辛，但这种发展趋势非常值得理论界重视和关注。

参考文献

[1] 马克思:《资本论》(第 1 卷),载《马克思恩格斯全集》第 23 卷,人民出版社,1972。

[2] 马克思:《资本论》(第 2 卷),载《马克思恩格斯全集》第 24 卷,人民出版社,1972。

[3] 马克思:《资本论》(第 3 卷),载《马克思恩格斯全集》第 25 卷,人民出版社,1974。

[4] 邓小平:《在武汉、深圳、珠海、上海等地的谈话要点》,《邓小平文选》第 3 卷,人民出版社,1993。

[5] 朱镕基:《朱镕基答记者问》,人民出版社,2009。

[6] 赵振华:《着力增强宏观调控的科学性》,《求是》2011 年第 7 期。

[7] 陈享光:《论开放条件下的储蓄投资均衡——兼论我国高储蓄率下的政策选择》,《中国人民大学学报》2003 年第 6 期。

[8] 陈享光:《金融资本的积累与当前国际金融危机》,《中国人民大学学报》2009 年第 4 期。

[9] 陈雨露、边卫红:《货币同盟理论:最优货币区衡量标准的进展》,《国际金融研究》2004 年第 2 期。

[10] 陈新明:《俄罗斯经济转型与国际货币基金组织》,《当代世界与社会主义》2002 年第 2 期。

[11] 陈柳钦：《金融危机后的俄罗斯银行业结构变迁与绩效改善》，《上海金融学院学报》2007 年第 3 期。

[12] 程志强：《资源诅咒传导机制的研究述评》，《经济理论与经济管理》2010 年第 2 期。

[13] 段秀芳：《中亚与独联体国家经济一体化发展、理论依据及其对新疆贸易的影响》，《新疆大学学报（人文社会科学版)》2005 年第 9 期。

[14] 傅志华：《资源型财政及其预算稳定基金：国际经验与启示》，《财政研究》2005 年第 9 期。

[15] 范敬春：《迈向自由化道路的俄罗斯金融改革》，经济科学出版社，2004。

[16] 郭连成、米军：《经济全球化与经济转型国家金融改革的路径选择》，《经济社会体制比较》2004 年第 5 期。

[17] 郭连成、唐朱昌：《俄罗斯经济转型的路径与效应》，东北财经大学出版社，2009。

[18] 郭连成：《俄罗斯银行体制改革及其效应分析》，《国外社会科学》2003 年第 6 期。

[19] 郭连成、米军：《俄罗斯金融危机的演变与发展特点》，《国外社会科学》2009 年第 6 期。

[20] 高鸿业：《西方经济学》，中国经济出版社，1998。

[21] 高晓慧、陈柳钦：《俄罗斯金融制度研究》，社会科学文献出版社，2005。

[22] 高淑琴、贾庆国：《俄罗斯能源外交：理论学说的形成及发展趋势》，《东北亚论坛》2011 年第 2 期。

[23] 龚方乐：《捷克、丹麦的货币政策与金融监管》，《浙江金融》2003 年第 5 期。

[24] 韩爽、徐坡岭：《自然资源是俄罗斯的诅咒还是福祉?》，《东北亚论

坛》2012 年第 1 期。

[25] 黄河：《从国际政治经济学的视角看俄罗斯的能源外交》，《俄罗斯研究》2007 年第 5 期。

[26] 江春、刘春华：《经济转型国家利率市场化的制度分析》，《武汉大学学报（哲学社会科学版）》2006 年第 1 期。

[27] 贾玉革、兰向明：《中东欧转型国家外资持股比例与银行竞争力、金融安全关系的实证考察》，《中央财经大学学报》2007 年第 12 期。

[28] 姜华东：《俄罗斯汇率制度转型的进程、原因与效果》，《俄罗斯研究》2007 年第 2 期。

[29] 姜琍：《中欧政治右倾化趋势及其面临的挑战》，《俄罗斯中亚东欧研究》2011 年第 1 期。

[30] 富景筠：《苏联末期卢布信用危机原因探析》，《俄罗斯中亚东欧研究》2010 年第 3 期。

[31] 富景筠：《苏联末期的货币战——透视苏联解体的新视角》，《俄罗斯研究》2010 年第 2 期。

[32] 孔寒冰、项佐涛：《二十年东欧转型过程中的社会主义理论与实践》，《马克思理论与现实》2010 年第 5 期。

[33] 孔田平：《从中央计划经济到市场经济——波兰的案例》，《俄罗斯中亚东欧研究》2005 年第 1 期。

[34] 吕健华、王志远：《刍议全球金融危机对国际经济秩序的影响》，《新远见》2011 年第 12 期。

[35] 李扬、殷剑峰：《中国高储蓄率问题探究——1992 ～ 2003 年中国资金流量表的分析》，《经济研究》2007 年第 6 期。

[36] 李中海：《普京八年：俄罗斯复兴之路（2000 ～ 2008）》（经济卷），经济管理出版社，2008。

[37] 李中海：《论俄罗斯货币信贷政策及影响》，《俄罗斯中亚东欧研究》2007 年第 4 期。

[38] 李中海：《卢布国际化战略评析——兼论中俄贸易本币结算》，《俄罗斯研究》2011 年第 4 期。

[39] 李建民：《独联体经济一体化十年评析》，《东欧中亚研究》2001 年第 5 期。

[40] 刘军梅：《从产权结构与金融相关比率看俄罗斯金融发展》，《复旦学报（社会科学版）》2006 年第 4 期。

[41] 刘军梅、顾清：《独联体区域货币联盟的实践、前景与对策》，《俄罗斯中亚东欧市场》2005 年第 10 期。

[42] 刘军梅：《国际货币体系改革中人民币与卢布的竞争和合作》，《社会科学》2009 年第 4 期。

[43] 刘永刚：《人民币结盟卢布的下一步》，《中国经济周刊》2010 年 12 月 6 日。

[44] 林文杰、张明：《俄罗斯金融工业集团形成机理：一个交易成本经济学解释》，《俄罗斯研究》2008 年第 2 期。

[45] 林毅夫、李永军：《中小金融机构发展与中小企业融资》，《经济研究》2001 年第 1 期。

[46] 米军：《金融全球化与转型国家金融自由化的效应分析——以俄罗斯为例》，《东北亚论坛》2005 年第 9 期。

[47] 米军：《当前俄罗斯银行体系发展战略评析》，《东北亚论坛》2009 年第 1 期。

[48] 米军、郭连成：《中俄金融体制转型——基本问题与发展路径》，《俄罗斯中亚东欧研究》2006 年第 1 期。

[49] 马骥、吴艾君：《俄罗斯货币政策及其启示》，《俄罗斯中亚东欧研究》2008 年第 2 期。

[50] 牛凯龙、马君潞、范小云：《动态一致、制度耦合与中国金融发展悖论——对转型时期中国金融发展"麦金农之谜"的解释》，《中央财经大学学报》2010 年第 9 期。

[51] 欧阳宏建：《从亚洲金融危机看港币联系汇率制的前景》，《亚太经济》1999 年第 3 期。

[52] 秦放鸣、李新英：《中亚市场的宏微观分析》，《新疆大学学报（社会科学版)》2004 年第 12 期。

[53] 潘广云：《独联体框架内的次地区经济一体化》，《欧洲研究》2005 年第 1 期。

[54] 曲文轶：《资源禀赋、产业结构与俄罗斯经济增长》，《俄罗斯研究》2007 年第 1 期。

[55] 世界环境与发展委员会：《我们共同的未来》，王之佳、柯金良等译，吉林人民出版社，1997。

[56] 孙杰：《货币与金融：金融制度的国际比较》，社会科学文献出版社，1998。

[57] 孙光慧：《转型国家的汇率制度改革及对中国的启示》，《武汉大学学报（哲学社会科学版)》2006 年第 1 期。

[58] 童伟：《俄罗斯税制改革经济效应评析》，《中央财经大学学报》2010 年第 11 期。

[59] 童伟：《抵御经济危机的国家安全气囊——俄罗斯财政预算稳定机制分析》，《俄罗斯中亚东欧研究》2010 年第 4 期。

[60] 田春生：《国际金融危机对俄罗斯经济影响程度的判断》，《贵州财经学院学报》2010 年第 1 期。

[61] 陶海东：《基于俄罗斯能源经济下的"能源陷阱"分析》，《东北亚论坛》2011 年第 6 期。

[62] 王志远：《中亚国家区域一体化进程评估》，《俄罗斯中亚东欧研究》2010 年第 5 期。

[63] 王志远：《欧盟新成员国的货币危机：理论与现实》，《俄罗斯中亚东欧市场》2009 年第 10 期。

[64] 王志远：《关于发展多种所有制中小金融企业的思考》，《求知》

2007 年第 3 期。

[65] 王志远：《俄罗斯两次金融危机的比较分析》，《俄罗斯中亚东欧研究》2009 年第 4 期。

[66] 王志远：《关于中俄边境贸易的几点思考》，《俄罗斯中亚东欧市场》2009 年第 9 期。

[67] 王志远、郑维臣：《卢布与人民币汇率决定机制的比较与联动》，《俄罗斯中亚东欧市场》2011 年第 12 期。

[68] 王志远、石薇：《我国流动性过剩问题探析》，《长白学刊》2007 年第 6 期。

[69] 王联：《1998 年俄罗斯金融银行业危机回顾及前景展望》，《国际金融研究》1999 年第 2 期。

[70] 王华庆：《国际货币、国际货币体系和人民币国际化》，《复旦学报（社会科学版）》2010 年第 1 期。

[71] 王凤京：《俄罗斯的金融自由化与金融危机：剖析与借鉴》，经济科学出版社，2008。

[72] 吴宏伟、于树一：《中亚地区经济特点及与世界经济的比较研究》，《新疆师范大学学报（哲学社会科学版）》2009 年 9 月。

[73] 项卫星、王达：《中东欧五国银行体系改革过程中的外资参与问题研究》，《国际金融研究》2005 年第 12 期。

[74] 向祖文：《见解独到分析精辟——读俄罗斯金融制度研究》，《俄罗斯中亚东欧研究》2006 年第 2 期。

[75] 徐向梅：《开放经济下的资本流动——谈俄罗斯的资本流失问题》，《当代世界与社会主义》2003 年第 3 期。

[76] 徐向梅：《俄罗斯汇率制度的演进和外汇市场的发展》，《国际经济评论》2004 年第 4 期。

[77] 徐向梅：《俄罗斯银行制度转型研究》，中国金融出版社，2005。

[78] 徐向梅译《俄罗斯联邦银行及银行活动法》，《俄罗斯中亚东欧市

场》2005 年第 9 期。

[79] 徐向梅：《俄罗斯国有银行：优势地位、私有化及启示》，《广东金融学院学报》2007 年第 5 期。

[80] 徐向梅：《俄罗斯银行改革、危机与启示》，《经济社会体制比较》2009 年第 5 期。

[81] 徐向梅：《俄罗斯的外资银行》，《国际金融研究》2002 年第 9 期。

[82] 徐坡岭、王建峰、卢绍君：《俄罗斯资本市场发展及其有效性分析》，《俄罗斯研究》2007 年第 6 期。

[83] 徐坡岭：《俄罗斯经济转型的路径选择与转型性经济危机》，《俄罗斯研究》2003 年第 3 期。

[84] 殷红：《试析俄罗斯能源政策及其经济影响》，《俄罗斯中亚东欧研究》2007 年第 5 期。

[85] 殷红：《俄罗斯"国家福利基金"的建立及启示》，《俄罗斯中亚东欧研究》2008 年第 3 期。

[86] 于娟、徐坡岭：《俄罗斯卢布汇率安排的经济效应分析》，《俄罗斯研究》2009 年第 5 期。

[87] 于国政：《俄罗斯吸引外资评述》，《世界地理研究》1999 年第 12 期。

[88] 于宏建：《俄罗斯经济喜中有忧》，《人民日报》2008 年 1 月 7 日。

[89] 岳华：《俄罗斯经济转型中金融体系构建的目标模式与路径选择》，《俄罗斯研究》2006 年第 3 期。

[90] 余永定：《中国应从亚洲金融危机中汲取的教训》，《金融研究》2000 年第 12 期。

[91] 杨小凯、张永生：《新兴古典经济学和超边际分析》，中国人民大学出版社，2000。

[92] 应惟伟、任康钮：《英国与欧元区——基于数据的分析》，《国际金融研究》2006 年第 5 期。

［93］张卓元：《九十年代需重点推进要素价格改革》，《经济研究》1992年第 11 期。

［94］张杰：《转型经济中的金融中介及其演进：一个新的解释框架》，《管理世界》2001 年第 5 期。

［95］张杰：《何种金融制度安排更有利于转型中的储蓄动员与金融支持》，《金融研究》1998 年第 12 期。

［96］张杰：《金融中介理论发展述评》，《中国社会科学》2001 年第 6 期。

［97］张红侠：《俄罗斯能源状况与能源战略探微》，《俄罗斯中亚东欧研究》2007 年第 5 期。

［98］张明、何帆：《美元贬值背景下外汇储备的结构调整》，《中国金融》2006 年第 20 期。

［99］张明：《主权财富基金与中投公司》，《经济社会体制比较》2008 年第 2 期。

［100］张志超：《汇率政策新共识与"中间制度消失论"》，《世界经济》2002 年第 12 期。

［101］张光政：《金融危机冲击俄罗斯》，《人民日报》2008 年 10 月 13 日。

［102］张光政：《俄罗斯合力应对经济危机》，《人民日报》2008 年 11 月23 日。

［103］张礼卿：《应该如何看待人民币的国际化进程》，《中央财经大学学报》2009 年第 10 期。

［104］张宁：《中亚一体化合作机制及其对上海合作组织的影响》，《俄罗斯中亚东欧研究》2006 年第 6 期。

［105］庄毓敏：《经济转型中的金融改革问题——对俄罗斯的实证研究》，中国人民大学出版社，2001。

［106］庄毓敏：《俄罗斯经济转型中的金融体系：银行在经济发展中的作用》，《国际经济评论》2004 年第 4 期。

［107］庄起善、窦菲菲：《俄罗斯银行改革与发展（1988～2007）：动荡、

危机到稳定》，《学术交流》2008 年第 5 期。

[108] 庄起善：《论俄罗斯经济增长的制约因素》，《世界经济研究》2003 年第 3 期。

[109] 赵嘉麟：《俄罗斯"经济列车"前行乏力》，《人民日报》2008 年 12 月 29 日。

[110] 郑秉文、陆渝梅：《波兰：转型国家社会保障改革的一个成功案例》，《中国改革》2006 年第 7 期。

[111] 朱民：《巴西金融动荡：货币危机而非金融危机，经济压力大于金融冲击》，《国际经济评论》1999 年第 2 期。

[112] 朱晓中：《2009 年：从公开信看"新欧洲"与美国关系的新变化》，《俄罗斯东欧中亚国家发展报告（2010）》，社会科学文献出版社。

[113] 周其仁：《"货币深化"与改革的风风雨雨》，《经济观察报》2010 年 9 月 20 日。

[114] 周茂荣、周念利：《论欧盟新成员加入欧元区进程：政策挑战与前景展望》，《武汉大学学报（哲学社会科学版）》2005 年第 9 期。

[115] 〔俄〕普京：《普京文集（2000～2008）》，中国社会科学出版社，2008。

[116] 〔俄〕普京：《把能源掌控在自己手中》，《经济参考报》2006 年 7 月 20 日。

[117] 〔俄〕Л. И. 阿巴尔金：《俄罗斯发展前景预测——2015 年最佳方案》，社会科学文献出版社，2001。

[118] 〔匈〕雅诺什·科尔纳：《短缺经济学》（上下册），经济科学出版社，1986。

[119] 〔匈〕雅诺什·科尔纳：《社会主义体制——共产主义政治经济学》，中央编译出版社，2007。

[120] 〔匈〕雅诺什·科尔纳：《匈牙利政治经济形势解析》，《国外理论动态》2011 年第 8 期。

［121］〔罗〕阿德里安·呐斯塔塞：《东欧二十年转型风暴：从集权主义到全球化》，《当代世界》2010 年第 1 期。

［122］〔比〕热若尔·罗兰：《转型与经济学》，北京大学出版社，2002。

［123］〔意〕卡洛·M. 奇波拉：《世界人口经济史》，商务印书馆，1993。

［124］〔英〕亚当·斯密：《国民财富的性质和原因的研究》，郭大力、王亚南译，商务印书馆，1988。

［125］〔英〕约翰·梅纳德·凯恩斯：《就业、利息和货币通论》，商务印书馆，1999。

［126］〔英〕阿瑟·刘易斯：《二元经济论》，施炜、谢兵、苏玉宏译，北京经济学院出版社，1989。

［127］〔美〕雷蒙德·W. 戈德史密斯：《金融结构与金融发展》，中国社会科学出版社，1993。

［128］〔美〕罗纳德·I. 麦金农：《经济市场化的次序——向市场经济过渡时期的金融控制（第二版）》，上海三联书店、上海人民出版社，1997。

［129］〔美〕罗纳德·I. 麦金农：《经济发展中的货币与资本》，上海三联书店、上海人民出版社，1997。

［130］〔美〕爱德华·肖：《经济发展中的金融深化》，王威译，上海三联书店，1988；上海人民出版社，1989。

［131］〔美〕杰弗里·萨克斯、费利普·拉雷恩：《全球视角的宏观经济学》，上海三联书店、上海人民出版社，2004。

［132］〔美〕布莱恩·斯诺登、霍华德·文、彼得·温纳齐克：《现代宏观经济学指南》，商务印书馆，1998。

［133］〔美〕托马斯·梅耶、詹姆斯·S. 杜森贝里、罗伯特·Z. 阿利伯：《货币、银行与经济》，上海三联书店、上海人民出版社，1994。

［134］〔美〕保罗·克鲁格曼、茅瑞斯·奥伯斯法尔德：《国际经济学》，中国人民大学出版社，2002 年第 1 版。

［135］〔美〕米什金：《货币金融学》，中国人民大学出版社，1998。

［136］〔美〕米尔顿·弗里德曼：《对货币数量论的几点说明》，载《弗里德曼文萃（上册）》，胡雪峰、武玉宁译，首都经济贸易大学出版社，2001。

［137］〔美〕尼古拉斯·R. 拉迪：《中国未完成的经济改革》，隆国强等译，中国发展出版社，1999。

［138］〔美〕米切尔·A. 奥兰斯汀：《贫困、不平等与民主：后共产主义福利国家的实践》，赵晶晶、吴志成译，《经济社会体制比较》2009 年第 4 期。

［139］〔美〕塞缪尔·P. 亨廷顿：《第三波——20 世纪后期民主化浪潮》，上海三联书店，1998。

［140］〔美〕罗纳德·科斯：《企业的性质》，载《企业、市场与法律》，盛洪、陈郁译校，上海三联书店，1990。

［141］〔美〕E. 威廉姆斯：《资本主义经济制度》，商务印书馆，2004。

［142］〔日〕青木昌彦、钱颖一：《转型经济中的公司治理结构：内部人控制和银行的作用》，中国经济出版社，1995。

［143］〔日〕青木昌彦：《比较制度分析》，周黎安译，上海远东出版社，2001。

［144］〔日〕伊藤诚、〔希〕拉帕维查斯：《货币金融政治经济学》，经济科学出版社，2001。

［145］Ясин. Е., Перспективы Российской экономики проблемы и факторы роста, Общество и экономика, февраль 2002г..

［146］Захров. В., Проблемы банковской системы, Денги и кредит, январь 2002г..

［147］Соловьева. С., Экономические реформы и банковская система, октябрь 2002г..

［148］Саркисянц. А., О роли банков в экономике, Вопросы

экономики, март 2003г..

[149] Соловьева. С., Банковская система: тормоз или стимулятор экономического роста, Финансы, январь 2001г..

[150] А. Е. Лихачев, Экономическая дипломатия России: новые вызовы и возможности в условиях глобализации, Экономика, Москва, 2006 г..

[151] Е. И. Пивовар, Постсоветское пространство: альтернативы интеграции, Алетейя, Санкт-Петербург, 2008 г..

[152] Т. Валовая, Постсоветское пространство в эпоху прагматизма// Россия в глобальной политике, 2005. Т. 3. №2.

[153] Вардомский Л. Б., 10 лет после распада СССР: некоторые результаты и перспективы эволюции пространства СНГ// Россия и современный мир. М., 2002. №4.

[154] Головнин М., Либман М., Постсоветская интеграция: итоги и перспективы// Свободная мысль-21. 2006. № 1.

[155] Грибениченко Ф. С., Социально-экономическое сотрудничество России и СНГ: исторический аспект., 2006.

[156] Е. Шарирова, Что дает рента федеральному бюджету? Анализ зависимости доходов российского бюджета от "нефтедолларов" //Вопросы экономики. 2004. №7. С. 50 – 60.

[157] Россия на рубеже тысячелетий, http: //www. ng. ru/politics/1999 – 12 – 30/4_ millenium. html.

[158] Дмитрия Медведева, Россия, вперёд! //10 сентября 2009 года.

[159] С. Кимельман, Проблема нефтегазовой ориентации экономики России, //Вопросы экономики. 2006 №4. С. 56.

[160] Рудько-Силиванов В. В. Межбанковское сотрудничество: обмен опытом//Деньги и кредит. 2008, № 10.

[161] Sachs, Jeffrey Zinnes, Clifford, and Yair Eilat. 2000. *Patterns and Determinants of Economic Reform in Transition Economies*, 1990–1998, CAER Ⅱ Discussion Paper 6, February.

[162] Gurley, J. G., and E. S. Shaw. 1956. " Financial Intermediaries and the Saving-Investment Process. " *Journal of Finance* 11: 257–276.

[163] World Bank. 1996. *From Plan to Market*, *World Development Report*. Oxford University Press.

[164] Mundell, Robert A. 1961. 《 A theory of Optimum Currencies Area. 》 *American Economic Review* Vol. 51: 657–665.

[165] P. De Grauwe, W. Vanhaverbeke. *Is Europe an Optimum Currency Area Evidence*. from Regional CEPR Discussion Paper. 1991.

[166] Lensink, Robert, and Niels Hermes. 2002. 《 The Impact of Foreign Bank Entry on Domestic Banks: Does Economic Development Matter 》 Journal of Banking and Finance 28.

[167] Balassa, Bela. 1964. 《 The Purchasing Power Parity Doctrine: A Reappraisal. 》 *Journal of Political Economy* 72.

[168] Balassa, Bela. 1962. 《 The Theory of Economic Integration 》. London: Allen & Unwin.

[169] Samuelson. 1964. *Theoretical note on trade problems*. Review of Economics and Statistics. (56).

[170] Samuelson, Paul. 1954. " The Transfer Problem and the Transport Costs Ⅱ: Analysis of Effects of Trade Impediments. " Economics Journal.

[171] Corden, W. M., and J. P. Neary. 1982. 《 Booming Sector and De-industrialization in a Small Open Economy 》. *Economic Journal* 92: 825–848.

[172] Young, Allyn. 1928. 《 Increasing Return and Economic Progress 》.

Economic Journal 38: 527–542.

[173] Dixit, A., and J. Stiglitz. 1977. 《 Monopolistic Competition and Optimum Product Diversity. 》 *American Economic Review* 67: 297–308.

[174] Council of European Union. 1993. *Presidency Conclusions: Copenhagen European Council.* Brussels.

索　引

B

巴拉萨—萨缪尔森效应：如果存在贸易部门和非贸易部门，则在不考虑贸易限制和运输成本的情况下，由于国际贸易的作用，两国可贸易商品价格将通过汇率达到一致，即汇率由两国货币对可贸易商品的购买力决定。第 98 页。

"冰川"成本：萨缪尔森提出，衡量国际贸易中运输成本和交易成本的概念。第 183～185 页。

C

存款准备金：存款准备金，是指金融机构为保证客户提取存款和资金清算需要而准备的在中央银行的存款。第 51、52、88、1 06、134 页。

储蓄缺口：国家储蓄动员能力不足所导致的储蓄短缺现象。第 21、58、66 页。

储备基金：俄罗斯主权财富基金的一项，主要用于预防能源价格波动对财政收入的影响。第 67、115、121～124 页。

D

大国博弈：世界大国之间在国际舞台上争夺国际话语权、谋求自身利益的表现。第 126、165、168～170、172、174、176 页。

F

分税制：分税制是按税种划分中央和地方收入来源的一种财政管理体制。分税制要求按税种实现"三分"：分权、分税、分管。第47、59页。

G

国际经济秩序：主权国家通过相互竞争与合作，而形成的相对稳定的国际规则和国际力量对比。第126、168～172、176、233页。

国家福利基金：俄罗斯主权财富基金的一项，主要用于维系代际公平，当前支出主要用于补充社会养老金。第67、115、121～124页。

H

货币深化：不引起通货膨胀的货币超量发行，即货币被经济增长和资产价格的上涨所吸收。第9、69、70、71、75、76、78、80～84、87页。

货币挤出：引起通货膨胀的货币超量发行，既没有被经济吸收，也没有被金融系统所吸收，反而助长了价格指数的上升。第69、71、72、75、76、80～82、84、85、87页。

霍特林规则：哈罗德·霍特林在美国《政治经济学杂志》上发表的《可耗竭资源的经济学》指出，在完全竞争条件下，如果资源的开采成本不变，那么只需要保证不可再生资源的租金随时间推移不断提高，就可以实现资源产业的"弱可持续发展"。第116～118页。

货币危机：一国货币兑世界主要货币贬值25%以上，就认为发生了货币危机。第9、103、153～165页。

货币国际化：货币国际化是指能够跨越国界、在境外流通、成为国际上普遍认可的计价、结算及储备货币的过程。第10、177、206、207、209、211、214、215、218、233页。

J

金融深化：政府放弃对金融市场和金融体系的过度干预，放松对利率和汇率的严格管制，使利率和汇率为反映资金供求和外汇供求对比变化的信号，从而有利于增加储蓄和投资，促进经济增长。第1、2、9、54、56～58页。

金融开放：金融业对外资实行开放政策，外资既可以开办银行，也可以在金融市场上进行投资。第7、10、21、55页。

金融自由化：金融自由化促进了金融发展，金融发展促进了经济增长；但另一方面，金融自由化加剧了金融脆弱性，因金融脆弱性引发的危机将促使经济衰退。第1、6～8、10～12、15～17、19～21、24～26、31～34、37、38、56、57、62、63、67、68、137、143、232页。

金融中介：金融市场上资金融通过程中，在资金供求者之间起媒介或桥梁作用的人或机构。第3、26、32、40、41、47、55、56页。

L

利率市场化：利率市场化是指金融机构在货币市场经营融资的利率水平。它是由市场供求来决定，包括利率决定、利率传导、利率结构和利率管理的市场化。第4、12、15、18、26、29、32、35、36、38、50、51、53、57、64、65、105页。

两缺口：经济学家钱纳里和斯特劳特提出，认为发展中国家要提高国民经济增长率，就必须处理好投资与储蓄、进口与出口的关系，如果储蓄小于投资，就会出现"储蓄缺口"；如果出口小于进口，就会出现"外汇缺口"。第58、66、105页。

M

《马斯特里赫特条约》标准：通货膨胀率不得高于欧元区三个最低国家平均值加1．5%；政府预算赤字不得超过当年 GDP 的3%，政府累计债务总额不得超过 GDP 的60%；长期利率水平不得超过欧元区三个通货膨胀率最低的国家平均利率再加2%；必须加入欧洲汇率机制Ⅱ（EMR－Ⅱ），并且两年内汇率波动不得超出中心汇率±15%的范围；申请国中央银行必须保证独立性，而且与欧洲中央银行体系目标保持一致。第179、219、220、227、229页。

O

欧盟东扩：指中东欧国家加入欧盟的过程，斯洛文尼亚、塞浦路斯、马耳他、斯洛伐克、立陶宛、拉脱维亚、爱沙尼亚、捷克、波兰、匈牙利在2004年5月1日加入欧盟，罗马尼亚和保加利亚在2007年1月1日加入欧盟。第150、200～204页。

R

弱可持续发展：如果能够使能源存储量在经济价值上维持可持续利用，符合"代际公平"的标准，这种公平主要体现在经济意义上。第69、115～119、123、124页。

S

双顺差：中国对外开放中所长期存在的外资、外贸都出现顺差的状态。第94、95、104、105、124页。

三元悖论：即资本项目开放、货币政策独立性、固定汇率制度三者之间只能选择其中的两个。第138、154、156、162页。

W

外资银行：指在本国境内由外国独资创办的银行。第6、11、20~24、26、50、67、80、148、232页。

外汇短缺：指发展中国家所普遍面临的缺少外汇问题，一般通过扩大出口或引进外资来解决。第54、58、66~68、101、139、207页。

外汇走廊：俄罗斯所采取的汇率制度，汇率在一定幅度内波动，中央银行控制其上下限度，本质上属于固定汇率制。第30、79、90、130、158、160、163、164页。

X

相对价格：两个国家或两个地区之间同种商品的价格之比。第98、177、180~191页。

Y

一价定律：如果商品贸易中的交易成本为零，则两地之间的可贸易商品价格将趋于一致。第183、184页。

Z

资本项目：又称资本和金融账户，指资本的输出与输入。反映的是本国和外国之间以货币表示的债权债务在国际间的变动，换言之，就是一国为了某种经济目的在国际经济交易中发生的资本跨国界的收支项目。第7、9、30、32、33、36~38、56、57、67、94、99~101、104、138、154、155、160~162、207~211、218页。

转型深化：转型国家进一步实施经济政治转型的过程，主要包括经济政策和民主制度的调整和改革。第 12、16、17、18、22、151 页。

主权债务危机：主权债务是指主权国家以自己的主权作担保，通过发行债券等方式向国际社会所借的款项。由于主权债务大多是主权国家以外币计值，向国际机构、外国政府或国际金融机构借款，因此，一旦债务国家的信誉评级被调低，就会引发主权债务危机。第 148、167、218、222、224～230 页。

图书在版编目（CIP）数据

金融转型：俄罗斯及中东欧国家的逻辑与现实/王志远著. —北京：
社会科学文献出版社，2013.5
（当代俄罗斯东欧中亚研究丛书）
ISBN 978 - 7 - 5097 - 4367 - 6

Ⅰ.①金… Ⅱ.①王… Ⅲ.①经济转型期 - 货币改革 - 研究 - 世界
②经济转型期 - 金融改革 - 研究 - 世界 Ⅳ.①F821.1 ②F831.1

中国版本图书馆 CIP 数据核字（2013）第 041185 号

· 当代俄罗斯东欧中亚研究丛书 ·

金融转型
　　——俄罗斯及中东欧国家的逻辑与现实

著　　者 / 王志远

出 版 人 / 谢寿光
出 版 者 / 社会科学文献出版社
地　　址 / 北京市西城区北三环中路甲 29 号院 3 号楼华龙大厦
邮政编码 / 100029

责任部门 / 全球与地区问题出版中心（010）59367004　责任编辑 / 张苏琴
电子信箱 / bianyibu@ ssap. cn　　　　　　　　　　　　责任校对 / 师军革
项目统筹 / 祝得彬　　　　　　　　　　　　　　　　　责任印制 / 岳　阳
经　　销 / 社会科学文献出版社市场营销中心（010）59367081　59367089
读者服务 / 读者服务中心（010）59367028

印　　装 / 北京季蜂印刷有限公司
开　　本 / 787mm×1092mm　1/16　　　　　　印　张 / 16.5
版　　次 / 2013 年 5 月第 1 版　　　　　　　字　数 / 234 千字
印　　次 / 2013 年 5 月第 1 次印刷
书　　号 / ISBN 978 - 7 - 5097 - 4367 - 6
定　　价 / 49.00 元